Für meinen Großvater Hasan Mutlu, der als junger Maurer in das ferne Alamanya reiste und damit das Fundament legte für unser neues Leben. Der zeitlebens gearbeitet hat, damit es uns gut geht.

Für meine Eltern Ali und Yeter, die immer für mich da sind. Für meine Frau Sevim, die stets mein Fels in der Brandung ist. Für meine Kinder, die mir Kraft geben und Inspiration sind.

Für alle namenlosen Heldinnen und Helden, die seit den 1960er Jahren als Gastarbeiterinnen und Gastarbeiter kamen und trotz aller Widrigkeiten Deutschland zu unserer neuen Heimat gemacht haben.

– Özcan Mutlu, Herausgeber

Wie Deutschland zur Heimat wurde

60 Jahre Deutsch-Türkisches Anwerbeabkommen

Impressum

Wie Deutschland zur Heimat wurde
60 Jahre Deutsch-Türkisches Anwerbeabkommen

1. Auflage Oktober 2021
ISBN: 978-3-948013-15-8
Gedruckt in Lettland / Livonia Print / Riga
Herausgeber: Özcan Mutlu
Textchef: Ariel Hauptmeier
Fotos: Ivo Mayr, Mesut Hastürk – S. 104, Dilan Bozyel – S. 168
Jessica Heyungs – S. 180, Murat Arik – S. 210
Coverfoto: Werner Otto / picture alliance / United Archives
Layout & Covergestaltung: Thorsten Franke / Ivo Mayr
Lektorat: Robert Pitterle, robertpitterle.de

www.correctiv.org

Kontakt: info@correctiv.org
Büro Essen: Akazienallee 8-10, 45127 Essen
Büro Berlin: Singerstraße 109, 10179 Berlin

CORRECTIV – Verlag und Vertrieb für die Gesellschaft UG (haftungsbeschränkt)
Huyssenallee 11, 45128 Essen
Handelsregister Essen, HRB 26115
Geschäftsführer: David Schraven & Simon Kretschmer

Dieses Buch ist entstanden mit Unterstützung der Stiftung Mercator.
Wir danken für die Hilfe!

STIFTUNG
MERCATOR

Mit Unterstützung der IG Metall.

Inhalt

Bundespräsident Frank-Walter Steinmeier: „Sie alle haben unsere Gesellschaft bereichert. Sie alle sind ein Teil von Deutschland! Sie alle gehören zu uns!" **12**

Özcan Mutlu: „Das hier sind herzzerreißende Geschichten: von Ablehnung und Ausgrenzung, von Mut und Zuversicht, von Kampfeswillen und großartigen Erfolgen" **14**

AUFBRECHEN 22

Uğur Şahin: „Je komplexer eine Aufgabe war, desto mehr freute ich mich darauf, sie zu lösen. Die Mathematik hat mich geprägt." **24**

Özlem Türeci: „Mein Aha-Erlebnis: Kaum hatte ich eine Sache verstanden, eröffneten sich neue Fragen" **32**

Aygül Özkan: „Wichtig ist nicht, wo man herkommt, sondern wohin man will" **42**

Belit Onay: „Zurück nach Istanbul? Meine Heimat war Goslar!" **50**

Dilek Gürsoy: „Wir besaßen wenig. Aber es fehlte uns an nichts" **58**

DURCHSTARTEN 68

Ali Güngörmüş: „Wir haben viel erreicht. Aber wir könnten viel weiter sein" **70**

Damla Hekimoğlu: „Das kalte Wasser wird schon warm, wenn man sich traut zu springen" **78**

Mehmet Gürcan Daimagüler: „Eisern hielt ich mein Schweigegelübde durch. Zwei Jahre lang" **86**

Meryam Schouler-Ocak: „Viele halfen mir anzukommen. Heute helfe ich anderen anzukommen“ **96**

Tamer Ergün Yıkıcı: „Ich lebe zwischen zwei Welten, und das ist okay“ **104**

VORANGEHEN 110

Nihat Öztürk: „Ohne Angst verschieden sein – das wurde mein kategorischer Imperativ“ **112**

Ali Lacin: „Ich habe beschlossen, dass ich mich nicht mehr behindere“ **122**

Ismail Ertug: „Meine Herkunft war für mich nie ein Thema“ **130**

Özden Terli: „Noch am selben Tag verkaufte ich mein Motorrad. Und holte mir ein Elektro-Lastenrad“ **136**

Duygu Bolat: „Karate hilft dir, über dich selbst hinauszuwachsen“ **144**

Serap Güler: „Wir haben die Pflicht, die Geschichte unserer Väter und Mütter zu erzählen“ **152**

WIDERSTEHEN 158

Yasemin Karakaşoğlu: „Was die anderen wütend machte: Ich fügte mich nicht in das Schicksal des Underdogs“ **160**

Serap Ocak: „Uns trennte nur eine Straße, aber sie war wie eine Mauer“ **168**

Ekin Deligöz: „Auf Festen tanzte man nicht mit mir. Ich gehörte nicht dazu“ **174**

Kader Gümüş: „Meine Kindheit und Jugend in Deutschland waren ein Albtraum“ **180**

Mehmet Dilek: „Mein Weg war lang und steinig“ **186**

ANKOMMEN 192

Mustafa Akça: „Manchmal endeten die Fußballspiele in handfesten Prügeleien“ **194**

Ali Aslan: „In den Gängen des Bundesinnenministeriums war ich eine Rarität“ **202**

Sina Afra: „Die beiden Damen hatten gerade eine Wette auf mich abgeschlossen“ ... **210**

Defne Şahin: „In New York fiel mir auf, wie sehr ich in Berlin in Schubladen gedacht hatte“ **216**

C. Bülent Bilâloğlu: „Meine Frau und ich sind multiple religious citizens of the global village“ **222**

Bilkay Öney: „By the way: Mein schwuler türkischer Friseur ist großartig“ **230**

Das Anwerbeabkommen im Wortlaut **237**

Glossar **242**

Lebensläufe **247**

BUNDESPRÄSIDENT
FRANK-WALTER STEINMEIER

„Sie alle haben unsere Gesellschaft bereichert. Sie alle sind ein Teil von Deutschland! Sie alle gehören zu uns!"

Sechzig Jahre ist es nun her, dass die Bundesrepublik Deutschland und die Türkei ein knappes Dokument unterzeichneten, das die Entsendung von türkischen Arbeitskräften regelte. Was damals kaum jemand ahnte: Dieses Anwerbeabkommen vom 30. Oktober 1961 sollte unser Land verändern. Viele der sogenannten Gastarbeiterinnen und Gastarbeiter sind in Deutschland geblieben. Sie wurden Kolleginnen und Kollegen, Nachbarinnen und Nachbarn, Freundinnen und Freunde, und viele haben sich auch für die deutsche Staatsbürgerschaft entschieden.

Sie alle sind ein Teil der Geschichte der Bundesrepublik Deutschland geworden. Sie alle haben zum wirtschaftlichen Aufstieg und zum Wohlstand unseres Landes nach dem Zweiten Weltkrieg beigetragen. Sie alle haben unsere Gesellschaft bereichert – und tun es noch heute. Sie alle sind ein Teil von Deutschland! Sie alle gehören zu uns!

Gleichwohl gibt es nach wie vor Probleme – von latenter Diskriminierung bis hin zu offenem Rassismus. Wir dürfen in unserem gemeinsamen Kampf gegen Hass und Hetze nicht nachlassen. Pluralität und Vielfalt sind und bleiben die Leitmotive einer offenen, freiheitlich-demokratischen Gesellschaft.

Umso mehr freue ich mich, dass dieses Buch all die Menschen, die seit 1961 aus der Türkei zu uns gekommen sind, ihre Nachkommen und ihre Lebensleistungen würdigt. Einige Biografien und Schicksale werden hier vorgestellt. Sie geben uns ganz persönliche Einblicke und zeigen uns, mit welchen Problemen und Herausforderungen diese Menschen konfrontiert waren und oft immer noch sind. Sie zeigen uns aber auch, welche Chancen und Erfolge es gibt.

Vor allem aber illustrieren diese Porträts, welch wichtige Rolle die vielen türkischstämmigen Menschen in unserem Land spielen – ob in Politik, Wirtschaft und Kultur, ob an Hochschulen, in der Wissenschaft und Forschung, ob in den Medien, im Sport oder in Ehrenämtern. Die Kinder, Enkel und Urenkel der ersten Generation von „Gastarbeitern" sind engagiert und motiviert: „Ich will diese Gesellschaft mitgestalten und verändern und, ich will meinen Beitrag dazu leisten, dass wir aus Fehlern lernen“, heißt es etwa im Beitrag der Bundestagsabgeordneten Ekin Deligöz.

Die Geschichten in diesem Buch sind ein wunderbares Beispiel für das, was ein jeder zu erreichen imstande ist und wie sehr unsere Gesellschaft davon zu profitieren vermag. Daher danke ich der Stiftung Mercator für die Initiative zu diesem Buch.

Ich wünsche allen Leserinnen und Lesern eine spannende Lektüre!

Bundespräsident
Frank-Walter Steinmeier
Berlin, im Juli 2021

ÖZCAN MUTLU

„Das hier sind herzzerreißen-de Geschichten: von Ablehnung und Ausgrenzung, von Mut und Zuversicht, von Kampfeswillen und großartigen Erfolgen"

Wie es begann. Warum so vieles so schwierig war. Warum es nun doch ein Happy End gibt, 60 Jahre nachdem das deutsch-türkische Anwerbeabkommen geschlossen wurde: Millionenfach sind die Kinder und Enkel der Gastarbeiter in diesem Land angekommen, voll Stolz blicken wir auf ihre Leistungen.

Wir riefen Arbeitskräfte, und es kamen Menschen." Mit diesen oft zitierten Worten fasste der Schriftsteller Max Frisch die Lage der Gastarbeiter:innen und ihre Schicksale in der jungen Bundesrepublik treffend zusammen. Die Gastarbeiter:innen der ersten Stunde waren Pioniere. Sie haben unser Land in den Nachkriegsjahren geprägt. Mit einem Holzkoffer in der Hand und ohne ein Wort Deutsch zu sprechen, kamen sie zunächst am Münchner Hauptbahnhof an, ohne zu ahnen, dass die meisten von ihnen in Deutschland alt werden und dass eines Tages ihre Enkelkinder und deren Kinder in diesem für sie zunächst so fremden Land aufwachsen würden.

Mit einer Unterschrift in Bonn fing alles an. Am 30. Oktober 1961 unterzeichneten die Bundesrepublik und die Republik Türkei ein Abkommen für die Anwerbung von Arbeitskräften. In dem zweiseitigen Dokument, viel kürzer als ein Arbeitsvertrag, regelte das Auswärtige Amt mit der türkischen Botschaft die Entsendung von Arbeitskräften aus der Türkei nach Deutschland. Ein historischer Tag, der die Republik verändern sollte. Doch an jenem Montag vor 60 Jahren konnte niemand ahnen, wohin die Reise gehen würde, weder in der Türkei noch in Deutschland.

Anfang der 50er-Jahre brummte die Wirtschaft. Der Wiederaufbau und die steigende Industrieproduktion erhöhten in Nachkriegsdeutschland den Bedarf an Arbeitskräften: im Bergbau und in der Landwirtschaft, für den Straßen- und Brückenbau und in der Industrieproduktion. Ende 1955 unterzeichneten

Deutschland und Italien das erste „Gastarbeiterabkommen". Damit kamen zunächst italienische Arbeiter nach Deutschland, um den steigenden Bedarf an Arbeitskräften in Zeiten des Wirtschaftsbooms zu decken.

Das Abkommen markierte den Beginn der Einwanderung von Hunderttausenden ausländischen Arbeitnehmer:innen in den Folgejahren. Fünf Jahre später schloss Deutschland ein Doppelabkommen mit Spanien und Griechenland ab. Weil nach dem Mauerbau die Arbeitskräfte aus Ostdeutschland ausblieben, folgte am 30. Oktober 1961 das Anwerbeabkommen mit der Türkei. Später kamen Marokko, Portugal, Tunesien und Jugoslawien hinzu. Sie alle kurbelten das deutsche Wirtschaftswunder mit an. Auf Basis des deutsch-türkischen Anwerbeabkommens bewarben sich zwischen 1961 und 1973 mehr als zweieinhalb Millionen Menschen aus der Türkei um eine Arbeit in Deutschland; jede und jeder Vierte wurde akzeptiert und machte sich vom Istanbuler Sirkeci-Bahnhof auf den Weg nach Deutschland. Zunächst galt das Rotationsprinzip mit einer Aufenthaltserlaubnis von bis zu zwei Jahren, ohne Familiennachzug. Das stellte sich für Wirtschaft und Arbeitgeber jedoch als ungünstig heraus und wurde 1964 außer Kraft gesetzt. Durch das Anwerbeabkommen wuchs die Zahl der ausländischen Beschäftigten in Deutschland von rund 280.000 im Jahr 1960 auf 2,6 Millionen in 1973. Die Zahl der Gastarbeiter:innen aus der Türkei stieg im selben Zeitraum auf etwa 850.000

Im September 1964 wurde der millionste Gastarbeiter, der in Deutschland ankam, am Bahnhof Köln-Deutz von Dutzenden Journalisten empfangen und gefeiert. Der Portugiese Armando Rodrigues de Sá war nach Berechnungen der Bundesvereinigung der Deutschen Arbeitgeberverbände (BDA) Gastarbeiter Nummer 1.000.000. Er bekam einen Strauß Nelken, eine Ehrenurkunde sowie ein Moped als Belohnung. Heute steht der Zweisitzer im Deutschen Museum in Bonn.

„Diese Gastarbeiterabkommen haben die Geschichte von Millionen Familien in Europa verändert; sie haben Geschichten und Geschichte geschrieben – Lebensgeschichte, Staatengeschichte. Sie haben die Geschichte und das Gesicht (und die Küche!) Deutschlands verändert, wohl auch die Geschichte und das Gesicht der Herkunftsländer. Deutschland ist, ob man das Wort nun mag oder nicht, multikulturell geworden, multireligiös – und multiverstört", beschrieb Heribert Prantl in der „Süddeutschen Zeitung" die neuere Geschichte Deutschlands sehr treffend.

Die Migrationspolitik in der Bundesrepublik hat seit der ersten Anwerbung ausländischer Arbeitskräfte 1955 verschiedene Phasen durchlaufen, in denen mal die Rückführung, dann die Regelung der Asylmigration oder Ansätze der Integrationsförderung im Mittelpunkt standen. Allmählich manifestierte sich damit der Wandel vom Aus- zum Einwanderungsland – wenngleich das bis in die jüngste Zeit von manchen politisch nicht anerkannt wurde und bis heute weiterhin nicht anerkannt wird.

Anfang der 70er-Jahre veränderte sich die wirtschaftspolitische Situation. Als Folge der globalen Ölkrise und der sich verschlechternden Wirtschaftslage verfügte die deutsche Regierung im Herbst 1973 einen Anwerbestopp. Viele der damaligen Gastarbeiter:innen verließen Deutschland nach und nach. Insbesondere Gastarbeiter:innen aus Italien, Spanien, Portugal und Griechenland zog es spätestens mit dem Beitritt ihrer Länder in die Europäische Union zurück in die Heimat. Aber ein Großteil der türkischen Gastarbeiter:innen blieb. 1973 standen diese vor einer Schicksalsfrage: Deutschland für immer zu verlassen oder zu bleiben und ihre Familien nachzuholen. Wenige Wochen vor dem Inkrafttreten des Anwerbestopps kamen so Tausende junge Ehefrauen mit ihren kleinen Kindern aus der Türkei in der Bundesrepublik an. So auch Yeter Mutlu, meine Mutter, mit meinem kleinen Bruder Yüksel und meiner Schwester Kezban und mir, an einem kalten Novembermorgen im trüben Berlin. Meine Mutter ist eine Kämpferin, ihr verdanke ich alles. An jenem Tag im November hätte sie vermutlich auch nie gedacht, dass aus ihrem fünfjährigen Jungen aus dem kleinen Dorf Akdağ-Kelkit eines Tages ein Bundestagsabgeordneter werden würde.

Die meisten Gastarbeiter:innen aus der Türkei blieben, weil die wirtschaftlichen und sozialen Bedingungen in ihrer alten Heimat mehr als ungünstig waren. Mit dem Militärputsch 1980 in der Türkei kamen politische Gründe hinzu: Er führte dazu, dass in den 80er-Jahren viele Menschen aus der Türkei als Asylbewerber Zuflucht in Deutschland suchten. Deutschland sollte für viele von ihnen zur neuen Heimat werden, obwohl das erst in den späten 90er-Jahren allmählich in das Bewusstsein der ehemaligen Gastarbeiter:innen eindrang. Die deutsche Mehrheitsgesellschaft und die Politik brauchten viel länger, um die Realität der Einwanderungsgesellschaft zu begreifen und zu akzeptieren.

Die Entscheidung zu bleiben war für viele Gastarbeiter:innen ein Jahrzehnte andauernder Prozess. Die Kinder der zweiten Generation waren „Kofferkinder". Sie saßen sinnbildlich immer auf Koffern. Jedes Jahr sagten unsere Eltern: „Nächstes Jahr gehen wir für immer zurück in die Heimat." Aber dieses nächste Jahr kam nie. Auch das schwarz-gelbe „Rückkehrförderungsgesetz" von 1983 und die damit verbundene Rückkehrprämie, eine Kernforderung des damaligen Bundeskanzlers Helmut Kohl, führten nicht dazu, dass türkische Gastarbeiter:innen in Massen zurückkehrten.

Fernsehaufnahmen und Interviews aus den späten 60er- und 70er-Jahren zeigen, dass sich die anfängliche Euphorie und Begeisterung für die Gastarbeiter:innen aus Südeuropa und der Türkei schon damals recht schnell abkühlten und in Ablehnung umschlugen. Ressentiments und Ausgrenzung, die in Teilen auch in Rassismus mündeten, waren an der Tagesordnung. Ebenso kamen die Gastarbeiter:innen schnell zu unrühmlichen Titeln, wie „Itaker", „Polacken" oder „Kanaken". Feridun Zaimoglu, auch ein „Gastarbeiterkind", sollte später mit seinem Erstlingswerk „Kanak Sprak" zu Ruhm kommen und zu einem preisgekrönten Schriftsteller werden.

Schon damals hetzte die „Bild"-Zeitung und schrieb im August 1973 als Reaktion auf den Streik in den Kölner Ford-Werken: „Gastarbeiter, dieses Wort kommt von Gast. Ein Gast, der sich nicht so beträgt, gehört vor die Tür gesetzt!" Dieser Streik – auch bekannt als der „Türken-Streik" – war der erste seiner Art. Zum ersten Mal organisierten sich die türkischen Gastarbeiter und kämpften um ihre Rechte als Arbeitnehmer. Die Situation der Gastarbeiter:innen und die Zustände an deren Arbeitsplätzen waren häufig miserabel.

Mit seinem dokumentarischen Meisterwerk „Ganz unten" beschrieb Günter Wallraff das Leben und Leiden der türkischen Gastarbeiter in den 80er-Jahren sehr eindrücklich. Für die Recherchen für sein Buch schlüpfte der Journalist und Schriftsteller in die Rolle eines „Türken" und erlebte als Ali Levent Sinirlioğlu die Niederungen des deutschen Arbeitsmarktes und den unzumutbaren Umgang mit den Gastarbeitern am eigenen Leib. „Ein Stück Apartheid findet mitten unter uns statt – in unserer Demokratie", so beschrieb Günter Wallraff seine Erlebnisse in einem späteren Interview. Das Buch war wochenlang auf den Bestsellerlisten der Republik und wurde zu einem der erfolgreichsten Sachbücher der Nachkriegszeit. An den dramatischen und unmenschlichen Zuständen vieler hat sich jahrelang dennoch wenig verändert.

Ein anderes Buch – besser gesagt: Pamphlet – mit dem Titel „Deutschland schafft sich ab" sollte Jahre später zeigen, dass Politik und Gesellschaft hierzulande weiterhin ausgesprochen anfällig sind für Populismus und Xenophobie. Die Ablehnung der Vielfalt in weiten Teilen der Gesellschaft, in einem Land, in dem ein Viertel der Bevölkerung inzwischen einen Migrationshintergrund hat, ist ein großes Problem unserer Gesellschaft. Die anhaltenden Sympathien der deutschen Konservativen für die kruden, absurden und im Kern islamophoben Thesen von Thilo Sarrazin – die wissenschaftlich mehrfach widerlegt wurden – zeigen, dass wir als Gesellschaft noch sehr viel lernen müssen. Als sich Bundespräsident Christian Wulff 2010 bei seiner Antrittsrede mit dem Satz „Der Islam gehört zu Deutschland" zur Multireligiosität bekannte, war die Empörung gewaltig. Dabei erkennt die überwältigende Mehrheit der bei uns lebenden Muslime die Verfassung der Bundesrepublik an und ist in der Gesellschaft angekommen. Sie leben ganz und gar unprätentiös ihre angestammte Religion, wie es Protestanten, Katholiken und Anhänger anderer Religionen auch tun.

Und wieder sollte ein Novembertag das deutsch-türkische Binnenverhältnis maßgeblich prägen: der Fall der Berliner Mauer am 9. November 1989. Mit dem Mauerfall veränderten sich die politische und wirtschaftliche Lage für alle. Anstelle eines wirtschaftlichen Aufschwungs stiegen in den Jahren nach der deutschen Wiedervereinigung 1990 die Arbeitslosigkeit und Unzufriedenheit im Land. So lag beispielsweise die Arbeitslosigkeit unter Berliner Türk:innen in den Wendejahren bei nahezu 50 Prozent. In der türkischen Bevölkerung machte sich immer mehr Unmut breit. „Duvar Türklerin başına yıkıldı" war ein weitverbreiteter Ausspruch in der türkischen Community und heißt übersetzt: „Die Mauer ist auf die Köpfe der Türken gefallen.“

Zugleich stieg in der Wendezeit die Zahl der Asylbewerber:innen stark an. Es kam zu einer Welle rechtsextremer Gewalttaten und Angriffe auf „Ausländer“ und „Asylanten“, begleitet von hetzerischen Kampagnen populistischer Politiker und der Boulevardmedien. Infolge der rechtsextremen Unruhen und der Anschläge beugten sich Vertreter von Union, SPD und FDP dem Druck der Straße und verständigten sich im Dezember 1992 auf eine Neuregelung des Asylrechts. Das Ziel des Asylkompromisses: Verfahrensbeschleunigung und Verhinderung von „Asylmissbrauch“. Nur drei Tage nach der Grundgesetzänderung, am 29. Mai 1993, starben fünf Familienmitglieder türkischer Herkunft bei einem rechtsextremen Brandanschlag in Solingen.

Die Geschichte der Einwanderung von Menschen aus der Türkei in die Bundesrepublik ist sehr vielfältig und geprägt von vielen Höhen und Tiefen. Die Brandanschläge von Mölln und Solingen oder die kaltblütigen Morde des NSU-Terrors sind unvergessen und haben sich tief in das kollektive Gedächtnis vieler Menschen aus der Türkei – für die Deutschland längst zur Heimat geworden ist – eingeprägt. Das Vertrauen in die Sicherheitsbehörden und Polizei ist seither erschüttert. Trotz zahlreicher Untersuchungsausschüsse in Bund und Ländern und trotz des NSU-Prozesses in München hält dieses Misstrauen an.

Rechtsextreme Polizeichatgruppen, rechte Netzwerke innerhalb der Bundeswehr, Droh-E-Mails von Polizeidienststellen in Hessen, der Anschlag in Hanau, bei dem elf Menschen von einem Rechtsextremen kaltblütig ermordet wurden, der antisemitische Anschlag auf eine Synagoge in Halle, bei dem nur durch einen glücklichen Umstand die betenden Menschen in der Synagoge überlebt haben, aber zwei Menschen auf der Straße getötet wurden, und zahlreiche Anschläge auf Moscheen haben dieses Misstrauen verstärkt.

Erst seit jüngster Zeit sind Einwanderung und Migration der ehemaligen Gastarbeiter:innen auch Gegenstand von wissenschaftlicher Forschung, um weitverbreitete Vorurteile zu widerlegen. Angeblich überfordere uns das Nebeneinander von Menschen verschiedener Herkunft. Die sprachliche, wirtschaftliche, soziale und politische Integration der Migrant:innen sei im Großen und Ganzen gescheitert. Demokratie, die Gleichberechtigung der Frau, „deutsche Leitkultur“ und abendländische Werte seien diesen Leuten – egal, ob Geflüchtete, Einwander:innen oder „Neudeutsche“ – nicht beizubringen. Dabei ist es dieses populistische Herbeireden des Untergangs des Abendlandes von Menschen, die mit komischen Kürzeln, wie zum Beispiel Pegida, durch die Städte ziehen oder sich als „Alternative“ (wofür auch immer!) gerieren, das eigentliche Problem in unserem Land.

Integration ist ein wechselseitiger Prozess und keine Einbahnstraße. Eine Gesellschaft der Vielfalt ist eben kein Straßenfest, und jeder weiß, dass Einwanderungsländer selten frei von Streitigkeiten sind. Der Soziologe Aladin

El-Mafaalani erklärt diesen Effekt in seinem Buch „Das Integrationsparadox: Warum gelungene Integration zu mehr Konflikten führt“. Mehr Menschen können mitbestimmen, ihre Interessen auf Augenhöhe wahrnehmen und für sich selbst einstehen. Das erst schafft Vielfalt. Niemand bestreitet auch, dass es noch sehr viel zu tun gibt.

Stellt man jedoch in Rechnung, dass unser Land und seine Politiker:innen die über 60-jährige, faktische Einwanderung erst seit kurzer Zeit nicht mehr leugnen, sieht die gegenwärtige Bilanz so schlecht nicht aus. Bilanz ist dabei buchstäblich zu verstehen: Deutschland wäre im wörtlichen Sinne arm dran ohne die Wirtschaftsleistung all der ehemaligen Gastarbeiter:innen und heutigen Immigrant:innen sowie ihrer Kinder und Enkelkinder. Erst als „Gastarbeiter“ in der Industrie und später als Gewerbetreibende und Unternehmer:innen in allen möglichen Branchen trugen sie und tragen sie weiterhin zum deutschen Wohlstand bei. Die wenigsten wissen zum Beispiel, dass in unserem Land etwa 103.000 Unternehmen von Menschen aus der Türkei gegründet worden sind und diese circa 800.000 Jobs geschaffen haben – so auch zum Beispiel das Unternehmen BioNTech, gegründet von Özlem Türeci und Uğur Şahin, die mit dem unter ihrer Anleitung entwickelten Impfstoff unserer Welt Hoffnung gaben. Der Beitrag zum deutschen Bruttoinlandsprodukt all der Menschen, die aus der Türkei immigriert sind, hat längst die 100-Milliarden-Euro-Grenze überschritten.

Immigration bedeutet ebenso vielfältige kulturelle Impulse. Das sind so simple Dinge wie Sprache, Folklore, musikalische Einflüsse und fremdländische Küchen. Wie arm wäre Deutschland, kulinarisch gesehen, ohne Döner, Cevapcici, Pasta oder Paella. Döner Kebap ist zwischenzeitlich ein deutsches Exportgut geworden und genießt weltweiten Ruhm als eine leckere deutsche Speise. Egal, ob bei Kotti Berliner Döner Kebab in Brooklyn, New York, oder bei Saray Kebab in Tokio, überall auf der Welt findet man diese kulinarische Köstlichkeit, die einer Legende nach in den frühen 70er-Jahren in Berlin-Kreuzberg erfunden wurde.

Heute, 60 Jahre nach dem Abkommen, existieren über 100 Städtepartnerschaften auf kommunaler Ebene, mit dem Ziel, die Zusammenarbeit und den Austausch zwischen den beiden Ländern zu verstärken. Deutschland und die Türkei sind die wichtigsten Handelspartner innerhalb der EU. Das bilaterale Handelsvolumen betrug zuletzt 35 Milliarden Euro. Deutschland ist auch der größte ausländische Investor in der Türkei. Die Zahl deutscher Unternehmen beziehungsweise von Unternehmen mit deutscher Beteiligung in der Türkei beträgt aktuell etwa 7.200. Inzwischen kommen auch immer mehr türkische Investoren und Start-ups nach Deutschland. 2014 gründete die bekannte Istanbuler Bahçeşehir-Universität im Rahmen des Deutsch-Türkischen Wissenschaftsjahres die Berlin International University of Applied Sciences und treibt mit der Deutsch-Türkischen Universität Istanbul den Wissenstransfer zwischen den beiden Ländern voran. Heute leben etwa drei Millionen Menschen in Deutschland, die ursprünglich aus der Türkei stammen. Nahezu die Hälfte von ihnen besitzt schon die deutsche Staatsangehörigkeit. Über 915.000 von ihnen leben in den eigenen vier Wänden und sind stolze Eigenheimbesitzer in Deutschland. Beachtlich ist auch, dass jedes Jahr etwa fünf Millionen deutsche Touristen die Türkei besuchen.

Viele ehemalige Gastarbeiterkinder und deren Kinder haben unser Land nachhaltig und positiv geprägt. Sie sind heute in allen Bereichen der Gesellschaft erfolgreich präsent. Sie übernehmen Verantwortung und tragen zu einem friedlichen Miteinander in unserer Gesellschaft bei, allen Unkenrufen zum Trotz! Heute reden wir inzwischen von der vierten Generation. Wir können mit Stolz von millionenfacher gelungener Integration reden, wie dieses Buch exemplarisch zeigt. Egal, ob in der Wirtschaft oder auf dem Arbeitsmarkt, im Sport, in der Kunst und Kulturwelt, in der Forschung und Wissenschaft oder in Politik, Medien und Gesellschaft, überall findet man die neuen Deutschen und ihre großartigen Erfolge. Sie heißen Fatih, Emre, Sibel, Ozan, Ceren, Aylin …

Egal, ob in der Wirtschaft oder auf dem Arbeitsmarkt, im Sport, in der Kunst und Kulturwelt, in der Forschung und Wissenschaft oder in Politik, Medien und Gesellschaft, überall findet man die neuen Deutschen und ihre großartigen Erfolge. Sie heißen Fatih, Emre, Sibel, Ozan, Ceren, Aylin …

Die Geschichte der ersten Gastarbeitergeneration ist die von Kämpfer:innen und Held:innen. Das 60. Jubiläum des deutsch-türkischen Anwerbeabkommens ist ein guter und geeigneter Anlass, die Geschichten ihrer Nachkommen, der neuen Deutschen, (wieder) zu erzählen. Es sind herzzerreißende Geschichten von Ablehnung und Ausgrenzung, von Misserfolgen und Enttäuschungen, aber auch von Mut und Zuversicht, von Kampfeswillen und großartigen Erfolgen. Diese vielfältigen Biografien zeigen, wie reich und vielfältig unser Land dank des Abkommens vom 30. Oktober 1961 geworden ist. Denn allen Widersprüchen und Unkenrufen zum Trotz repräsentieren die Nachkommen der früheren Gastarbeiter:innen eine neue Generation von Deutschen. Eine Generation mit hybriden Identitäten, die sich nicht auf eine Herkunft reduzieren lassen, Diversität leben und unser Land mit ihrer Vielfalt bereichern.

Ich liebe dieses Land, weil es kulturell so reich und vielfältig ist. Das ist auch meine Antwort an all jene, die in ihrem völkisch-nationalen Wahn unser Land nur schlechtreden und uns nur als „Passdeutsche“ sehen. Diese sollen wissen: Das Rad der Geschichte lässt sich nicht zurückdrehen.

Özcan Mutlu, Herausgeber und Mitglied des 18. Deutschen Bundestages

Özcan Mutlu, geboren am 10. Januar 1968 in Kelkit, Türkei. Von 2013 bis 2017 war er Mitglied des Deutschen Bundestags für Bündnis 90/Die Grünen und dort Sprecher für Bildungs- und Sportpolitik, Stellv. Vorsitzender der Deutsch-Türkischen Parlamentsgruppe und Wahl- und Prozessbeobachter für die Türkei. Er ist Präsident des Behindertensportverbands Berlin und Mitglied der UNESCO-Kommission Deutschland. Von 1999 bis 2013 gehörte er dem Abgeordnetenhaus von Berlin an, von 1992 bis 1999 der Bezirksverordnetenversammlung Berlin-Kreuzberg. 2019 erhielt er den Kybele-Preis der Deutsch-Türkischen Freundschaftsföderation. Er war Senior-Fellow der Stiftung Mercator am Istanbul Policy Center, German-Israeli Young Leader der Bertelsmann Stiftung und MMF-Fellow des German Marshall Fund.

Aufbrechen

UĞUR ŞAHIN

„Je komplexer eine Aufgabe war, desto mehr freute ich mich darauf, sie zu lösen. Die Mathematik hat mich geprägt."

Der Vater Arbeiter bei Ford, der Sohn erst in der Kirchenbücherei, dann auf der Krebsstation, schließlich im Labor. Gemeinsam mit seiner Frau Özlem Türeci gründete Uğur Şahin das Start-up BioNTech, gemeinsam trieben sie die Entwicklung des revolutionären Corona-Impfstoffs voran. Und das ist erst der Anfang.

Ich hatte eine wunderbare frühe Kindheit. Im Winter 1969, im Alter von vier Jahren, kam ich mit meiner Mutter zu meinem Vater nach Köln. Es war ein strenger Winter. Als wir aus dem Flugzeug stiegen, wurden wir von eisiger Kälte begrüßt. Wir kamen aus der Gegend von İskenderun, nicht weit von der Grenze zu Syrien, wo die Sommer heiß, die Winter mild sind. Ich hätte nie gedacht, dass ein Ort so kalt sein kann. Am liebsten wäre ich gleich wieder ins Flugzeug gestiegen und umgekehrt. Aber nun waren wir schon einmal da, und als Kind lebt man sich ein.

Wir wohnten in Niehl, einem Arbeiterviertel im Norden Kölns, in der Nähe der Ford-Werke. Mein Vater arbeitete dort am Fließband im Schichtdienst. Ich war nach der Schule immer draußen und habe mit Freunden Fußball gespielt, erst auf dem Bolzplatz neben der Kirche, später in den Rheinwiesen, keine 10 Minuten Fußweg entfernt. Das hat Spaß gemacht. Wir haben spontan Mannschaften gebildet. Am Anfang waren wir vielleicht drei gegen drei, alle paar Minuten kam jemand dazu, bis wir an manchen Tagen 15 gegen 15 gespielt haben, Jungs, manchmal auch Mädchen, klein, groß, aus vielen Ländern, eine bunte Gruppe.

Nach dem Fußballspielen gingen wir nach Hause, aßen schnell zu Abend, schauten samstags die Sportschau, Raumschiff Enterprise, Kirk und Spock, die mit Mut und Verstand Welten retteten, und gingen danach wieder raus Fußball spielen. Es war eine Zeit, in der Kinder den ganzen Tag draußen sein konnten. Wir waren immer in Bewegung, haben die Nachbarschaft erkundet, waren mit den Fahrrädern unterwegs, immer aktiv. Das ist die stärkste Erinnerung an meine Kindheit: dieses zeitlose, unbekümmerte Unterwegssein mit meinen Freunden, besonders meinem besten Freund Alfred. Er spielte in der Jugendmannschaft im Verein bei Ford Köln Niehl und fragte mich, ob ich mit ihm zum Training kommen wolle, und so spielte ich bald im Verein Fußball. Bald war ich einer der Spielmacher, mein Platz war im Mittelfeld, ich nahm die Bälle hinten raus und verteilte sie nach vorne. Samstags, während wir unsere Spiele hatten, spielte nicht selten der 1. FC Köln parallel. Wir rannten oft an die Seitenlinie und fragten die Betreuer, wie es beim FC steht. Es war die Blütezeit der Kölner, Toni Schumacher, Pierre Littbarski, Flohe, Konopka, Strack, Okudera, van Gool, Cullmann, Zimmermann, Dieter Müller waren meine Helden. Damals.

Aber ich hatte auch noch ein zweites Leben.

Das waren Bücher. Wir hatten eine katholische öffentliche Bücherei, ebenfalls gleich nebenan. An den Wochenenden saß ich dort und stöberte stundenlang in den Regalen. Am Anfang las ich Märchen aus allen Regionen der Welt, deutsche, orientalische, indianische, asiatische, chinesische Märchen, phantasiereiche Geschichten, wunderbar bebildert, mit Helden und Heldinnen, die Prüfungen bestehen und kreative Herausforderungen lösen mussten. Und bald landete ich bei Wissenschaft und Technik. Ich habe alles verschlungen, was ich in die Finger bekam: Enzyklopädien über Erfindungen, Bücher über Biologie und Technik, Raketen, Vulkane, Flugzeuge. Bald kannten mich die Bibliothekare, empfahlen mir Bücher oder bestellten sie für mich. Es war eine wunderbare Beziehung.

Nach der Grundschule ging ich auf das Gymnasium. Am Anfang war es gewöhnungsbedürftig. Die Lehrer wechselten nach jeder Stunde, die Mitschüler und die Fächer waren neu, nicht immer nachvollziehbar, und ich war nicht vorbereitet. Es dauerte eine Weile, bis ich mich eingelebt hatte, also konzentrierte ich mich zunächst auf das, was mich interessierte: Sport und Mathe.

Habe ich während meiner Schulzeit Diskriminierung erlebt? Vielleicht in den ersten Jahren, aber wahrscheinlich nicht mehr als jeder andere. Jeder Mensch wird irgendwann einmal diskriminiert, wegen seiner Herkunft, seiner Hautfarbe, seinem Aussehen, seiner Meinung oder weil er mit einem goldenen Löffel im Mund geboren wurde, was auch immer. Ich habe nicht darauf geachtet, ich habe mich bei allem, was ich tat, auf die Dinge konzentriert, die ich gerade machte. Beim Fußball ist es auch so: Egal ob man geschubst, getreten oder beleidigt wird, man versucht trotzdem ein Tor zu schießen.

Wer mich beeinflusst hat? Auf dem Gymnasium habe ich besonders viel von Frau Seulen gelernt, unserer Mathelehrerin. Nicht nur, weil ihr Unterricht Weltklasse war, sondern auch, weil sie Kurse und Projektwochen anbot, mit Aufgaben, die normalerweise in Mathewettbewerben gestellt werden. Dabei ist mir etwas Interessantes aufgefallen: Je komplexer eine Aufgabe war, desto mehr freute ich mich darauf, sie zu lösen. Die Mathematik hat mich geprägt. Bis heute versuche ich in allem, was ich tue, das mathematische, das logische Wesen einer Sache zu durchdringen und zu hinterfragen.

Ich begann mich mehr für Wissenschaft im breiteren Sinne zu interessieren und was Wissenschaft von Pseudowissenschaft unterscheidet. Hier waren zu Beginn Sendungen wie „Querschnitt" im ZDF hilfreich, in der Hoimar von Ditfurth komplexe Dinge verständlich erklärte und die Erich von Dänikens dieser Welt widerlegte. Später verbrachte ich viel Zeit in Buchhandlungen, nach dem Prinzip: Ein Buch in der Buchhandlung lesen und eins kaufen.

Warum ich Arzt werden wollte? In jenen Jahren wurde ich in unserer Verwandtschaft mit Krebs konfrontiert. Jemand wurde sehr krank. Alle sagten: „Der arme Kerl. Es sieht nicht gut aus, da kann man nichts machen". Und wenig später ist die Person gestorben. Ich habe das nicht verstanden und mich gefragt: Warum tun sie nichts? Er sieht doch völlig gesund aus. Warum wird er nicht gerettet?

Also lieh ich mir in der Bibliothek ein paar dicke Wälzer aus, las nach und nutzte wieder diesen Aspekt des mathematischen Fragens, um in das Thema einzusteigen. Da war noch etwas anderes: Als ich elf oder zwölf war, hatte ich zum ersten Mal ein Buch über das Immunsystem gelesen, ein Thema, das mich sofort faszinierte. Ich verstand die Schönheit dieses komplexen Systems, in dem Immunzellen miteinander kommunizieren, um andere Zellen zu eliminieren. Und so kam mir der Gedanke: Könnte man das nicht zusammenbringen, Krebs und Immunsystem? Wäre es denkbar, dass das Immunsystem den Krebs bekämpft?

Als ich elf oder zwölf war, hatte ich zum ersten Mal ein Buch über das Immunsystem gelesen, ein Thema, das mich sofort faszinierte. Ich verstand die Schönheit dieses komplexen Systems, in dem Immunzellen miteinander kommunizieren, um andere Zellen zu eliminieren.

Dieser Gedanke, der meine Arbeit auch heute noch antreibt, war eigentlich schon früh da. Nun war es kein Heureka-Moment, keine plötzliche Erkenntnis, sondern er hat sich über Jahre entwickelt. Meine Neugier, meine Liebe zur Wissenschaft, mein Wunsch, etwas gegen Krankheiten zu tun – all das führte zu dem Wunsch, Medizin zu studieren, genauer gesagt, Krebsforschung mit Immunologie zu verbinden.

1984 begann ich mein Medizinstudium in Köln, wohnte weiter bei meinen Eltern. Aus dieser Zeit stammt auch das Amulett von meiner Mutter, ein Nazar Boncugu, dass ich seither an einem Lederband um den Hals trage. Es hält böse Blicke von mir fern, sagte meine Mutter.

Ich machte mich im fünften Semester auf die Suche nach meinem Doktorvater. Ich hatte eine konkrete Idee für die Doktorarbeit: Ich suchte mir also aus dem Vorlesungsverzeichnis alle Professoren heraus, die passen könnten, ging zu ihnen und stellte mein Konzept vor. Sie waren überrascht, daß ich ein Thema vorschlage. Ich wiederum war überrascht, dass sie überrascht waren, weil ich dachte, das sei das übliche Verfahren. Dass man sich überlegt, was man machen will, das Thema, und dann sucht man sich einen Professor. Ich suchte drei Monate lang mit zunehmender Frustration, und dann stieß ich auf Michael Pfreundschuh, der später mein Doktorvater wurde. Er sagte sofort: „Oh, das klingt interessant. Wenn du das machen willst, kannst du das machen, aber du musst dafür auch etwas für mich tun". Wir hatten eine Abmachung für die Promotion. Ich wurde Doktorand an der Uniklinik.

Das Besondere an der Uniklinik Köln ist, dass im sogenannten LFI-Forschungsgebäude die Hörsäle unten und die Labore oben sind. So konnte ich zwischen den Vorlesungen immer nach oben laufen, um nach meinen Experimenten zu sehen. Wieder runter zur Vorlesung, wieder rauf ins Labor, manchmal im Labor bis 3 Uhr nachts, manchmal bis zum nächsten Morgen.

Im Jahr 1991 lernte ich meine Frau kennen. Ich war mit meinem Doktorvater von Köln nach Homburg gezogen, an die Uniklinik des Saarlandes. Er baute dort gerade die Abteilung für Onkologie auf, und ich war Assistenzarzt. Die Kollegen und das Pflegepersonal waren noch nicht richtig eingearbeitet, ich war geprägt von meiner Zeit in Köln und als Fußballer und gab direkte, manchmal strenge Anweisungen und wies immer darauf hin, wenn etwas nicht in Ordnung war. Das kam nicht gut an, und entsprechend war ich nicht der beliebteste Assistenzarzt.

Eines Montagmorgens kam ich auf die Station, eine Medizinstudentin war mir zugeteilt worden, und das war Özlem Türeci. Ein wundervolles Geschenk. Wir haben festgestellt, daß wir vieles gemeinsam haben. Wir wollten Patienten helfen und glaubten, dass Wissenschaft hierfür Lösungen bieten kann.

Also begannen wir gemeinsam im selben Labor zu arbeiten. Unsere Vision war, die Forschung an das Krankenbett zu bringen. Am Anfang war uns völlig unklar, wie wir dorthin kommen würden. Aber wenn man einen Leuchtturm hat, der in der Ferne strahlt, kennt man sein Ziel.

2001, als wir schon in Mainz in der Abteilung von Prof. Christoph Huber waren, gründeten wir unser erstes Unternehmen, Ganymed. Damals war bekannt, dass man monoklonale Antikörper gegen Krebs einsetzen kann. Aber die

Pharmawelt war überzeugt, dass diese Antikörper gegen bestimmte Zielstrukturen gerichtet sein müssen, um das Wachstum von Tumorzellen zu hemmen. Wir hatten eine ganz andere Vorstellung: Wir glaubten, dass es sich um eine echte Immuntherapie handelt. Wir wollten Antikörper gegen neue Zielstrukturen entwickeln, aber wir wussten, wie teuer das sein würde und dass es von der Universität nicht finanziert werden konnte.

Wenn wir unsere Vision verwirklichen wollten, mussten wir ein Unternehmen gründen. Im Jahr danach in 2002 haben wir geheiratet. Die Jahre, die folgten, im Spagat zwischen verschiedenen Welten, in keiner wirklich zu Hause, waren mühsam und steinig. Viele Jahre später wurden sie belohnt. In 2016 konnten wir in einer Phase II Studie belegen, daß ein Antikörper, den wir bei Ganymed entwickelt hatten, bei Magenkrebs wirksam ist. Unsere Vermutung hatte sich als richtig erwiesen. Da wir nicht die finanziellen Mittel hatten, eine Phase 3 Studie durchzuführen, wurde Ganymed von einem japanischen Unternehmen übernommen.

Wir haben dem Verkauf zugestimmt, weil wir schon Rettungsboote für unsere Ideen und unsere Vision hatten. Eines davon hatten wir in 2008 zusammen mit Partnern ins Wasser gelassen: BioNTech. Und noch wichtiger: Wir hatten eine riesige Mannschaft aufgebaut. In den vielen Jahren hatten wir Mitarbeiter, Partner und Freunde gewonnen, die uns nun auf dem Weg begleiteten.

Wie war das mit dem Coronaausbruch? An einem Freitagabend, 24. Januar 2020, lese ich einen Artikel in The Lancet, der über einen Ausbruch mit einem neuen Coronavirus berichtet. Uns wird schnell klar, dass der Ausbruch in China wahrscheinlich auf eine globale Pandemie hinausläuft.

Direkt am Montag darauf starten wir in Abstimmung mit unseren Kollegen ein Projekt zur Entwicklung eines Impfstoffs.

Normalerweise dauert es mindestens 4-5 Jahre, einen Impfstoff zu entwickeln. Wir setzen ein Projekt auf, um diesen Zeitraum maximal möglich zu verkürzen ohne Abkürzungen zu nehmen oder Schritte in der Impfstoffentwicklung auszulassen. Das Projekt hat den Namen „Lightspeed“ (Lichtgeschwindigkeit)

Wir führen ein Drei-Schicht-System ein, um die unproduktive Zeit zu minimieren. Wie damals mein Vater bei den Ford Werken. Jetzt forschen wir 24 Stunden am Tag, sieben Tage die Woche.

Die ersten Experimente beginnen im Januar. Wir planen 20 Impfstoffkandidaten herzustellen und zu testen. Die Technologie, die wir dafür nutzen, basiert auf mRNA. Die Idee dahinter: den Bauplan einer Komponente des Virus in menschliche Immunzellen zu schleusen. Der Körper wird dazu angeregt, den Impfstoff selbst zu produzieren und Antikörper und T-Zellen gegen das Virus zu entwickeln. Das ist sehr elegant.

Uns kommt zugute, dass wir fast drei Jahrzehnte Erfahrung als mRNA Forscher und Immunologen haben

Wir holen uns Partner ins Boot: Fosun Pharmaceuticals aus China und Pfizer aus den USA. BioNTech hat zu diesem Zeitpunkt in 2020 noch nie ein Medikament auf den Markt gebracht, also ist klar, dass wir das nicht alleine schaffen und auch das finanzielle Risiko auf mehrere Partner verteilen müssen.

Mitte März 2020 treffen sich 60 Abteilungsleiter und Wissenschaftler von Pfizer und BioNTech zu einer Videokonferenz, um das Projekt und die Zusammenarbeit zu besprechen. Zwei Tage später machen wir unseren Plan öffentlich.

Atlantikflüge gibt es so gut wie nicht mehr; die Führungskräfte von Pfizer stellen ihre Privatjets zur Verfügung, damit wir Proben und genetisches Material hin- und herfliegen können.

Am 23. April erhält der erste deutsche Proband eine Impfstoffdosis. Wir testen vier der vielversprechendsten Kandidaten parallel.

Mitte Juli stellt sich BNT162b2 als der vielversprechendste Impfstoffkandidat heraus. Er ist besonders gut verträglich für Risikopatienten und ältere Menschen. Die kombinierte Phase II/III-Studie beginnt anschließend, und schließlich wird der Impfstoff an über 44.000 Freiwilligen zwischen 18 und 85 Jahren in einer randomisierten klinischen Studie in den USA und später in Südafrika, Argentinien, Brasilien, der Türkei und Deutschland getestet.

Ab dem 6. Oktober beginnt das „rollierende Verfahren" vor der europäischen Zulassungsbehörde EMA - wir versorgen die Beamten ständig mit Daten, damit sie grünes Licht geben können, sobald alles beisammen ist.

Am Montag, den 9. November, wenden wir uns gemeinsam mit Pfizer an die Öffentlichkeit. Die Daten übertreffen alle unsere Erwartungen. Der Wirkstoff hat eine Wirksamkeit von 95 Prozent.

Um Weihnachten 2020 werden die ersten Impfungen beginnen, in Deutschland und in vielen anderen Ländern. Was für eine große Erleichterung.

Am Montag, den 23.08. 2021, erhalten wir die erste volle Zulassung für unseren Impfstoff, in den USA.

Was das möglich gemacht hat? Ausdauer, Mut und Verstand. Wir wissen, daß dieser Durchbruch auf der Arbeit von über 30 Jahren Forschung basiert. Wir arbeiten mit Menschen aus mehr als 60 Ländern zusammen, die mitgewirkt haben.

Die Rolle von Migranten? Ein Migrationshintergrund ist für uns völlig normal, er spielt überhaupt keine Rolle. Wichtig ist, was jeder beiträgt. Es ist so einfach: Gemeinsam eine große Mannschaft zu bilden, wie auf den Rheinwiesen in meiner Kindheit, wo jeder mitspielen durfte, der dazu kam.

Unser Ziel für die Zukunft? Wir wollen ein großes Pharmaunternehmen aufbauen. Wir wollen den Menschen bessere Medikamente schneller zur Verfügung stellen. Das war von Anfang an unsere Vision, und das ist sie immer noch.

Prof. Dr. Uğur Şahin, geboren am 19. September 1965 in İskenderun, Türkei, ist Arzt, Wissenschaftler und Unternehmer. Seine Forschungsschwerpunkte sind die Krebsforschung und die Immunologie. Er ist seit 2006 Professor für experimentelle Onkologie an der III. Medizinischen Klinik der Universität Mainz und einer der führenden Impfstoffentwickler gegen COVID-19. Gemeinsam mit seiner Ehefrau Dr. Özlem Türeci hat er 2008 das Unternehmen BioNTech gegründet, dessen Vorstandsvorsitzender er ist. Von 2008 bis 2016 war er Leiter des wissenschaftlichen Beirats der Ganymed Pharmaceuticals AG. Er ist auch Mitgründer der unabhängigen gemeinnützigen translationalen Forschungseinrichtung TRON und fungierte von 2010 bis 2019 als ihr Geschäftsführer. Zudem war er Mitgründer der gemeinnützigen Organisation Cluster for Individualized Immune Intervention (Ci3). Seit 2014 hält er eine W3-Professur am Universitätsklinikum Mainz. 1990 promovierte er in Humanmedizin an der Universität Köln.

ÖZLEM TÜRECI

„Mein Aha-Erlebnis: Kaum hatte ich eine Sache verstanden, eröffneten sich neue Fragen“

Medizin faszinierte sie schon als Kind. Ihr Vater war Arzt in einem kleinen Krankenhaus in Niedersachsen, sie begleitete ihn auf Visite. Als Studentin begegnete sie ihrem Mann Uğur Şahin, gemeinsam gründeten sie BioNTech. Dort ist Özlem Türeci Chief Medical Officer – und brachte auch die Entwicklung des Corona-Impfstoffs zu einem Touchdown.

Ich bin in Lastrup aufgewachsen, südwestlich von Bremen. Damals, in den Siebzigern, war das ein Dörfchen, ein paar Häuser, ein paar Geschäfte, rundherum Bauernhöfe, auf denen Kühe oder Hühner gezüchtet wurden. Es gab dort ein ehemaliges Nonnenstift, nun umgebaut zu einem Krankenhaus, aber noch immer geführt von den Nonnen, zauberhaften, agilen Damen in weißen Ornaten, die alles am Laufen hielten.

Dort war mein Vater Arzt. Der einzige Mann, der einzige Moslem, der einzige Ausländer weit und breit. Er war nach seinem Studium nach Deutschland gekommen und von der Ärztekammer nach Lastrup entsandt worden. Nun war er zuständig für die Versorgung der näheren Region.

Wir lebten gegenüber in einem Häuschen, in dem auch die Praxis meines Vaters war. An diesen beiden Orten hat sich meine Kindheit abgespielt: in seiner Praxis und im Krankenhaus. Und das begann wirklich früh. Während die anderen Kinder im Sandkasten buddelten, lief ich meinem Vater hinterher und sah ihm bei der Arbeit zu. Schaute zu, wie er in der Ambulanz ein Bein gipste, begleitete ihn auf Visite. Mein Vater stellte mich den Patienten vor, ich stand daneben und schaute zu, wie er sie untersuchte. Als ich sechs war, durfte ich zum ersten Mal bei einer Blinddarm-OP dabei sein. Ich musste mich steril kleiden, mir die Hände minutenlang abschrubben und desinfizieren, genau wie die Erwachsenen. Und fühlte mich wie eine kleine Ärztin.

Einmal, ich muss acht gewesen sein, war ich mit meinem Vater auf Visite, als plötzlich der Ruf kam, er solle in die Ambulanz kommen. Als wir dort ankamen, saß dort eine Mitschülerin von mir. Sie war vom Baum gefallen und hatte eine Platzwunde. Während mein Vater die Wunde desinfizierte und nähte, schauten wir einander an. Es war für uns beide spannend, uns plötzlich hier zu begegnen. Als sie mich fragte, ob es schlimm sei, konnte ich ihr erklären: Nein, das sei eine ganz normale Platzwunde und das Nähen sei genauso routinemäßig verlaufen wie die Male davor.

Die Welt der Medizin hat mich seither fasziniert. Ich habe die Fürsorge um Patienten erlebt, die Dankbarkeit von Patienten gesehen, mitbekommen, wie sich das Leben einer Familie veränderte, wenn erst jemand krank war und dann hoffentlich wieder gesund wurde. Ich bin jung mit dem Sterben konfrontiert worden und habe verstanden, dass auch das zu diesem Beruf gehört.

Ich wusste früh, dass ich Ärztin werden möchte. Wobei ich anfangs dachte, dass der Weg dahin über das Nonnentum führt. Ich bildete mir ein, die Damen seien in Ausbildung, irgendwann würden auch sie ärztlich tätig sein und habe darum gedacht: Ja, dann werde ich auch zuerst Nonne.

In der Schule haben mich Naturwissenschaften fasziniert. In der Oberstufe hatte ich Biologie-Leistungskurs und begann, die Arztzeitschriften meines Vaters zu lesen. Und egal was ich las oder machte, immer wieder hatte ich dieses Aha-Erlebnis: Du kannst noch mehr nachfragen, du kannst noch tiefer reingehen, es hört nicht auf. Wenn ich dieses eine Kapitel im Schulbuch gelesen und diese eine Sache verstanden habe, eröffnen sich neue Fragen. Begriff, dass es nicht nur mir so ging, sondern auch den Experten. Dass auch sie sagen müssen: Bis hierher wissen wir es und ab hier wissen wir es noch nicht. Das hat mich elektrisiert. Festzustellen: die Detektivgeschichte hört nie auf. Man hat den ersten Fall gelöst, aber dahinter verbirgt sich immer noch einer. Und so habe ich vor allen Dingen viel gelesen während jener Jahre. Ich hatte Gleichgesinnte mit den gleichen Interessen, wir lasen die gleichen Sachen und diskutierten darüber.

Dem Thema Krebserkrankung bin ich erst im Krankenhaus in Lastrup, später im Biologieunterricht begegnet, las Bücher darüber, was eine DNA ist, wie Zellen funktionieren, wie sie entarten, wie komplex diese Mechanismen sind und wieviel es da noch zu entdecken gibt. Und wusste schon während der Oberstufe, dass das eine meiner Top-Prioritäten bei meiner Berufswahl sein würden: Wie kann Hightech helfen, um komplizierte Erkrankungen anzugehen?

Vielleicht habe ich in jenen Jahren auch Diskriminierung erfahren. Aber wenn, dann ist es mir nicht bewusst geworden. Ich bin nicht in Köln oder Berlin aufgewachsen, sondern in Lastrup. Es gab sonst niemanden, der eine andere Sprache gesprochen hat, wenn man Plattdütsch jetzt mal nicht als andere Sprache zählt. Falls wir anders behandelt wurden – lag es an unserer Herkunft? Und überhaupt – wird nicht jeder und jede irgendwann wegen irgendwas diskriminiert?

Nach dem Abitur bin ich zum Medizinstudium nach Homburg gegangen, an die Universität des Saarlandes. Bald war mir klar, dass ich mich auf Onkologie und Immunologie spezialisieren würde, dass ich es irgendwie miteinander kombinieren will. Das erschien mir spannend, ich ahnte, dass hier eine Ära bevorstand, in der viele entscheidende Durchbrüche passieren würden und ich wollte diese hautnah miterleben. Und habe bald, während des Studiums, mit meiner Doktorarbeit begonnen, habe mir das gentechnische und molekulare Handwerkszeug angeeignet und mit Krebszellen gearbeitet.

In einem meiner letzten Semester, an einem Montagmorgen, habe ich meinen Mann Uğur kennengelernt. Er hatte in Köln studiert und war seinem Doktorvater nach Homburg gefolgt, zunächst war er Arzt im Praktikum. Ich war im letzten Jahr meines Medizinstudiums. Das bedeutete Rotation auf Stationen, um dort das Arbeiten am Patientenbett kennenzulernen.

Ich war ihm zugeteilt und habe mich vorgestellt. Von unseren Namen her war es natürlich sofort klar, dass wir beide Türken sind. Wir haben dann auch gesagt: Ach ja, der Name hört sich türkisch an, woher kommen deine Eltern? Das ist der Klassiker, immer wenn man hört, der andere ist Türke, kommt als erstes die Frage: Aus welcher Stadt kommen die Eltern?

Das Leben im Krankenhaus war hektisch. Auf einer onkologischen Station in einer Uniklinik sind viele der Patienten in einem kritischen Zustand, ständig kämpft man um Leben und Tod. Da bleibt nicht viel Gelegenheit, sich zu unterhalten. Wir haben aber immer wieder mal zwischendurch Zeit füreinander gefunden und gemerkt, dass uns die gleichen Themen interessieren. Mein Mann hat in seiner Doktorarbeit an etwas Pionierhaftem gearbeitet – eine neuartige Präzisions-Immuntherapie, ich fand das ganz spannend. Jemand, der diese Technologien beherrschte, das war für mich eine Art Rockstar.

So sind wir ins Gespräch gekommen, und nach einer Weile wurden wir ein Paar. Das war 1992. Wir gehen also schon sehr lange diesen Weg zusammen.

Endlos haben wir miteinander geredet, Pläne geschmiedet, Ideen ausgetauscht. Von Anfang an haben wir beide daran geglaubt, dass es möglich sein muss, neueste Forschung schnell zum Patienten zu bringen. Die Entwicklung innovativer Medikamenten dauert im Krebsbereich rund zehn Jahre, kostet 3-stellige Millionen. Wenn etwas beim Patienten ankommt, ist es eigentlich veraltet. Das ist erschreckend.

Diese Gespräche haben uns elektrisiert. Stell dir vor, wir könnten das, was wir im Labor zusammenbasteln, direkt zum Patienten bringen – was für einen Unterschied würde das machen, begeisterten wir uns. Neumodisch heißt das „translationale Medizin", oder „From Science to Survival" –wissenschaftliche Daten direkt in Überleben zu übersetzen. Über all das haben wir uns damals Gedanken gemacht.

Die Euphorie des Neuanfangs, die Freude am gemeinsamen Herumdenken, die Magie etwas Neues zu entwerfen – das begleitet uns seither. Das hatten wir, als wir 2001 Ganymed gegründet haben, unsere erste Firma. Und 2008, als wir BioNTech gegründet haben. Wenn wir eine neue Idee haben, wenn wir uns auf unbekanntes Territorium hinauswagen, dann ist es jedes Mal ein Moment leiser Euphorie. Und weil mein Mann jemand ist, der übersprudelt vor Ideen und wir ständig neue Projekte anstoßen, erleben wir immer wieder dieses Glück.

In Deutschland ist die Gründung einer medikamentenentwickelenden Firma mit einem hohen persönlichen Risiko verbunden. Das ist einfach so. Weil wir den normalen Karriereweg verlassen, als Mediziner und als Wissenschaftler, weil wir finanzielle Risiken auf uns nehmen, weil wir Verantwortung für Mitarbeiter und ihre Familien tragen. Wir sind ja nun einmal ein Venture Capital Unternehmen. Es gibt per definition immer nur Geld für einen bestimmten Zeitraum, dann muss man die nächste Finanzierungsrunde machen. Ist jedesmal wie kurz vor der Insolvenz zu stehen. Das ist die Art und Weise, wie Venture Capital operiert, das bedeutet für jene, die Verantwortung übernehmen, persönliches Risiko.

Mein Mann schaut am Wochenende immer, was in der Woche zuvor an wissenschaftlichen Daten publiziert worden ist. Ende Januar 2020 sah er diesen Artikel im „The Lancet", in der eine Familie beschrieben wurde, die von Wuhan in zurück in ihre Heimatstadt gereist war und weitere Familienmitglieder mit dem neuen Virus angesteckt hatte. Es war klar, dass es ein hochinfektiöses Virus ist, das auch von scheinbar Gesunden weitergegeben werden kann. Er wusste, dass Wuhan mit Gott und der Welt verbunden ist, über Züge, Straßen, Flugverbindungen, und hat gleich ein paar Hochrechnungen gemacht.

Damit kam mein Mann dann zu mir und sagte: Du, ich glaube, wir steuern auf ein globales Problem zu. Er ging davon aus, dass wir eigentlich schon längst in der Pandemie drin sind. Ich kenne meinen Mann lange genug, um so etwas ernst zu nehmen, er ist sehr gut darin, aus Daten Vorhersagen zu treffen. Und dann sind wir im Grunde direkt in die Details eingestiegen. Das Projekt, einen Impfstoff zu entwickeln, hat noch an diesem Wochenende an unserem Frühstückstisch begonnen.

Welche glückliche Lage, dass wir jetzt, anderthalb Jahre später, nicht nur eines, sondern mehrere Vakzine haben. Hunderte Millionen Menschen sind geimpft. Wir müssen uns glücklich schätzen, dass es die Weltgemeinschaft geschafft hat, trotz aller Hick ups.

Mein Mann ist der Visionäre, der Kreative, der zum einen sehr gut darin ist, komplexe Datensätze so zu analysieren, dass er gute Voraussagen machen kann. Wir vertrauen sehr auf seine Prognosen. Wenn er sagt, dieses Projekt wird so und so laufen, wir werden dieses und jenes sehen, wir müssen uns so und so darauf vorbereiten. Und das nicht nur bei wissenschaftlichen Fragen, auch in komplexen sozialen Situationen, etwa, wenn wir uns als Start-Up neues Risikokapital besorgen mussten, um unsere Firma durch die ein schwieriges Umfeld zu manövrieren. Auch das ist ja immer eine Analyse von Daten: Wie ticken Investoren, wie tickt der Markt, wie sind unsere Erfolgschancen. Also das kann er gut – genau wie Lösungen zu erarbeiten, die nicht direkt ersichtlich sind,

Ich bin diejenige, die hilft, die konkreten Lösungen zu erarbeiten. Wenn wir ein Projekt starten, bringe ich es zum Touchdown. Wir arbeiten wirklich unglaublich gut zusammen, mein Mann und ich. Ja, das ist ein unschätzbares Glück.

In unserem Zusammenspiel bin ich diejenige, die hilft, die konkreten Lösungen zu erarbeiten. Ich bringe meine Zweifel ein, wir diskutieren und schärfen im Gespräch die Gedanken. Ich dekliniere durch, was aus wem folgt und was das genau heißt, bringe die Details der Umsetzbarkeit ins Spiel und hinterfrage, wie wir dieses oder jenes lösen können. Welche Hürden zu erwarten sind, wie wir sie überwinden können. Das ist immer wieder unsere Interaktion. Und wenn es dann losgeht, wenn wir ein Projekt starten, kümmere ich mich um den Touchdown in den operativen Details.

Wir arbeiten wirklich unglaublich gut zusammen, mein Mann und ich. Ja, das ist ein unschätzbares Glück.

Dr. med. Özlem Türeci, geboren am 6. März 1967 in Lastrup, ist Ärztin, Wissenschaftlerin und Unternehmerin. Gemeinsam mit ihrem Ehemann Prof. Dr. Uğur Şahin gründete sie 2008 das Unternehmen BioNTech und ist seit 2018 medizinische Geschäftsführerin (CMO) von BioNTech. 2001 war sie Mitgründerin von Ganymed Pharmaceuticals. Sie ist Vorsitzende und Mitinitiatorin der gemeinnützigen Organisation Cluster for Individualized Immune Intervention (Ci3) sowie Vorstandsmitglied der Association for Cancer Immunotherapy (CIMT). Schwerpunkt ihrer Forschung ist die Identifikation und Charakterisierung von tumorspezifischen Molekülen und die Entwicklung von Immuntherapien gegen Krebs. 2002 Habilitation an der Johannes-Gutenberg-Universität in Mainz im Fach Molekulare Medizin. 1992 promovierte sie an der Medizinischen Fakultät des Saarlandes in Homburg.

Hintergrundinfos zu Özlem Türeci und Uğur Şahin

Es ist der 9. November 2020. Ausgerechnet. Der deutsche Schicksalstag. Reichspogromnacht, Mauerfall, alles am 9. November. Und nun, welch Geniestreich der Geschichte, das Vakzin.

Kurz nach Mittag veröffentlicht das Mainzer Start-up BioNTech eine Ad-hoc-Mitteilung, zeitgleich mit dem amerikanischen Pharmakonzern Pfizer. Es ist eine Sensation:

Der in Mainz entwickelte Impfstoff BNT162b2 habe sich in einer groß angelegten klinischen Studie zu mehr als 90 Prozent wirksam erwiesen. 43.500 Probanden in sechs Ländern habe man geimpft, fast alle blieben gegen Covid-19 geschützt. Die Coronapandemie scheint besiegbar.

Weltweit explodieren die Börsen. Binnen Minuten knallen manche Aktien um 30 Prozent nach oben.

Und es betreten die Bühne der weltweiten Öffentlichkeit: Özlem Türeci und Uğur Şahin, die beiden BioNTech-Gründer. Über Nacht werden sie weltberühmt. Die „Financial Times" kürt sie zu „Persons of the Year", sie erhalten das Bundesverdienstkreuz, plötzlich sind sie ein Aushängeschild für gelungene Migration, für den Erfolg der türkischen Gastarbeiterkinder.

1992 sind sich Uğur Şahin und Özlem Türeci begegnet. Er ist Assistenzarzt, sie Ärztin im Praktikum, auf einer Onkologie-Station an der Uniklinik Homburg.

Zwei Migrantenkinder. Zwei Ärzte mit der Spezialisierung Krebs und Immunsystem. Sie teilen eine Vision: Sie wollen dafür sorgen, dass ihre Forschung rasch bei den Menschen ankommt und nicht in den wissenschaftlichen Fachzeitschriften und Laboren verstaubt. Längst wissen sie, dass in Deutschland aus Weltklassewissenschaft viel zu selten Weltklassemedikamente werden. „Manchmal gleicht das einem Bermudadreieck, in dem Innovation spurlos verschwindet", hat Şahin gesagt.

Zusammen geht das Forscherpaar Mitte der 90er nach Mainz. An der Uni begegnen sie ihrem Mentor, dem Krebsforscher Christoph Huber. 2001 gründen sie mit ihm gemeinsam ihr erstes Unternehmen, es heißt Ganymed Pharmaceuticals und soll Antikörper entwickeln, die Tumore bekämpfen können. Türeci kümmert sich um Forschung und Personal, Şahin leitet die Forschung und wird parallel Professor für experimentelle Onkologie an der Uniklinik in Mainz.

Sie haben Erfolg: Tatsächlich gelingt es der neuen Firma, eine Therapie gegen Magen- und Speiseröhrenkrebs zu entwickeln. 2016 werden die beiden das Start-up an den japanischen Pharmakonzern Astellas verkaufen. Sie und ihre Investoren erhalten dafür, abhängig vom späteren Erfolg des Medikamentes, bis zu 1,3 Milliarden Dollar. Aktuell – im Sommer 2021 – ist das Krebsmedikament in der klinischen Testphase und könnte demnächst auf den Markt kommen.

2002 heiraten Özlem Türeci und Uğur Şahin im kleinen Kreis.

2008 gründen sie BioNTech. Der Plan auch hier: eine Impfung gegen Krebs. Medikamente zu entwickeln, die Immunzellen in die Lage versetzen, Tumorzellen zu töten. Als wichtigste Kapitalgeber steigen die Brüder Andreas und Thomas Strüngmann ein, die Milliarden verdient haben mit dem Verkauf des Generika-Herstellers Hexal.

Im Herbst 2019 der Gang an die US-Technologiebörse Nasdaq. Aber BioNTech ist unbekannt, ganze 150 Millionen Dollar frisches Kapital werden in die Kassen gespült. Über 20 Projekte hat BioNTech in der Pipeline, Krebstherapien vor allem, aber auch Impfstoffe gegen Grippe und HIV. Noch keines hat eine Zulassung.

Unter Medizinern sind die beiden seit Langem bekannt. Şahin, 55, wurde mit dem Preis der Deutschen Krebsgesellschaft ausgezeichnet. Türeci, 53, leitet ein Forschungs-Spitzencluster des Bundesministeriums für Bildung und Forschung.

Am 9. November 2020 zünden sie die Rakete mit der Ad-hoc-Mitteilung: Ja, es gibt nun eine Impfung gegen Corona.

Nun beginnt der weltweite Run auf den Impfstoff. Die politische Debatte, wer wann wie viel bekommt. Der politische Streit um Liefermengen, Preise, Zuteilungen. Wer als Erster darf, wer sich hinten anstellen muss, warum das alles nicht viel schneller geht. Die beiden BioNTech-Gründer halten sich elegant aus allem heraus.

Şahin sagte in einem seiner wenigen Interviews: „Wir lassen uns nicht von Börsenkursen leiten, sondern von dem, was wir mit unserer Arbeit beeinflussen können. Mich beschäftigen die Daten aus unseren Studien."

Das Paar lebt in einer unauffälligen Wohnung zwischen Firmenhauptquartier und Universität. Zur Arbeit kommt Şahin mit einem alten Mountainbike. Sein Büro ist groß und schlicht, er trägt meist Jeans und Hemd. Manchmal wirkt er ausgezehrt, dann sieht man ihm an, wie hart er arbeitet. Aber immer schaut er freundlich, blickt aus warmen, wohlwollenden Augen auf die Welt.

Gleiches gilt für Özlem Türeci. Auf Fotos trägt sie meist einen weißen Arztkittel, blickt schmunzelnd, reserviert und heiter in die Kamera. Tagsüber wuselt sie in einem fort durch die BioNTech-Labore und spricht mit den Forscherinnen und Forschern.

Die beiden seien durch und durch „Technologie-agnostisch", hat einer ihrer Investoren zu Protokoll gegeben. Sie glaubten erst mal an nichts, außer an handfeste Daten. „Beide denken vom Ende her. Viele Wissenschaftler verlieben sich in ihr Sujet. Uğur und Özlem geht es einzig um die Ergebnisse. Darum, wie man aus einer guten Idee eine ideale Idee macht."

AYGÜL ÖZKAN

„Wichtig ist nicht, wo man herkommt, sondern wohin man will“

Ihre Eltern hatten eine Änderungsschneiderei in Hamburg-Altona. Sie wurde Landesministerin in Niedersachsen. Auch weil die Kosewskis, Herr Rittstieg und Ole von Beust sie förderten. Es waren Begleiter auf Augenhöhe, sagt Aygül Özkan, „nie ließen sie mich spüren, dass ich von unten oder außen kam“.

Darf ich beginnen mit drei Schlagzeilen aus der „Bild“-Zeitung? Sie stammen aus dem Frühjahr 2010. Damals wurde ich für die CDU Ministerin im Kabinett von Christian Wulff, in der Landesregierung von Niedersachsen. Ich war die erste Ministerin mit türkischen Wurzeln in Deutschland, und das war ein Aufreger. „Bild“ titelte:

„Die tapfere Schneiderstochter.“

„Morddrohungen gegen schöne Ministerin.“

„Welchen Gott meinten Sie, Frau Özkan?“

Vor allem die dritte Headline bleibt unvergessen. Ich hatte meinen Amtseid vor dem niedersächsischen Landtag mit den Worten beendet: „So wahr mir Gott helfe.“ Ich meinte den einen und einzigen Gott der drei monotheistischen Weltreligionen, der Judentum, Christentum und Islam gemeinsam ist.

Christian Wulff und ich hatten vorab darüber gesprochen, ob ich den Zusatz sprechen würde. Ja, natürlich, ich bin gläubige Muslima, für mich war das nie eine Frage. Um sicherzugehen, hatten wir ein Kurzgutachten bei einem Kirchengelehrten in Auftrag gegeben. So schwor ich meinen Eid auf das

Grundgesetz und die niedersächsische Verfassung und fügte hinzu: „So wahr mir Gott helfe."

Ein Skandal, fanden einige. „Bild" suchte Kritiker – und fand sie: „Wir Christen sehen schon einen deutlichen Unterschied zwischen unserem Gott und Allah", zitierte die Zeitung einen Sprecher der hannoverschen Landeskirche. Und das katholische Bistum Essen ließ via „Bild" verkünden: „Theologisch sind der Gott der Christen und der Gott des Islam nicht gleichzusetzen."

Aber dieses theologische Wissen war keineswegs gesichert. Der Hamburger Weihbischof Hans-Jochen Jaschke widersprach: „Muslime und Christen sind im Glauben an den einen Gott verbunden." Dass ich bei meiner Vereidigung die Gottesformel gesprochen habe, sei richtig. „Es ist ein gutes Beispiel für die Integration gläubiger Muslime in unsere Gesellschaft. Muslime geben ihren Glauben nicht auf und übernehmen als religiöse Menschen Verantwortung in unserer Gesellschaft."

Protestanten pflichteten bei. Denn, merkte Hermann Barth an, Präsident des Kirchenamtes der Evangelischen Kirche in Deutschland, die Eidesformel sei keineswegs exklusiv an das christliche Gottesverständnis gebunden. Genauso wenig wie die Präambel des Grundgesetzes. Das mit den Worten beginnt: „Im Bewusstsein seiner Verantwortung vor Gott und den Menschen ..."

Es ist ein fantastisches Grundgesetz, by the way. Unsere freiheitlich-demokratische Grundordnung und unser Sozialsystem leuchten weltweit. Wir können unterschiedlich aussehen, anderen Religionen angehören, anderer Herkunft sein. Aber trotzdem können wir gemeinsam etwas schaffen, wenn wir Vertrauen zueinander haben und den Willen, die Zukunft unseres Landes gemeinsam zu gestalten.

Bei allem Hin und Her: Ich war nun die erste deutsche Ministerin mit Einwanderungsgeschichte. Vielleicht war es ein historischer Moment, viele jedenfalls sahen darin einen symbolischen Akt. Frauen und Männer aus der ersten Zeit der Gastarbeitermigration kamen auf mich zu, manche mit Tränen in den Augen, und sagten: Nun wüssten sie, wofür sie durchgehalten hätten, nun seien sie angekommen. Ja, das sei der Moment, an dem sie zum ersten Mal die so lange ausgebliebene Anerkennung ihrer Leistung für Deutschland spürten.

Junge, neu zugewanderte Frauen sprachen mich an: Nun wüssten sie noch besser, warum sie Deutsch lernen und ihren Kindern beistehen müssen. Das hat mich stolz gemacht. Denn gerade sie, die Menschen der dritten und vierten Generation der Einwanderer, brauchen Vorbilder. Sie müssen sehen: Es lohnt sich, sich in diesem Land anzustrengen, zielstrebig und engagiert zu sein.

Ich habe Jura studiert und wollte Anwältin werden. Dass ich Politikerin wurde, war purer Zufall. Gemeinsam mit der Handelskammer Hamburg hatte ich einen Verband türkischstämmiger Unternehmer gegründet, um Existenzgründer zu stärken, sie für das Ausbildungssystem zu gewinnen und mehr migrantische Jugendliche in Ausbildungen zu bringen. Die Hamburger

Wirtschaftsbehörde und die Arbeitsagentur unterstützten das Projekt. So wurde Ole von Beust auf mich aufmerksam, damals Erster Bürgermeister in Hamburg. Er packte mich bei meiner Ehre: ob ich nur „meckern" oder wirklich etwas verändern wolle? Dann solle ich mitmachen und in die CDU eintreten.

Ich willigte ein. Unter einer Bedingung: dass ich mich in die Themenfelder einarbeite, die mir am Herzen liegen, und nicht nur das Feigenblatt Integration bediene.

2008 wurde ich in die Hamburger Bürgerschaft gewählt, da gab es den ersten Medienhype, war ich doch die erste türkischstämmige Abgeordnete der CDU in Hamburg. Die Bürgerschaft ist ein Feierabendparlament. Ich war weiter Managerin in einem niederländischen Unternehmen, wurde daneben Vorsitzende des Wirtschaftsausschusses und traf viele interessante Menschen. Angela Merkel zum Beispiel. Und Christian Wulff.

Der hatte den Mut, mich 2010 nach Hannover zu holen, als Ministerin für Soziales, Frauen, Familie, Gesundheit, Bau und Integration, ein Riesenressort mit einem Etat von über fünf Milliarden Euro. Der Medienhype wurde extrem, ich wurde geradezu in den Himmel geschrieben. „Die Märchenhafte", titelte die „FAZ". Als ich die Überschrift sah, saß ich auf der Regierungsbank in Hannover, zwei Stühle neben Christian Wulff. Ich wandte mich zu ihm und sagte: „Das ist nicht gut. Jetzt hat der Hype ein Niveau erreicht, das andere herausfordert, mich runterzuschreiben. Ab jetzt wird jedes Wort auf die Goldwaage gelegt."

Genauso kam es. Nicht lange, da hagelte es negative Schlagzeilen. Ja, ich habe Lehrgeld zahlen müssen, ich musste lernen, mit Medien umzugehen, sie auch auf Abstand zu halten, nicht emotional zu reagieren, mir meine innere Unabhängigkeit weiterhin zu bewahren.

„Morddrohungen gegen schöne Ministerin", schrieb die „Bild", und das ist die hässliche Seite dieser Story. Die Drohungen kamen noch vor meiner Vereidigung, sie gingen gleichzeitig ein in Staatskanzlei, in meinem Abgeordnetenbüro, in einer Redaktion. Die Botschaft: Würde ich nicht auf mein Amt verzichten, würde man mich erschießen.

Das LKA sah sich die Sache an und kam zu der Einschätzung, man müsse die Bedrohung ernst nehmen – und verpasste mir die höchste Sicherheitsstufe, vergleichbar mit der des Bundesinnenministers. Fortan konnte ich mich nur noch in der Öffentlichkeit bewegen, wenn ich drei Personenschützer im Schlepptau hatte. Mein Haus erhielt Objektschutz, mein Sohn wurde zur Schule begleitet. Ich hätte es mir nie verziehen, wenn meinem Kind oder meinem Mann etwas zugestoßen wäre. Kurze Zeit später wurden die NSU-Morde bekannt.

Die Zeit war hart. Immer wieder wollten Menschen in Hannover auf mich zukommen, mit mir reden, mich umarmen. Jedes Mal ermahnten mich die Personenschützer, das gehe so nicht, ich müsse die Leute auf Abstand halten. Das war nicht schön.

Der Hass und die Drohbriefe gingen weiter. 2012 bekam ich eine Videobotschaft von einem Rädelsführer einer rechtsextremen Organisation in Hannover zugeschickt. Er wurde später ermittelt und verurteilt. 2019, als Walter Lübcke ermordet wurde, ging mir die Angelegenheit wieder durch Mark und Bein. Ich hatte wohl einfach Glück gehabt.

Und wer ist nun die „tapfere Schneiderstochter", von der die „Bild" schrieb?

Mal abgesehen von der dämlichen Formulierung – ja, auch das bin ich. Und hier kommen wir zu meiner Biografie. Es ist die klassische Gastarbeiter-Aufstiegsbiografie, und sie hat drei Pfeiler: die Offenheit meiner Eltern, das Wohlwollen von Nachbarn und Mentoren, die deutsche Sprache.

Meine Eltern besaßen eine Änderungsschneiderei in Hamburg-Altona, gleich gegenüber dem Gymnasium Allee. Was den Nachteil hatte, dass meine Lehrerinnen und Lehrer dort ein und aus gingen und mein Vater sie alle persönlich kannte.

Wobei, eigentlich war es ein Vorteil. Denn erstens habe ich so gut wie nie etwas ausgefressen und war eine gute Schülerin, und zweitens war mein Vater immer höchst interessiert an meinem Fortschritt, erkundigte sich bei den Lehrern nach mir, hörte zu. Das ist wichtig. Wenn Lehrer merken, dass Eltern die Bildung ihrer Kinder ernst nehmen, interessieren sich die Lehrer gleich viel mehr für diese Kinder.

Herr Rittstieg war Rektor am Fachbereich Rechtswissenschaften in Hamburg. Er bat seinen Sohn, mich zum Kaffee einzuladen, und dann erklärte er mir über einem Stück Apfelkuchen, wie ein Studium abläuft. Ich war beflügelt.

Mein Vater hätte gern selbst studiert, aber das ging nicht. Er musste früh im Schneideratelier seines Vaters arbeiten, damit der jüngere Bruder zur Uni gehen konnte. 1963 kam mein Vater nach Deutschland, 1968 folgte meine Mutter. Auch sie hatte nur die türkische Mittelschule abgeschlossen, auch sie hatte diesen Bildungshunger. Das war von Anfang an ihr beider Wunsch: dass meine Schwester und ich eines Tages studieren sollten.

Wir haben studiert. Und das verdanken wir auch den Kosewskis.

Die wohnten neben der Änderungsschneiderei und waren bald Freunde der Familie. Das ging so weit, dass sie meine Eltern einmal mitnahmen zu der deutschesten aller Freizeitbeschäftigungen, dem Kegeln. Meine Eltern hatte keine Ahnung, was das ist, warum sich Erwachsene abends treffen, um eine Kugel durch die Gegend zu rollen, überlegten, was sie zu der Gelegenheit anziehen sollten. Aber sie gingen mit, ließen sich überraschen, rollten die Kugel. So waren sie immer, meine Eltern: tolerant und weltoffen und neugierig auf das, was sich jenseits ihrer Community abspielt.

Als Kind liebte ich es, die Kunden im Laden zu bedienen und ihnen die Kleider auszuhändigen, die meine Eltern geändert hatten. Und nebenher ging ich bei den Kosewskis ein und aus. Machte dort Hausaufgaben, spielte „Mensch ärgere Dich nicht", trank ein Glas Milch. Als ihre Tochter heiratete, wurden wir vier eingeladen zu unserer ersten deutschen Hochzeit. Meine Schwester und ich waren die Blumenmädchen – und waren furchtbar aufgeregt und stolz.

Die Kosewskis haben meinen Eltern viele gute Tipps gegeben. Die beiden wichtigsten: Schickt eure Mädchen mit drei Jahren in die Kita! Und: Geht mit ihnen in die Bücherei!

Das ist so wichtig, wenn jemand neu in einem Land ist, dieser Anstoß von den Nachbarn. Dass sie die neu Zugezogenen mal an die Hand nehmen, ihnen die Bücherei, die Kita zeigen, ihnen erklären, dass Sprache der Schlüssel zu Teilhabe und Bildung ist. Mein gutes Deutsch, ich verdanke es auch den Kosewskis.

Denn jeden Mittwochnachmittag ging meine Mutter nun mit uns in die Stadtbibliothek. Während wir umherstöberten, blätterte sie in „Burda Moden" und schaute sich Schnittmuster an. Am Ende liehen wir einige Bücher aus, „Die drei ???" zum Beispiel, ich habe sie verschlungen. Eine Woche später dann das gleiche Ritual.

Auf dem Gymnasium hatte ich Deutsch als Leistungskurs. Meine Tutorin, Frau Dr. Staub, lebte in Blankenese, sie war intellektuell und herzlich und hat uns bisweilen zu sich nach Hause eingeladen, wo wir dann bei ihr im Garten saßen und mit Blick auf die Elbe über Goethes Faust diskutierten. Raus aus der eigenen Nussschale, andere Welten kennenlernen, den Blick öffnen – das ist so anregend. Frau Dr. Staub schlug mich der Studienstiftung als Stipendiatin vor. Ich kam nicht zum Zug, aber allein, dass sie mir das eröffnet hat, an mich geglaubt hat – das hat mich sehr bestärkt.

Das Abitur stand an. Was kam danach? Das war die nächste Unbekannte. Wieder fand ich einen Mentor. Der Vater eines Mitschülers hatte gehört, dass ich Jura studieren wollte. Er hieß Herr Rittstieg und war Rektor am Fachbereich Rechtswissenschaften in Hamburg. Er bat seinen Sohn, mich zum Kaffee einzuladen, und dann erklärte er mir über einem Stück Apfelkuchen, wie ein Studium abläuft. Ich war beflügelt. Bewarb mich in Hamburg, bekam einen Studienplatz und traf mich fortan regelmäßig mit Herrn Rittstieg, um mit ihm über das Studium zu reden. Nie ließ er mich spüren, dass ich von unten oder außen komme. Nein: Auf Augenhöhe hat auch er mich begleitet.

Ich habe im Umkehrschluss gelernt, dass ich was zurückgeben kann und soll. Und begann darum noch während meiner Referendarzeit, mich ehrenamtlich für benachteiligte Jugendliche einzusetzen. Für das, was sie am dringendsten brauchen: einen Zugang in die Arbeitswelt. So wurde Ole von Beust auf mich aufmerksam ...

Aber die Geschichte kennen Sie ja schon.

Mit einem Koffer voller Träume haben sich meine Eltern vor über 50 Jahren auf den Weg in ein ihnen unbekanntes Land gemacht. Gemeinsam mit 2,6 Millionen türkischen Frauen und Männern kamen sie als „Gastarbeiter". Die Koffer von einst sind längst ausgepackt. Familien wurden gegründet, Kinder geboren, Träume haben sich erfüllt, und mit ihrem Fleiß und ihrem Einsatz haben sie zum Aufbau und zum Wohlstand dieses Landes beigetragen.

So auch meine Eltern. Ihr Traum war es, ein selbstbestimmtes Leben zu führen und ihren beiden Töchtern ein Studium zu ermöglichen, das sie zu unabhängigen Frauen macht. Dafür haben sie gekämpft.

Mein Beispiel und das vieler anderer in diesem Buch zeigt: Man kann in diesem Land viel erreichen, in der Wirtschaft, in der Politik, als Frau, als Frau mit Einwanderungsgeschichte. Habe ich in dieser Zeit keine Widerstände oder Anfeindungen erlebt? Doch. Aber das hat mich von meinem Weg nicht abgehalten, sondern mich bestärkt.

Immer wieder bin ich Menschen mit Weitsicht begegnet, die mich unterstützt haben. Angefangen bei meiner Deutschlehrerin und Tutorin auf dem Gymnasium, über den Rektor der Rechtswissenschaftlichen Fakultät bis hin zu politischen Mentoren wie Ole von Beust und Christian Wulff.

Menschen mit Einwanderungsgeschichte sind eine Bereicherung für unser Land. Deutschland braucht sie. Und die neu Zugezogenen brauchen Vorbilder. Nicht nur an prominenten Plätzen, auch im Alltag. Damit alle sehen, dass es sich lohnt, sich einzubringen, Elternabende zu besuchen, Kinder in die Kita zu geben. Selbstvertrauen ist das Rüstzeug für die Zukunft. Wichtig ist nicht, wo man herkommt, sondern wohin man will.

Integration gelingt oder scheitert nicht, weil staatliche Förderprogramme höher oder niedriger ausfallen. Integration gelingt oder scheitert im Kleinen: im Verein, im Kindergarten, in der Schulklasse, in der Elternversammlung, in der Nachbarschaft und am Arbeitsplatz.

Wir brauchen eine Kultur der Anerkennung. Wir brauchen Vertrauen. Dieses Vertrauen wächst, wenn wir mehr Interesse für unsere Mitmenschen entwickeln, an ihren Lebensläufen, familiären Wurzeln, Lebensleistungen, Zielen und Träumen. Zugewanderte Menschen sind nicht Rivalen, sondern Partner im Deutschland der Zukunft.

Heute bin ich Geschäftsführerin eines Spitzenverbandes der Immobilienwirtschaft. Ich bin noch lange nicht am Ende meines Weges und weiß auch nicht, wohin mich dieser Weg führen wird.

Noch immer werde ich gefragt: „Fühlen Sie sich eigentlich als Deutsche, Deutschtürkin, Deutsche mit Migrationshintergrund oder Hamburgerin?" Die Antwort lautet: Ich wurde in Deutschland geboren. Ich habe einen deutschen Pass. In Hamburg bin ich aufgewachsen und habe dort studiert. Ich habe viele Orte dieser Welt bereist. Jetzt arbeite ich in Berlin. Natürlich fühle ich mich als Hamburgerin, als Deutsche und als Europäerin – als was denn sonst?

Und nun bricht die nächste Generation auf, mein Sohn, mit einem Koffer voller Träume. Er wird in einem anderen europäischen Land studieren und seine Träume verwirklichen, und so wird sich die Geschichte der Kraft der Vielfalt und der grenzenlosen Möglichkeiten fortsetzen. Und ich rufe allen jungen Menschen zu: Ergreift die Chancen und nutzt die Gelegenheiten! Geht euren eigenen Weg. Lasst euch nichts einreden und nicht abbringen von euren Zielen. Habt Selbstvertrauen, habt den Mut und die Gelassenheit, mit Rückschlägen umzugehen. Ihr seid die Zukunft Deutschlands und Europas!

Aygül Özkan, geboren am 27. August 1971 in Hamburg, ist Rechtsanwältin und Geschäftsführerin im Zentralen Immobilien Ausschuss (ZIA), dem Spitzenverband der Immobilienwirtschaft. Als Volljuristin war sie von 1998 bis 2020 in diversen Managementfunktionen tätig, unter anderem bei der Deutschen Telekom und der Deutschen Bank. 2004 trat sie in die CDU ein und war von 2008 bis 2010 Abgeordnete und Vorsitzende des Wirtschaftsausschusses in der Hamburgischen Bürgerschaft. Von 2010 bis 2013 war sie Ministerin für Soziales, Frauen, Familie, Gesundheit, Bau und Integration in Niedersachsen und damit Deutschlands erste Ministerin mit Zuwanderungsgeschichte und muslimischen Glaubens. Özkan wurde 2010 zur „Jungen Elite – 40 unter 40“ gewählt und 2011 vom World Economic Forum in Davos zur Young Global Leader ernannt. Seit 2013 ist sie Mitglied im Kuratorium der Konrad-Adenauer-Stiftung.

BELIT ONAY

„Zurück nach Istanbul? Meine Heimat war Goslar!"

Als Kind dachte er, er sei wie alle anderen Kinder. Doch dann kam Solingen, der entsetzliche Brandanschlag, der fünffache Mord. Danach schaute Belit Onay mit anderen Augen auf die Welt. Heute ist er Oberbürgermeister von Hannover und verfolgt ein visionäres Programm: mehr Teilhabe, weniger Autos.

Meine Eltern besaßen ein Restaurant, das Marmaris in der Breiten Straße, in einer dieser schönen, von Fachwerk gesäumten Altstadtgassen – in Goslar, dem beschaulichen UNESCO-Welterbe-Juwel am Rande des Harzes. Und sie besaßen mehrere Stände, für Döner, Bier, Bratwurst, die sie bei Märkten und Festen aufbauten. Weil sie das Restaurant hatten, war bei uns ohnehin immer viel los am Wochenende. Aber die Feste bedeuteten Ausnahmezustand.

Mittelaltermarkt, Walpurgisfest, Weihnachtsmarkt und, besonders krass, das Altstadtfest im September: ein Flohmarkt, eine Fressmeile, Bühnen und Bands. Zehntausende schoben sich durch die Gassen von Goslar. Drei Tage Halligalli, nach denen ich die jeweils aktuellen Schlager vorwärts und rückwärts im Schlaf singen konnte.

Der Ansturm begann nachmittags, aber wir waren um sieben Uhr auf den Beinen. Damit es abends lief, mussten wir tagsüber alles richtig machen. Die Gläser bereitstellen, die Bierfässer kühlen, den Schwenkgrill anheizen, einkaufen, putzen, vorbereiten. Und dann wurde bis Mitternacht durchgearbeitet.

Von klein auf hatte ich meinen Eltern im Restaurant geholfen, mit spätestens 14 war ich fester Bestandteil des Teams und musste Verantwortung übernehmen. Ich war ja der Sohn des Chefs. Wenn mein Vater nicht da war, lag es an mir, die Ansagen zu machen. Keine Cola mehr? Das Fleisch ist alle? Dann musste ich entscheiden, was zu tun war, beim Händler anrufen und den Lieferschein unterschreiben.

All das hat uns zusammengeschweißt, meine Eltern, meine Schwester und mich. Dieses gemeinsame Anpacken. Das war die Grundhaltung bei uns in der Familie: Wir sitzen im selben Boot, alle fassen mit an – und los, mitten rein in die Wellen, damit wir gut am anderen Ufer ankommen. Dieser Teamgeist hat mich geprägt.

Wir wohnten über dem Restaurant. Wenn ich an unsere Wohnung denke, denke ich als Erstes an das riesige Wohnzimmersofa. Das war Hüpfburg, Fußballtor, Kuschelstelle in einem. Und ich denke an unseren Küchentisch, an dem wir unzählige Stunden verbracht haben. Meine Mutter war eine exzellente Köchin, und weil Liebe nun mal durch den Magen geht, wurde sie nicht müde, die tollsten Gerichte für uns zuzubereiten. Stundenlang haben wir dort zusammengesessen, diskutiert, Pläne geschmiedet.

Meine Eltern sind 1972 aus Istanbul nach Goslar gekommen, mein Vater arbeitete im Rahmen seiner Ausbildung im Hotel Kaiserworth. Danach hat er in einem griechischen Restaurant gekellnert, 1989 eröffneten meine Eltern ein eigenes Restaurant, das Marmaris.

Mein bester Kindheitsfreund hieß Alexander, wir besuchten dieselbe Klasse. Er ging bei uns aus und ein, genau wie ich bei ihm. Oft hat er mit angepackt bei uns. Einmal, wir waren vielleicht elf, haben wir uns für den Mittelaltermarkt als Jungen aus dem Morgenland verkleidet, mit Pluderhose, Turban, Krummsäbel. So streiften wir umher zwischen den Gauklern, als plötzlich jemand ankam und sagte, das Klopersonal sei ausgefallen, und fragte, ob wir aushelfen könnten. Na klar konnten wir, also saßen wir beiden Knirpse in unseren Sindbad-Klamotten tagelang in der Klohütte und haben abkassiert.

Einen Stundenlohn oder dergleichen habe ich nie bekommen. Auch kein Taschengeld. Aber klar haben uns meine Eltern viele Wünsche erfüllt. Ich war ziemlich stolz, als ich der Erste in der Schule war, der in Air Jordans herumlief, den damals angesagten, sauteuren Turnschuhen von Nike. Und als Handys aufkamen, hatte ich bald ein Siemens S6 in der Tasche, diesen legendären Telefonbackstein mit Antenne.

In diese unbeschwerte Kindheit platzte am 29. Mai 1993 die Nachricht vom fünffachen Mord in Solingen.

Ich war zwölf. Bis dahin hatte ich mir nie Gedanken gemacht, ob es wichtig ist, woher ich stamme. Es spielte einfach keine Rolle, und wenn doch, dann war es eine Bereicherung. Wir sprachen daheim Türkisch, schon als Kind durfte ich allein nach Istanbul zu unseren Verwandten fliegen, meine Mutter kochte anders als Alex' Mutter, er mochte unser Essen, ich ihres. Zu Weihnachten und Ostern gingen meine Eltern mit uns in die Kirche, damit wir auch diesen Teil der deutschen Kultur kennenlernten. Ich fand es interessant, in zwei Welten zu Hause zu sein. Es war normal.

Und nun das: Vier betrunkene Männer zwischen 16 und 23 aus dem Umfeld der Solinger Neonaziszene hatten sich nach einer Feier Benzin besorgt und waren in den Flur eines Zweifamilienhauses eingedrungen, in dem Familie Genç lebte. Sie übergossen eine Truhe mit Benzin, formten eine Zeitung zu einer Fackel und zündeten die Truhe an. Bald stand das Treppenhaus in Flammen.

Es war eine tödliche Falle. In dem Inferno starben fünf Menschen, unter ihnen die 27-jährige Gürsün İnce und die vier Jahre alte Saime Genç, als sie sich durch einen Sprung aus dem Fenster retten wollten. 17 Menschen wurden zum Teil lebensgefährlich verletzt.

Für mich war das ein Schockmoment. Ich habe zum ersten Mal begriffen, dass es in Deutschland sehr wohl eine Rolle spielt, woher Menschen kommen, wie sie heißen, welche Hautfarbe sie haben. Ich machte mir Sorgen: Wir wohnten über unserem Restaurant in der Altstadt, für alle sichtbar. Wenn es jemand in Goslar auf eine türkische Familie abgesehen hatte, waren dann nicht wir die erste Adresse?

Der türkische Botschafter riet öffentlich, sich Feuerlöscher zu besorgen und die Türen fest zu verschließen, es seien weitere Anschläge zu befürchten. Bundeskanzler Helmut Kohl weigerte sich, zur Trauerfeier in Solingen zu gehen, wie schon im Jahr zuvor nach Mölln. Damals erklärte sein Sprecher, man wolle keinen „Beileidstourismus" betreiben. Meine Tante aus Istanbul rief an und fragte besorgt, was in Deutschland los sei.

Meine Eltern saßen am Küchentisch und rätselten, was das alles bedeutete. War es ein einmaliges Ereignis? Begann jetzt eine neue Zeit? Wenn sich die Verhältnisse weiter verschlechterten, was hieß das für uns Kinder? Müsse man dann nicht langsam darüber nachdenken, zurück nach Istanbul zu gehen?

Ich wurde hellhörig. Zurück nach Istanbul? Das hätte für mich bedeutet: weg von zu Hause. Meine Heimat war Goslar, sosehr ich Istanbul liebte, ich wollte auf keinen Fall weg.

Das war ein Knacks. Als mir klar wurde: Du denkst zwar, du bist wie alle anderen, aber einige denken das offenbar nicht. In ihren Augen bist du offenbar nicht normal. Ab da war ich ein politischer Mensch. Ich habe viel nachgedacht: Was ist deine Rolle in Deutschland? Wer bist du hier? Was ist Rassismus? Was ist Identität?

Mein Engagement begann ganz praktisch: Zusammen mit Freunden organisierte ich ein Basketballturnier gegen Rassismus. Auf dem Basketballfeld geht es bekanntlich sehr gemischt zu, Jungs und Mädels aus allen Nationen kommen zusammen, aus aller Herren Länder. Sogar die Polizei hat uns bei der Organisation des Turniers unterstützt.

Kurzzeitig engagierte ich mich bei den Jusos, weil ich Gerhard Schröder gut fand und mich die Provokationen von Robert Koch nervten, der damals für die CDU diese wahnsinnig diffamierende Kampagne gegen die doppelte Staatsbürgerschaft führte.

Zum Jurastudium ging ich nach Hannover. Goslar ist eine schöne, behütete Kleinstadt, es wurde Zeit für einen Tapetenwechsel. Das Jurastudium gefiel mir, ich mochte die Abstraktion, die Systematik. Und mir gefiel das Miteinander an der Uni. Die Lerngruppen, das gemeinsame Büffeln in der Bibliothek, um danach gemeinsam mit Freunden auf dem Rasen vor dem Café Hanomacke in der Sonne zu sitzen und das Campusleben zu genießen.

Derweil engagierte ich mich im Asta, wurde Vertreter der ausländischen Studierenden und hatte dabei vor allem eines im Sinn: Gräben überwinden, Kulturen verstehen, Menschen zusammenbringen. Wir begründeten den Internationalen Studierendenkreis, in dem sich bald junge Leute aus aller Welt zusammenfanden, aus der Ukraine, Georgien, der Türkei, von sonst woher, dazu viele Gastarbeiterkinder wie ich.

Wir grillten zusammen, schauten Filme, tauschten uns aus über unsere Herkunft, unsere Eltern, unsere Lebenswege. Einmal übersetzten die Ukrainer ihre Volkslieder, damit alle mitsingen konnten, ein anderes Mal organisierten wir ein gemeinsames Fastenbrechen am Ende des Ramadan. Eine herrliche Zeit. Viele aus dem Kreis wurden zu Freunden, zu vielen habe ich bis heute Kontakt.

Der türkische Botschafter riet öffentlich, sich Feuerlöscher zu besorgen und die Türen fest zu verschließen, es seien weitere Anschläge zu befürchten. Bundeskanzler Helmut Kohl weigerte sich, zur Trauerfeier in Solingen zu gehen, wie schon im Jahr zuvor nach Mölln. Damals erklärte sein Sprecher, man wolle keinen „Beileidstourismus" betreiben.

Inzwischen war ich Mitglied bei den Grünen. Als ich mich nach dem ersten Staatsexamen auf Jobsuche machte, stolperte ich über eine Stellenanzeige der grünen Landtagsabgeordneten Filiz Polat. Sie suchte einen Büroleiter mit türkischen Sprachkenntnissen. Ich bewarb mich, bekam den Job und hätte mir keinen besseren Start in die Politik wünschen können. Filiz zeigte mir, was es heißt, Themen zu setzen und dafür Mehrheiten zu gewinnen.

2011 wurde ich Ratsherr in Hannover, 2013 wurde ich in den niedersächsischen Landtag gewählt und war in der Fraktion unter anderem Sprecher für Innenpolitik, Migration und Netzpolitik.

2019 entschloss ich mich, als Oberbürgermeister in Hannover zu kandidieren. Mich störte die Mutlosigkeit, mit der die Stadt regiert wurde. Seit Kriegsende war sie in der Hand der SPD, das führte zu einigen Verkrustungen. Ich fand, dass die Stadt viel zu wenig aus ihren Möglichkeiten machte.

„Wagen wir den Aufbruch", lautete das Motto meiner Wahlkampagne. Auf einem Wahlplakat stehe ich mit dem Fahrrad neben einer dieser Verkehrsschneisen, die nach dem Krieg durch die „autogerechte Stadt" Hannover geschlagen wurden. Mein Versprechen: den Autoverkehr zügig aus der Innenstadt zu drängen, um Fußgängern und Radfahrern mehr Raum zu geben. Um die Stadt lebenswerter zu machen und den Klimawandel zu verlangsamen. So, wie es Kopenhagen vorgemacht hatte, so, wie es Paris, Madrid und viele andere Metropolen planten.

Ich versprach, mich für eine Stadt einzusetzen, die zusammenhält und jenen unter die Arme greift, die in Not geraten sind. Bessere Bildung, mehr Wohnungen, mehr Vielfalt. Wenn mich Leute auf meinen Glauben ansprachen, antwortete ich: „Ich bin ein liberaler Muslim." Und fügte gern hinzu: „Was London kann, kann Hannover schon lange."

Im ersten Wahlgang gab es keine klare Mehrheit. Also kam es am 10. November 2019 zur Stichwahl. Ich erhielt fast 53 Prozent der Stimmen – und war nun Oberbürgermeister.

Am Wahlabend herrschte unglaublicher Trubel. Gefühlt eine Million Menschen wollten mich beglückwünschen. Und ich war mittendrin in diesem Film und machte einfach mit. Das war cool. Klar haben wir ordentlich gefeiert, aber es hat schon eine Weile gebraucht, bis ich realisiert habe, was da eigentlich passierte.

Am nächsten Tag ging es dann gleich ziemlich hart los. Ein Migrant, ein Muslim regierte Hannover – in den sozialen Medien beschwor man den Untergang des Abendlandes. Ich machte am Morgen mein Handy an und konnte nicht recht glauben, was ich da sah. All dieser Hass, der dort ausgekübelt wurde, all die Drohungen gegen mich und meine Familie. Es spielt also immer noch eine Rolle, woher du kommst. Als Erstes habe ich meine Pressemitarbeiterin angerufen. Und als Nächstes die Polizei.

Doch das Angebot, mich von Personenschützern begleiten zu lassen, habe ich abgelehnt. Das wollte ich nicht. Ich hätte mich einschränken, mein Leben umstellen müssen. Es hätte sich angefühlt wie nachgeben.

Sonntag: die Euphorie. Montag: die Hassbotschaften, die Polizei, der Frust. Am Dienstagmorgen ging ich zu Fuß zum Landtag und blieb an einer Ampel stehen, versunken in meiner schlechten Laune. Da wandte sich eine ältere Frau zu mir und schaute mich an.

„Sind Sie nicht der neue Bürgermeister?"

Ich nickte und rechnete mit dem Schlimmsten, aber sie lächelte und sagte: „Ich habe Sie zwar nicht gewählt, aber super, dass Sie es geschafft haben, machen Sie was draus!"

Das tat unglaublich gut. Und das erlebe ich oft im Alltag. Dass sich die Leute freuen, wenn sie mich sehen, mir winken, mich ansprechen und ein Foto mit mir machen wollen. In der realen Welt habe ich nie Probleme gehabt. Die sozialen Medien ignoriere ich. Sonst wirst du verrückt. Und Drohschreiben leite ich weiter an die Polizei.

Wo ich kann, trete ich seither für eine vielfältige, bunte Stadtgesellschaft ein. Wir brauchen mehr Chancengleichheit. Einen gleichberechtigten Zugang zu Bildung, ganz gleich, woher jemand kommt. Ich denke schon, dass es gerade bei vielen Jüngeren mit internationalen Wurzeln Frust gibt. Die wollen hier dazugehören, erleben aber immer wieder Diskriminierung, etwa bei der Jobsuche, oder haben es schwerer, eine Wohnung zu bekommen. Irgendwann verliert „deutsch zu sein" dann an Reiz. Die sagen dann: „Wenn ihr Deutschen mich als Türken seht, dann sehe ich mich eben auch als Türken."

Damit muss Schluss sein. Wir gehören alle zu Deutschland, ganz gleich, wie unser Nachname klingt. Wir haben gleiche Rechte und Pflichten. Wir brauchen Teilhabe und Respekt. Wir brauchen ein Miteinander, kein Gegeneinander.

Ich mag nicht die Härte, mit der manche Identitätsdebatte heute geführt wird, auch da brauchen wir einen anderen Ton. Ja stimmt, für die einen ist Herkunft wichtiger als für andere, Migrant:innnen sind nicht homogen, das muss man erst mal akzeptieren. Aber wir sollten immer von einer gemeinsamen Zukunft ausgehen, nicht von einem Gegeneinander. Wir sollten das betonen, was uns verbindet, nicht das, was uns trennt.

Gut, dass es das Anwerbeabkommen gegeben hat. Es hat viele Lebenswege und auch dieses Land geprägt. Aber wir dürfen nicht stehen bleiben, wir müssen weitergehen. In der Pandemie wurde es überdeutlich: Armut korreliert viel zu häufig mit einer Migrationsbiografie. Wir müssen Teilhabe ermöglichen, die Chancen dieses Landes allen zugute kommen lassen. Dieser Weg ist durch Corona wieder länger geworden. Wir müssen ihn trotzdem gehen.

Doch ich bin optimistisch, wenn ich sehe, wie viele junge Menschen sich heutzutage für unsere Gesellschaft und unsere Zukunft einsetzen. Wir brauchen diese engagierten Generationen für eine lebenswerte Zukunft. Auch um die Stabilität unserer Demokratie zu stärken, müssen wir das Interesse an Politik unterstützen. Und weil es eben auch darum geht, gesellschaftliche Realitäten abzubilden, ist es so wichtig, dass sich auch Menschen mit Migrationsgeschichte engagieren. Gerade in der Politik müssen wir Diversität noch viel stärker fördern und fordern!

Wir müssen den Blick nach vorne richten und die Weichen für eine gemeinsame Zukunft neu stellen!

Belit Onay, geboren am 15. Januar 1981 in Goslar, ist Oberbürgermeister von Hannover. Im November 2019 gewann er die Stichwahl für die Grünen und wurde der erste deutsche Großstadt-OB, dessen Eltern als Gastarbeiter nach Deutschland gekommen waren. Von 2013 bis 2019 war er Mitglied des niedersächsischen Landtags und vertrat die Grünen-Landtagsfraktion als Sprecher für Innenpolitik, Kommunalpolitik, Migration und Flüchtlinge, Sport, Netzpolitik und Datenschutz sowie als Ansprechpartner für islamische Verbände. Von 2011 bis 2014 war er Ratsherr in Hannover und stellvertretender Vorsitzender der grünen Stadtratsfraktion. Ende 2019 wurde er in das Präsidium des Deutschen Städtetages gewählt.

DILEK GÜRSOY

„Wir besaßen wenig. Aber es fehlte uns an nichts“

Ihre Mutter war Analphabetin und würde 47 Jahre lang am Band eines Autozulieferers stehen. Die Tochter machte erst ein glänzendes Abitur und wurde dann eine glänzende Herzchirurgin. Heute ist Dilek Gürsoy eine europaweit führende Kunstherzspezialistin.

Als ich zehn war, starb mein Vater. Es ging ihm nicht gut an jenem Tag. Er klagte über Schmerzen in der Brust und fasste sich immer wieder an die Herzgegend. Abends fuhren wir gemeinsam ins Krankenhaus, mein älterer Bruder Fikri, meine Mutter und ich.

Wir warteten in der Notaufnahme. Ein Arzt kam herein und rief meinen Vater auf. Nach einer Weile begleitete er ihn aus dem Sprechzimmer heraus und erklärte uns, alles sei gut, er habe meinem Vater eine Spritze gegeben, das werde schon.

Doch es ging ihm nicht besser. Daheim saß mein Vater auf der Bettkante, war unruhig und bang. Ich wollte in seiner Nähe sein, brachte ihm einen Tee und kuschelte mich an ihn. Später gingen alle zu Bett. Wir hatten eine Zweizimmerwohnung, mein Bruder lag im Wohnzimmer auf der ausziehbaren Couch, ich schlief zwischen Vater und Mutter im Bett.

Gegen Mitternacht weckte uns Fikri. Er hatte meinen Vater laut seufzen gehört. Benommen vom Schlaf sah ich, wie Mutter zur Wohnungstür rannte, zu Verwandten um die Ecke, um Hilfe zu holen.

Ich hörte meinen Bruder im Wohnzimmer schluchzen. Ich war allein mit meinem Vater. Er lag friedlich da. Stück für Stück rückte ich an ihn heran. Er sah aus, als würde er schlafen. Seine Augen waren geschlossen. Ich beugte mich über ihn und küsste ihm auf die noch warme Stirn. Dann sagte ich ihm leise, dass ich ihn lieb habe. Oder dachte ich die Worte nur?

Meine Mutter und ein Cousin kamen angerannt. Er tastete nach dem Puls unseres Vaters und horchte an seinem Herz. Nichts. Mit leerem Blick sagte er: „Er ist tot." Auch meine Mutter stand unter Schock. Sie holte zwei gehäkelte Tücher aus dem Schrank, das erste band sie meinem Vater um Kopf und Kinn, das zweite um die Füße.

Der Notarzt kam herein, begleitet von zwei Polizisten. Dann kamen die Bestatter. Während sie meinen Vater für den Transport bereit machten, bat man uns ins Wohnzimmer und schloss die Tür. Dort saßen wir und warteten benommen. Ich hörte Geräusche im Flur und sprang auf, ich wollte meinen Vater noch einmal sehen. Ich stürzte zur Tür, doch die wurde von außen zugehalten. Ich zog mit aller Kraft daran und sah durch den Spalt gerade noch, wie mein Vater, in einem grauen Sack verpackt, auf der Trage abtransportiert wurde. Das war's. Er war weg. Weg aus meinem Leben.

Er wurde obduziert. Er hatte einen Herzklappenfehler gehabt, der keinem Arzt aufgefallen war. Heute hätte man ihn mit Leichtigkeit retten können. Hätte ich ihn retten können.

Ich trauerte. Mit meinem ganzen Körper spürte ich die Lücke, die er zurückgelassen hatte. Die Leere schmerzte. Ich hing an den Dingen, die er mir geschenkt hatte. Vor allem an der Schultasche aus braunem Leder, die er mir gekauft hatte, als ich aufs Gymnasium kam. Er war so stolz auf mich gewesen. Tag für Tag erinnerte mich die Tasche an ihn.

Nach seinem Tod veränderte sich unser Familienleben. Meine Mutter musste uns Kinder nun allein durchbringen. Sie erhöhte die Stundenzahl, die sie täglich am Fließband stand, um alle Rechnungen bezahlen zu können. Von sieben bis 16 Uhr war sie von nun an aus dem Haus.

Auch ich musste nun Verantwortung übernehmen. Ich kümmerte mich um die Briefe, die uns von Behörden und sonst wem ins Haus flatterten. Kam ich aus der Schule, holte ich die Post aus dem Briefkasten, las sie durch und beantwortete sie, so gut ich konnte. War es zu kompliziert, ging meine Mutter damit zu einer der Sekretärinnen in ihrer Firma.

Wir besaßen wenig. Aber es fehlte uns an nichts. Im Wohnzimmer stand ein großer Schrank, dekoriert mit viel Häkelei und schimmernden Kristallgläsern. Typisch türkisch eben. Unsere grüne Couchgarnitur hatten wir am Straßenrand gefunden. Sie stand dort neben anderem Sperrmüll und wartete auf ihre Abfuhr. Doch wir waren schneller und schleppten das gute Stück Meter für Meter schwitzend zu uns nach Hause.

Unsere Mutter umsorgte uns, so gut sie konnte. Wir sollten uns ausschließlich auf die Schule konzentrieren. Kam sie müde von der Arbeit, räumte sie auf, putzte, kaufte ein, kochte, machte unsere Pausenbrote für den nächsten

Tag. Ohne jemals zu murren. „Ich war sowieso kaputt von der Arbeit, da konnte ich zu Hause auch noch weitermachen", hat sie mir später einmal gesagt.

Meine Mutter war das älteste Mädchen in ihrer Familie und durfte nicht zur Schule gehen wie ihre Geschwister. Während ihre Brüder und Schwestern in der Schule waren, musste sie putzen, die Wäsche machen, kochen. Sie lernte nie lesen und schreiben und führte das Leben einer Dienstmagd.

Mein Vater war Standesbeamter in der Türkei. Meine Mutter hatte gehofft, sich durch die Heirat von ihrem familiären Joch zu befreien, aber das dauerte. Er ging 1969 voraus nach Deutschland und ließ sie schwanger zurück. Sie gebar einen Jungen, doch schon bald wurde er schwer krank. Meine Mutter wünschte sich damals nichts sehnlicher als einen Arzt im Dorf. Oder noch besser: einen Arzt in der Familie. Fikret starb mit nur zehn Monaten.

Als meine Mutter zwei Jahre später endlich in Neuss eintraf, kam sie allein. Korkmaz, den Zweitgeborenen, hatte sie in der Obhut ihrer Eltern gelassen. Auch er starb jung. Mit nicht einmal vier Jahren bekam er einen bösartigen Tumor im Mund.

In Deutschland wollte meine Mutter endlich selbstständig sein, um jeden Preis, und suchte sich rasch Arbeit – bei Pierburg, einem Autozulieferer in Neuss. Bis zu ihrer Rente würde meine Mutter dort am Fließband stehen, 47 Jahre lang, um Vergaser und Autoteile herzustellen.

Und mit ihrer beider Verdienst konnten meine Eltern zum ersten Mal eine eigene Wohnung beziehen. Endlich war meine Mutter niemandes Dienstmagd mehr.

Doch all die Schicksalsschläge waren nicht spurlos an ihr vorübergegangen. Sie entwickelte eine Depression. So würde man es heute nennen. Damals, in den 70er-Jahren, wurde die Erkrankung noch nicht als solche erkannt und schon gar nicht fachgerecht behandelt. Immer wieder ging es meiner Mutter so schlecht, dass sie ins Krankenhaus musste. Und dort, bei diesen Besuchen, habe ich beschlossen: Ich möchte Ärztin werden.

Ich mochte das Krankenhaus. Ich spürte die Hingabe der Schwestern. Bewunderte die Erhabenheit und Selbstsicherheit, mit der die Ärzte über die blitzsauberen Flure schritten. Sog den Geruch von Desinfektionsmittel ein und erfreute mich am Anblick der weißen Kittel. Bis heute habe ich, wenn ich in meinen Arztkittel schlüpfe, für den Bruchteil einer Sekunde dieses warme, schöne Gefühl. Nennen wir es Liebe.

1972 wurde mein Bruder Ünal geboren, er ist in der Türkei aufgewachsen, 1975 mein Bruder Fikri. 1976 kam ich auf die Welt. Zwei Jahre später brannte unsere Wohnung vollständig aus. Mein Vater war mit uns Kindern daheim und eingenickt, wachte aber rechtzeitig auf und brachte uns in Sicherheit. Natürlich waren wir nicht versichert, der Sachverständige kam zu dem merkwürdigen Schluss: Jemand muss ein Bügeleisen angelassen haben. Zum Glück hatten wir einen guten Anwalt. Sein wichtigstes Argument: Ein türkischer Mann bügelt nicht.

In den ersten Jahren hatte meine Mutter keine Ahnung, dass es so etwas wie einen Kindergarten gibt, und musste irgendwelche Verwandten anbetteln, damit sich die um uns kümmerten. Als ich anderthalb war, hörte sie von Arbeitskollegen von einem Kindergarten bei uns um die Ecke – und so trat das Ehepaar Bisping in mein Leben.

Sie waren Gymnasiallehrer der Vorkriegsgeneration, nun leiteten sie den Kindergarten, streng, korrekt, fürsorglich. Plötzlich kümmerte sich jemand um uns, nahm unsere Bildung wichtig, verbesserte unsere Sprache und Aussprache. Bis heute sehe ich Frau Bisping vor mir, wie sie am Tisch sitzt und mit energischer Hand schreibt. Auf Zehenspitzen schaute ich über die Tischkante, sah groß ihre Hand und den Bleistift darin und dachte, gleich würde das Papier reißen, so fest drückte sie aufs Blatt.

Heute weiß ich, dass Herr Bisping nach dem Tod meines Vaters zu seiner Frau sagte, er wolle jetzt die Rolle des Mannes im Hause Gürsoy übernehmen. Und reduzierte sofort die Betreuungskosten für uns beide Kinder, von 120 auf zwölf Mark.

Auch dass ich aufs Gymnasium kam, habe ich Herrn Bisping zu verdanken. Er verlor mich nicht aus den Augen, und als er erfuhr, dass ich von der Grundschule keine Empfehlung fürs Gymnasium bekommen hatte, nahm er die Sache höchstpersönlich in die Hand. Er machte mit dem Direktor eines Gymnasiums einen Termin aus und erklärte ihm, dass ich unbedingt auf seine Schule müsse. „Das Mädchen hat das Zeug fürs Gymnasium, es wäre eine Schande, wenn ihm diese Chance verwehrt würde!“ Und fügte hinzu: „Sie will Ärztin werden.“

Bis heute kommen mir manchmal die Tränen, wenn ich an die Bispings denke. Sie haben immer an mich geglaubt. Sie trauten mir zu, dass ich Ärztin werde. Sie öffneten mir Türen. Die strenge frühkindliche Bildung, die sie mir zuteilwerden ließen, hat meinen Lebensweg geebnet. Ordnung, Sauberkeit und Disziplin waren Werte, die beide hochhielten und uns Kindern so überzeugend vermittelten, dass sie mir in Fleisch und Blut übergegangen sind. Wie viele Kinder der ersten Gastarbeitergeneration in Deutschland hatten diese Chance nicht!

Den Bispings verdanke ich die Grundzüge meiner deutschen Seite, meiner deutschen Identität. Sie legten den Grundstein dafür, dass ich mich heute als die fühle, die ich bin: Dilek Gürsoy aus Neuss.

Meine Mutter hat auch in Deutschland nicht lesen und schreiben gelernt. Aber sie war offen für das neue Land, anders als viele türkische Frauen ihrer Generation. Ich habe sie vor einigen Jahren einmal gefragt, warum. Ihre Antwort: Sie habe Deutschland nie als Durchreisestation betrachtet, sondern als ihre neue Heimat. Die Deutschen seien ihr anfangs zwar fremd gewesen, aber nur so lange, bis sie auf sie zuging, sie ansprach und sie mitunter auch um Rat und Hilfe bat. Man habe sie immer liebevoll angenommen, die Neusser hätten sie respektiert, wie sie ist. Sie habe immer Hilfe bekommen, wenn sie drum bat. Aber das müsse man auch können: jemanden um Hilfe bitten. Sie konnte das. Sie hatte immer ihren gesunden Stolz, und den ließ man ihr, so wie sie den Leuten ihren ließ.

Ja, sie war eine mutige Frau. 1973 kam es zu einem Arbeitskampf in ihrer Firma, er ging in die Geschichte ein als „Frauenstreik von Pierburg". Mehr als zwei Drittel der 3.800 Beschäftigten waren Gastarbeiterinnen, Griechinnen und Italienerinnen, Jugoslawinnen und Türkinnen – und verdienten in einer eigenen „Leichtlohngruppe" deutlich schlechter als die Männer. Die Forderung: die Abschaffung der Tarifgruppe und ein Mark mehr Lohn für alle.

Der Streik dauerte eine Woche, und meine Mutter war mittendrin. Als sich auch die deutschen Facharbeiter darüber empörten, dass die Firmenleitung die Streikenden nicht anhörte, nahm der Arbeitskampf eine neue Wendung – und war am Ende erfolgreich. Der Frauenstreik von Pierburg inspirierte viele Arbeiterinnen in Deutschland, für gerechten Lohn zu kämpfen.

Das muss man sich mal überlegen: Meine Mutter war nicht nur aus der ihr zugeschriebenen Rolle als Hausfrau und Mutter geschlüpft und arbeiten gegangen, sondern machte jetzt auch noch ihren Mund für die Gleichberechtigung der Frau auf – und das laut. Auf der Straße und in der Öffentlichkeit. Das nenne ich mal Emanzipation. Meine Mutter hat sich das Recht genommen, ihre Meinung frei zu äußern, ihre Lebensumstände mitzugestalten und nicht nur alles als gegeben hinzunehmen. Ich liebe meine Mutter dafür.

Ich fühle mich durch und durch als Neusserin. Traditionelle christliche Werte haben mich von klein auf geprägt und passten zu den Werten, die mir meine Eltern aus der religiös geprägten Kultur ihres Heimatlandes mitgaben.

Ich selbst habe mich nie als Migrantin gesehen. Ich bin Dilek Gürsoy aus Neuss, nicht mehr, nicht weniger. Ich weiß, dass viele andere Gastarbeiterkinder diese Zeit ganz anders erlebten als ich. Aber ich selbst kann mich nicht daran erinnern, wegen meiner türkischen Wurzeln, wegen meines Aussehens, meiner dunklen Haare, dunklen Augen oder kräftigen Augenbrauen jemals anders oder schlechter behandelt worden zu sein als andere Kinder.

Was nicht heißen soll, dass ich mich nicht mit anderen Kindern gestritten habe, weil ich mitspielen, mitmachen oder mitgehen wollte und das nicht durfte. Doch dabei ging es niemals darum, dass ich türkische Eltern hatte. Dass ich als Kind wegen meiner Herkunft weder Diskriminierung noch Ausgrenzung spürte, sondern mich im Gegenteil bis heute durch und durch als Neusserin fühle, also als Eingeborene, die ich dank meiner Geburt hier in der Stadt ja bin, das schreibe ich auch der in meinen Augen ganz besonderen Art der Menschen in Neuss zu. Traditionelle christliche Werte wie Ehrlichkeit, Rechtschaffenheit, Nächstenliebe haben mich hier von klein auf geprägt und passten zu den Werten, die meine Eltern aus der religiös geprägten Kultur ihres Heimatlandes kannten und mir zu Hause mitgaben.

Nach dem Abitur schrieb ich mich für Humanmedizin an der Heinrich-Heine-Universität in Düsseldorf ein – auch, um weiter bei meiner Mutter wohnen zu können. Jeden Morgen pendelte ich nach Düsseldorf, jeden Abend zurück nach Neuss.

Die Entscheidung, Herzchirurgin zu werden, fiel schon in den ersten Semestern. Als ich zum ersten Mal eine Herzoperation beobachtete, erfüllte mich eine große Ruhe. Die Operateure bewegten sich konzentriert und gelassen, von Hektik keine Spur. Es sah fast schon elegant aus, wie sie das Skalpell ansetzten und sich zum Herzen des Patienten vorschnitten. Mir gefielen die Sauberkeit, die Disziplin und die Ordnung, mit denen die Herzchirurgen ihren Job machten.

Es gibt in dieser Disziplin nicht viele Frauen. Bis heute ist es eine von Männern dominierte Domäne. Aus vielen Gründen. Auch wegen des rauen Windes, der mitunter in den OP-Sälen weht. Das konnte mich nicht abhalten. Mir war klar: Ich würde Herzchirurgin werden – und begann mein praktisches Jahr.

Begierig sog ich auf, was ich lernte. Rasch wurde ich besser. Und selbstbewusster. Das gefiel nicht allen. Einer der selbstherrlichen Oberärzte wollte mich sogar mal aus dem Saal werfen. Mein Vergehen: Ich hatte ihn, als er während der OP mit der Anästhesistin flirtete, gebeten, sich doch auf die Operation zu konzentrieren. Woraufhin er mich des Saales verwies. Ich widersprach ein weiteres Mal: Durch den Mundschutz hindurch sagte ich ihm, dass ich meiner Verantwortung dem Patienten gegenüber bis zum Abschluss des Eingriffs gerecht werde. Er musste es hinnehmen – von einer Studentin.

Nach dem Studium wurde ich Assistenzärztin an der Herzklinik in Bad Oeynhausen, geleitet von Professor Paul-Reiner Körfer. Zuvor war er an der Uniklinik Düsseldorf gewesen, als Herzchirurg und Professor, inzwischen galt er als internationale Koryphäe. Eine OP-Schwester empfahl mich bei ihm, ich stellte mich bei ihm vor, bekam den Job. Wieder stellte ich mich gut an: Einige Jahre später war ich seine rechte Hand. Beim besten Herzchirurgen Deutschlands, in der bundesweit führenden Klinik für Herzchirurgie, im Herz- und Diabeteszentrum Nordrhein-Westfalen (HDZ NRW). Ich war angekommen.

Professor Körfers Hände waren groß. Er operierte mit ihnen ruhig, sorgfältig, geschmeidig. Er machte nie eine große Show aus dem, was er tat. Jeder Stich saß bei ihm wohlbedacht. Sein Vorgehen wirkte langsam, obwohl es schnell war. Das machte die Übung. Es sah immer ganz einfach aus. Hektik kam bei ihm unter der OP nicht auf. Ruhe war ihm wichtig. Von ihm habe ich gelernt, was ich heute kann.

Oft werde ich gefragt, was ich empfinde, wenn ich das Herz meiner Patienten direkt vor mir liegen und schlagen sehe. Ich empfinde Ehrfurcht. Ein schlagendes Herz bedeutet Leben, ein stilles den Tod. Es ist der Motor unseres Körpers. Wenn ich auf das Herz schaue, kann ich auf den ersten Blick sagen, wie es ihm bislang ergangen ist. Ob es gesund pumpt, ob es ungesund vergrößert, verfärbt oder verfettet ist, Narbengewebe aufweist, das auf Infarkte schließen lässt, oder ob seine Herzkranzgefäße Anzeichen von Verkalkung zeigen. Manchmal ist es nötig, das Herz aus dem Brustkorb zu heben und in den eigenen Händen zu halten. Dann liegt das Leben eines Menschen in meinen Händen. Er hat es mir anvertraut. Ich werde dieses Vertrauen rechtfertigen.

Im OP-Saal bin ich die Ruhe in Person. Ehe die Operation losgeht, befolge ich ein festgelegtes Ritual. Es beginnt mit der Hygiene. Ich lege meine Ohrringe ab, ehe ich meine Haare unter der OP-Haube verschwinden lasse. Verzichte auf Wimperntusche, sie könnte im Laufe des Tages abbröseln und in meinen OP-Bereich fallen. Halte meine Fingernägel kurz und trage keinen Nagellack.

Wenn alles bereit ist, gehe ich zum Waschen. Ich seife mir Hände und Arme bis zum Ellenbogen ein, lasse die Seife wirken und wasche sie anschließend ab. Dann trockne ich mich ab. Die Haut sollte ein paar Minuten gründlich trocknen, damit Restfeuchte nicht das Sterillium verdünnt, mit dem ich Hände und Arme bis über den Ellenbogen mindestens fünf Minuten lang einreibe. Sterillium ist ein in der Chirurgie bewährtes Desinfektionsmittel, das sofort und über mehrere Stunden hinweg gegen Bakterien, Hefepilze und behüllte Viren wie SARS-CoV-2 wirkt.

Dann gehe ich wieder hinein, lasse mich von der sterilen OP-Schwester steril anziehen, wende mich dem Patienten zu und wasche seine Brust mit Desinfektionsmittel ab. Respektvoll, ruhig, systematisch: Ich beginne beim Kinn und wasche zuerst die Mitte, dann die Seiten. Von den Seiten wische ich nicht mehr zurück zur Mitte. So hat man es mir beigebracht. Nur so wird das Infektionsrisiko minimiert.

Schließlich wird der Patient abgedeckt, mit sterilem, blauem Tuch. Ich sehe jetzt nur noch das Operationsgebiet. Am Tag zuvor habe ich den Patienten kennengelernt, nach der OP werde ich ihn in seinem Zimmer besuchen. Aber nun anonymisiert das Abdecken die Person. Die Operation wird nun zum Handwerk, vielleicht auch zur Kunst – zu einem objektiven Vorgang jedenfalls, losgelöst von jeder Bindung.

Und dann setze ich den ersten Schnitt.

Viele haben mich gefragt, worüber wir im OP-Saal so reden, wenn wir für Stunden dort gemeinsam operieren. Bei mir dreht sich das Gespräch oft um Fußball. Schon immer habe ich gern Fußball geschaut, seit jeher bin ich Fan von Borussia Mönchengladbach. 2011 bin ich Vereinsmitglied geworden und hatte lange eine Dauerkarte im Borussia-Park. Anfang der Woche werteten wir die Spiele aus und hatten Gesprächsstoff für Stunden.

Seit 2010 beteilige ich mich als Chirurgin an der Entwicklung neuer Kunstherzsysteme. Auch hier arbeite ich wieder mit Professor Körfer zusammen sowie einer Firma aus Aachen. Kunstherzen einzusetzen ist kompliziert. Ich bin die erste Frau in Europa, die diese Operation gemacht hat.

In Deutschland, wie in den meisten Industriestaaten, herrscht

Organmangel. Viele Patienten sterben, während sie auf ein Spenderherz warten. Das Ziel der Kunstherzforschung: die Herztransplantation zu ersetzen.

Derzeit gibt es zwei klinisch zugelassene Kunstherzmodelle, eines stammt aus den USA und wurde schon vor Jahrzehnten entwickelt. Es wird pneumatisch betrieben, also mit Luftdruck, und ist so laut wie ein Wasserkocher. Aus der Brust kommen Kabel, sie führen zu einer Maschine, die der Patient ständig mit sich herumträgt, schwer wie drei Telefonbücher. Fast jede Woche fahre ich ins Tierlabor, um Schafen ein Kunstherz einzusetzen – der beste und einzige Weg, um diese Systeme fortzuentwickeln.

Und dann bin ich über Nacht bekannt geworden. 2017 erschien ein Artikel über mich in der „Rheinischen Post". Nicht lange, da saß ich in der Talkshow von Markus Lanz. 2019 wurde ich zur „Medizinerin des Jahres" gekürt, 2020 habe ich meine Privatpraxis in Düsseldorf eröffnet, seit Februar 2021 bin ich Chefärztin der Herzchirurgie in einer Privatklinik, der Clinic Bel Etage. Gemeinsam mit der Journalistin Doreen Brumme habe ich meine Autobiografie geschrieben. Sie heißt „Ich stehe hier, weil ich gut bin" und ist im Verlag Eden Books erschienen.

Ich war mein ganzes Leben umgeben von starken Frauen. Ich habe lernen müssen, dass es selbstbewusste Frauen mit einer klaren Vision doppelt schwer haben, ihren Platz zu finden – und möchte alles daransetzen, junge Frauen zu fördern. Ich habe es meinen Eltern, vor allem meiner starken Mutter Zeynep zu verdanken, dass ich als Herzchirurgin meinen Weg gehe.

Zeynep Gürsoy, meine Mutter, konnte nicht lesen und schreiben und stand 47 Jahre als Arbeiterin am Band. Ich bewundere sie. Ihr Vorbild ermutigt mich. Sie spornt mich an, die Chancen zu ergreifen, die dieses Land uns bietet, und das Beste daraus zu machen.

Dilek Gürsoy, geboren am 6. Dezember 1976 in Neuss, ist Herzchirurgin und Expertin auf dem Gebiet mechanischer Kreislaufunterstützungssysteme und Kunstherzen. Sie ist in Düsseldorf Chefärztin der Herzchirurgie in der Clinic Bel Etage und Inhaberin einer Privatpraxis. Seit Jahren ist sie national und international chirurgisch und beratend an der Entwicklung von Kunstherzsystemen beteiligt. Sie ist Autorin und Mentorin in Frauen- und Bildungsnetzwerken und trat prominent auf in verschiedenen Kampagnen des Landes Nordrhein-Westfalen und der Bundesregierung. Sie war Medizinerin des Jahres 2019, gekürt vom German Medical Club. Ihre Vision und Mission: die Etablierung eines Kunstherzzentrums in Deutschland.

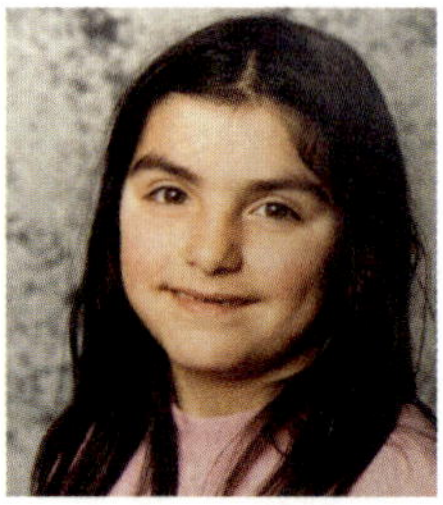

Durchstarten

ALI GÜNGÖRMÜŞ

„Wir haben viel erreicht. Aber wir könnten viel weiter sein"

Der Souschef ohrfeigte ihn. Und überhaupt: In seiner Jugend musste er die Zähne zusammenbeißen. Doch dann startete Ali Güngörmüş durch, bekam mit 27 Jahren seinen ersten Michelin-Stern, kochte bald im Fernsehen und betreibt heute ein Sternerestaurant in München.

Wenn ich an meine Kindheit denke, denke ich an den Geschmack von reifen Feigen. Kamen wir aus der Schule, kletterten wir auf den Feigenbaum hinter dem Haus und holten uns die prallen Früchte herunter. Sie waren am besten, wenn sie sich weich anfühlten. Ganz vorsichtig öffneten wir die lilafarbene Haut und aßen das rote Fruchtfleisch, noch warm von der Sonne. Diesen Geschmack werde ich nie vergessen. Ich habe ihn für immer in meinem Aromengedächtnis gespeichert.

Wenn ich an meine Kindheit denke, denke ich an die prallen, goldgelben Aprikosen, die meine Mutter auf Strohmatten in der Sonne trocknete. An die grünen Mandeln, die wir mit den Zähnen öffneten, um zu dem köstlichen weißen Kern vorzustoßen. An die feinen Erbsen, die wir uns frisch aus der Schale pulten. An die Kirschen vom Baum. An die getrockneten Quitten im Lammragout.

Jeden Morgen backte meine Mutter Lavash, das türkische Fladenbrot. Sie nahm Mehl, Wasser, Hefe und Salz, wellte den Teig mit einem Holzstab dünn aus und backte das Brot in einer Pfanne über dem Feuer. Ofenwarmes Brot – das war unser Frühstück. Wenn die Walnüsse reif waren, rösteten wir sie in Butter an, vermischten sie mit getrockneten Aprikosen und gaben die Paste aufs Brot.

Ich habe sechs Geschwister. Die drei Mädchen schliefen in einem Bett, wir Jungs schliefen in einem anderen Bett. Wir hatten kein Spielzeug, aber wir angelten Forellen und Saiblinge, spielten Fußball, hüteten die Ziegen, melkten die Kühe, halfen im Garten, die Winter voll Schnee, im Sommer brannte die Sonne. Wir hatten wenig Geld, aber wir hatten Bäume voller Granatäpfel, Maulbeeren und Renekloden.

Das war meine Kindheit in Pageou, einem entlegenen Dorf nahe der anatolischen Stadt Tunceli. Dort verbrachte ich die ersten zehn Jahre meines Lebens.

In meiner Muttersprache Zaza bedeutet Pageou „entlegen und verlassen". So war unser Dorf, es war eine Kindheit wie vor 100 Jahren, einfach und gut.

Heute führe ich ein Sternerestaurant in München und trete als Koch im Fernsehen auf. Geprägt haben mich die Aromen und die Lebensfreude aus meiner Kindheit. Ich habe mein Restaurant benannt nach dem Dorf, aus dem ich stamme: Pageou.

Das Einzige, was uns damals fehlte, war der Vater. Wir waren traurig, wenn wir sahen, wie die anderen Väter von der Arbeit kamen und ihre Kinder in den Arm nahmen. Meiner hatte 1966 den Optimismus und den Mut besessen, allein nach München auszuwandern, ohne ein Wort Deutsch zu sprechen. Dort arbeitete er als Schweißer in der Kanalisation. Im Winter ruhte die Arbeit, dann kam er für einige Wochen heim.

Was war das für ein Fest! Wir rannten ihm entgegen und balgten uns darum, wer am längsten auf seinem Schoß sitzen durfte. Er brachte Schokolade mit, lud uns ins Restaurant ein, kaufte Schuhe und Fleisch und verbrachte viel Zeit mit uns.

Als ich zehn war, nahmen die Kämpfe zwischen der Regierung und der PKK in unserer Region zu; meine Eltern beschlossen, dass es höchste Zeit sei, gemeinsam nach Deutschland auszuwandern. Ich freute mich darauf, weil die Familie nun das ganze Jahr zusammen sein würde.

Weihnachten 1986, ich war zehn, kamen wir in München an. Ich staunte über den Schnee, den Verkehr, den Weihnachtsschmuck. Und merkte gleich, dass Deutschland anders schmeckte. Am ersten Abend gab es Huhn, das Fleisch war weicher und weniger aromatisch als bei uns. Kein Wunder, kam es doch aus einem Mastbetrieb und aus der Tiefkühltruhe. Aber das wusste ich damals noch nicht.

Anfangs besuchte ich eine „Migrationsklasse", danach ging ich auf die Hauptschule. Ich war kein guter Schüler. Ich erinnere mich an die Hilflosigkeit, wenn ich vor meinen Hausaufgaben saß und keine Ahnung hatte, was ich machen sollte – und niemanden hatte, der mir helfen konnte. Mein Vater predigte zwar: Lernt, studiert, macht was aus eurem Leben! Aber wenn die Basis fehlt, kannst du nicht stabil drauf aufbauen.

Eine Lehrerin mochte mich von Anfang an nicht. Einmal widersprach ich ihr. Sie schrie mich an: „Du gehörst nicht hierher! Du gehörst auf die Sonderschule!" Wie gut, dass sich Simone meldete, unsere Klassensprecherin. Sie widersprach: „Ich finde es nicht in Ordnung, wie Sie Ali behandeln."

Ich habe solche diskriminierenden Momente immer wieder erlebt. Ich habe sie nie persönlich genommen, im Gegenteil: Sie stachelten meinen Ehrgeiz nur noch mehr an. Äußerlich blieb ich stumm, innerlich dachte ich: Euch werde ich es zeigen!

Ja, man wird immer Menschen treffen, die einem Steine in den Weg legen. Aber wo eine Tür zugeht, geht eine andere auf. Darum rate ich jedem: Nehmt euch solche Dummheiten nicht zu Herzen, ganz gleich, von wem sie kommen. Lasst euch nicht entmutigen. Gebt nicht auf. Geht durch die nächste Tür. Bleibt neugierig, diszipliniert, respektvoll, mutig. Dann werdet ihr Erfolg haben.

Ab der achten Klasse stand Hauswirtschaftskunde auf dem Stundenplan. Während sich die anderen mit Spaghetti bewarfen, probierte ich neue Gerichte aus. Das machte mir viel Spaß, trotzdem wäre ich nie auf die Idee gekommen, Koch zu werden. Ich wusste nicht mal, dass dieser Beruf existierte, geschweige denn, dass ein Mann ihn ausüben konnte.

Bis ich im Freizeitheim, in dem ich nachmittags oft abhing, Seppi kennenlernte, eigentlich Josef. Er machte eine Ausbildung zum Koch. Eines Tages kam er auf mich zu und erzählte, dass sie bei ihm einen Lehrling suchten. Ich war neugierig und schickte eine Bewerbung.

Das Wirtshaus am Rosengarten war groß und rustikal, ein Traditionsbetrieb mit guter bayerischer Küche. Der Küchenchef, selbst noch keine 25, empfing mich; wir verstanden uns auf Anhieb. Und so bekam ich einen Vertrag und den Auftrag, mir eine Kochjacke, Kochhose und Profimesser zu kaufen, für insgesamt 400 Mark. Für mich ein kleines Vermögen. Zum Glück hatte ich neben der Schule Zeitungen ausgetragen und so viel Geld gespart.

Im September 1991, als meine Lehre als Koch begann, war ich noch keine 15 Jahre alt und noch keine 1,50 Meter groß, aber das war mir egal. Ich war froh, dass ich nun endlich etwas machen konnte. Die ersten Monate war ich in der „kalten Küche" eingeteilt, beim Gardemanger. Ich bestückte das Salatbuffet, mischte die Dressings, bereitete die Vorspeisen vor, Zanderterrine mit Senfgurken oder Wildpastete mit Sauce Cumberland, alles hausgemacht und frisch. Und durchlief von dort die klassischen Posten der französischen Küche: Saucier, Entremetier (Gemüse), Rotisseur (Fleisch), Poissonnier (Fisch).

Wie sehr hätte ich mir gewünscht, dass mich meine Eltern einmal besucht hätten. Aber sie kamen nie, in den ganzen drei Jahren. Sie wären nie auf die Idee gekommen. Sie dachten, das Restaurant sei zu fein für sie.

Ich lernte jeden Tag dazu, es hätte eine schöne Zeit werden können, wäre der Souschef nicht gewesen, der stellvertretende Küchenleiter. In einem fort kritisierte und gängelte er mich, ja knallte mir Ohrfeigen ins Gesicht, bayerisch: Watschen. Als mich die Kollegen einmal verteidigten, erzählte er was von harter Schule und fügte hinzu: „Ich bin kein Rassist." Ich wurde hellhörig und wusste einmal mehr: Egal, wie gut ich in meinem Job sein würde – es würde immer Menschen geben, die mich meiner Herkunft wegen ablehnen.

Es war eine schwere Zeit für mich. Ich konnte machen, was ich wollte, immer wieder bekam ich einen Anschiss von ihm. Längst war ich ein guter Koch, trotzdem hätte er mich fast dazu gebracht aufzugeben. Aber wieder befahl ich mir, die Zähne zusammenzubeißen. Wieder führte der Gegenwind dazu, dass ich mich noch mehr anstrengte. Es sollte nicht heißen: Der Türke hat es nicht gepackt. Ich würde es ihm zeigen.

Ich hielt durch – und bestand die Abschlussprüfung mit einer glatten Eins. Nicht nur das: Die IHK Oberbayern verlieh mir ein Begabtenstipendium. Im Lauf von zehn Jahren durfte ich 10.000 Mark ausgeben für Kurse und Fortbildungen.

Und obwohl ich in einem bayerischen Wirtshaus gelernt hatte, begann nun meine Karriere in der gehobenen Gastronomie. Ich bewarb mich im Glockenbach, einem Sternerestaurant, einem der bekanntesten Restaurants in München, geführt vom legendären Raubein Karl Ederer. Ich war 18 Jahre alt und nervös, als ich ihm beim Vorstellungsgespräch gegenübersaß. Ederer legte die Speisekarte vor mich: Avocadosalat mit Flusskrebsen, Hummer, Trüffel, Gemüseravioli – alles Speisen und Produkte, die ich nie im Leben zubereitet hatte.

Mein Bauch kribbelte vor Freude, als plötzlich die Idee vor mir stand: Ich würde mich selbstständig machen. Ich würde auf volles Risiko gehen. Ich wollte die Früchte meiner Arbeit endlich selbst ernten und mein eigener Chef sein.

Ob ich mir das zutrauen würde, fragte Ederer.

„Ich habe so etwas noch nie gekocht, aber ich möchte es lernen", antwortete ich ehrlich.

Er führte mich herum, zeigte mir die Küche und sagte den denkwürdigen Satz: „Mir ist scheißegal, ob du Türke bist – Hauptsache, du kannst kochen." So kam ich ins Glockenbach.

In den ersten Woche fürchtete ich täglich, nach Hause geschickt zu werden. Aber ich durfte bleiben, Tag für Tag. Und lernte, wie man erstklassige Produkte – Artischocken, Oktopus, Reh, Fasan, Wildhase, Jakobsmuscheln, Flusskrebse – auf natürliche und zugleich ungewöhnliche Weise zubereitet.

Die Arbeit war hart, knüppelhart. Zwölf, 13 Stunden stand ich in der Küche, und immer wieder gab es einen Anschiss von Ederer, wenn ich etwas nicht haargenau so gemacht hatte, wie er es sich vorstellte. An manchen Morgen war ich so erschlagen, dass ich einfach liegen blieb. Zehn, 20 Minuten lang kam ich nicht aus dem Bett und dachte: Ich packe es nicht, ich kündige, es ist zu viel. Aber dann meldete sich mein Pflichtbewusstsein, ich sprang auf und ging doch zur Arbeit. Zwei Jahre lang hielt ich es bei Ederer aus, länger als die meisten.

Von da ging es weiter ins berühmte Tantris, ein Zweisternerestaurant in München, einst eröffnet von Eckart Witzigmann, der die deutsche Haute Cuisine mitbegründet hatte, ein Gourmettempel mit 120 Plätzen und eine Kaderschmiede für Köche.

Weiter zu Fritz Schilling in die Schweizer Stuben in Wertheim.

Eines Tages, ich war 24 Jahre alt, klingelte das Telefon: Karl Ederer war dran, mein raubeiniger Chef aus dem Glockenbach. Und bot mir eine Stelle in seinem neuen Münchener Restaurant an – als Küchenchef. Was für eine Ehre! Begeistert sagte ich zu.

Vor der Eröffnung sprach ihn einer seiner Freunde an, ob er wirklich einen Türken zum Küchenchef seines Restaurants machen wolle. Das muss man sich mal vorstellen – im Jahr 2001! Um mich nicht zu entmutigen, erzählte mir Ederer diese Geschichte erst viel später. „Diese verdammten Rassisten", grantelte er.

Das Restaurant lief vom Start weg glänzend, wir waren voll, mittags und abends. Prominente gaben sich die Klinke in die Hand, Leo Kirch und Boris Becker, Karl-Heinz Rummenigge und Rudolph Moshammer mit seinem Schoßhündchen Daisy, dem wir fein geschnittenen Lammrücken servierten.

Und weiter, ins Szenelokal Lenbach. Mick Jagger und Kanzler Schröder ließen sich mit mir fotografieren, ich stand in der „Bunten", ich war bekannt, ich schuftete und schuftete.

Bis mir eines Tages, nach einem hässlichen Streit mit der Geschäftsführerin, plötzlich glasklar vor Augen stand: Du musst etwas ändern.

Ich erinnere mich genau an jenen Abend. Es war ein Schlüsselmoment in meinem Leben. Ich machte mir eine Flasche Bier auf und setzte mich in die Küche. Ich war 27. Seit ich 14 war, hatte ich mich für andere abgerackert. Wie lange sollte es noch so weitergehen?

Mein Bauch kribbelte vor Freude, als plötzlich die Idee vor mir stand: Ich würde mich selbstständig machen. Ich würde auf volles Risiko gehen und kündigen, ohne einen neuen Job zu haben. Ich wollte die Früchte meiner Arbeit endlich selbst ernten und mein eigener Chef sein. Ich wollte so kochen, wie ich es wollte.

In den nächsten Tagen schwebte ich förmlich durch den Alltag. In meinem Kopf poppten Ideen auf, Träume, Möglichkeiten, so viele Türen gingen auf, ich wollte sie alle durchschreiten. Ich erzählte anderen von meinem Plan, und wieder hatte ich Glück: Nicht lange, da rief mich eine Bekannte an und erzählte mir von einer traumhaften Location in Hamburg. Sie gehöre dem Architekten Meinhard von Gerkan. Ich wusste gleich, welchen Ort sie meinte.

Ein paar Jahre zuvor hatte ich das Restaurant Le Canard in einer Reportage gesehen: ein weißes Gebäude, eine große Terrasse hoch über der Elbe mit Blick auf den Hafen. Damals hatte ich mir gesagt: Mein Gott, was für eine traumhafte Location, das wäre genau das Richtige für dich! Und nun wurde mir exakt dieses Lokal angeboten, das Le Canard, das seit einem Jahr leer stand. Nach zähen Verhandlungen griff ich zu.

Am 27. April 2005 eröffneten wir. Ich ignorierte die Schlagzeile in der „Bild" eine Weile zuvor: „Gibt es bald Edeldöner im Le Canard?" – und knüpfte an den französisch-mediterran-orientalischen Stil an, den ich mir in München erarbeitet hatte. Das Angebot reichte von Thunfisch-Sashimi mit Tabouleh bis zu Lamm mit Polenta-Parmesan-Soufflé, von Rotzunge mit Zitronen-Tomaten-Confit und Kartoffel-Trifolati bis zu Filet vom Angusrind, das ich in Côtes du Rhône pochierte und mit Zwiebelkompott servierte.

Der Plan ging auf. Beinahe vom ersten Tag an lief es gut. Die Zeitungen berichteten, das Restaurant war gut besucht, das Le Canard war wieder eine der ersten Hamburger Adressen.

Ein Jahr später im November hatte ich meinen freien Tag und schlief mal wieder so richtig aus. Als ich mein Handy anmachte, war ich erstaunt über die vielen Nachrichten. Was war denn da los? Prompt klingelte es, ein bekannter Weinhändler war dran: „Herzlichen Glückwunsch zum Stern, Ali!"

Ich war perplex, aber schon klingelte es wieder, ich bekam die nächsten Anrufe und Gratulationen. Ich weinte vor Freude, meine Frau Stephanie und ich lagen uns in den Armen, wir waren überwältigt. Ich ging rüber ins Restaurant, nahm mir ein Glas Wein, schaute über die Elbe und genoss den Moment. Großer Stolz erfasste mich. Ich hatte es geschafft.

2017 ging ich von Hamburg zurück in meine Heimatstadt München und konzentrierte mich auf das Pageou. Aber das ist eine andere Geschichte.

Nur eines noch. Es gibt viele erfolgreiche Männer und Frauen mit türkischen Wurzeln in Deutschland. Wir haben viel erreicht, aber wir könnten viel weiter sein. Warum gibt es nicht mehr von uns, die Erfolg haben, die mehr aus ihrem Leben machen?

Deutschland ist so ein tolles Land. Wenn du willst, kannst du hier so viel erreichen. Aber es liegt an dir. Du musst etwas dafür tun.

Ja, wir werden abgewiesen. Wir werden abgelehnt – in der Schule, am Eingang zur Disco, im Job. Nehmt es euch nicht zu Herzen. Gebt nicht auf. Bleibt beharrlich, haltet an eurer Idee fest. Ihr seid ein Teil von Deutschland. Macht etwas daraus.

Ali Güngörmüş, geboren am 15. Oktober 1976 in Pageou-Tunceli, ist Koch mit eigener Fernsehshow und der bisher einzige in der Türkei geborene deutsche Küchenchef, dessen Restaurant einen Michelin-Stern erhielt. Er ließ sich gegen den Widerstand seiner Eltern zum Koch ausbilden. Ab dem Jahr 2000 war er Küchenchef im Szenerestaurant Lenbach in München. 2005 eröffnete er in Hamburg-Othmarschen das Restaurant Le Canard Nouveau. Nur ein Jahr später wurde sein Restaurant mit einem Michelin-Stern ausgezeichnet. 2014 eröffnete Güngörmüş in München das Restaurant Pageou – benannt nach dem Dorf in Ostanatolien, in dem er zur Welt gekommen ist und die ersten zehn Jahre seines Lebens verbracht hat.

DAMLA HEKIMOĞLU

„Das kalte Wasser wird schon warm, wenn man sich traut zu springen"

Mal lasen die Eltern ihr aus türkischen Kinderbüchern vor, mal aus deutschen. Bildung, Sprache, Teilhabe waren den Eltern wichtig – und Damla Hekimoğlu machte etwas daraus. Sie wurde Journalistin und gehört jetzt zum Moderatorenteam von ARD-aktuell.

Ich bin Damla Hekimoğlu, Tochter von Filiz und Hüsnü Arsan Hekimoğlu. Wie oft wurde mein Vater Herr Hubschrauber, Herr Mogli oder Herr Eukalyptus genannt! Den Herrn Mogli kann ich ja noch irgendwie nachvollziehen, der Name ist nun mal für Deutschland ungewöhnlich. Hubschrauber und Eukalyptus aber zeigen, wie wenig sich manch einer mit uns befassen wollte.

Wie oft musste ich meinen Nachnamen buchstabieren. Erst letztens wieder, als ich per Telefon eine Interviewanfrage stellte. Ich fing an mit: „H wie Heinrich", „E wie Emil", „K wie Kaufmann" ... und schon wurde ich mit einem Stöhnen unterbrochen, gefolgt von: „Oh, das ist aber kompliziert. Kann ich auch einfach ‚die Frau vom WDR' sagen?"

Meinen Vornamen haben meine Eltern sorgfältig gewählt. Er sollte keinerlei Raum für Missverständnisse lassen. Sie haben sich gegen „Bade" entschieden, damit ich im Kindergarten nicht mit Wortspielen à la „Bade, geh mal baden" gehänselt würde. Dabei wäre Bade ein schöner Vorname gewesen, Bade heißt „Liebe".

Bei Damla, Türkisch für „Tropfen", dachten sich meine Eltern, dass es damit nicht zu Hänseleien und Wortspielen kommen würde. Die Aussprache sei doch einfach. Keine Sonderzeichen, nur zwei Silben – Damla wird doch jede und jeder aussprechen können.

Nun ja, Tanja, Daimler, Dammler ... In Briefen und Mails gern auch „Herr Hekimoglu". Ich werde wohl nie verstehen, wieso manche erst mal von einem Mann ausgehen, wenn sie einen unbekannten Namen lesen. Wieso kann man im 21. Jahrhundert nicht mal eben „Damla + Vorname" googeln, um binnen Sekunden herauszubekommen, dass es sich um einen weiblichen Vornamen handelt?

Kalterherberg, das ist meine Heimat. Ein Dorf in der Eifel, am Hohen Venn gelegen, an der Grenze zu Belgien. Mit Schafen, Kühen und Pferden auf der Weide, Wanderwegen und viel Stille. Abends ab 20 Uhr ist gefühlt keine Menschenseele mehr unterwegs. Das Dorf hat nur etwas mehr als 2.000 Einwohner, eine Sparkasse, eine Bäckerei, einen Fahrradladen, einen Kaufladen, einen Hausarzt und einen Zahnarzt.

Der Zahnarzt – das ist mein Vater Hüsnü Arsan Hekimoğlu. Inzwischen wird er von allen im Dorf freundlich als „Herr Hekimoluh" angesprochen. So, wie es richtig ist. Denn das ğ mit Breve obendrauf ist im Türkischen stumm.

Anfang der 70er-Jahre macht mein Vater seinen Militärdienst in Südostanatolien. Er hat Zahnmedizin studiert, mit der Erlaubnis des Kommandanten darf er eine private Praxis eröffnen und außerhalb der Dienstzeiten Patienten behandeln. Er arbeitet also von sieben bis 18 Uhr als Militärzahnarzt und danach weiter in seiner eigenen Praxis, bis 21, manchmal 22 Uhr. Bis eines Tages ein Deutscher zu ihm in die Sprechstunde kommt.

Er heißt Rupert Röller, ist Ingenieur und gemeinsam mit seinem Team in der Gegend, um einen Zementofen zu bauen. Herr Röller hat Zahnschmerzen. Zum Glück geht's bei der Zahnbehandlung um das medizinische Know-how und nicht um die Sprache – sonst würde mein Vater kläglich versagen. Sie verständigen sich mit Händen und Füßen und seinem bescheidenen Schulenglisch.

Während der Behandlung sieht mein Vater, dass Herrn Röller zwei Zähne fehlen. Er bietet ihm an, Brücken anzufertigen, nennt ihm den Preis für die Behandlung in gebrochenem Englisch und geht ins Labor. Als er zurückkommt, steht Herr Röller im Wartezimmer und schaut sich die Preisliste auf Türkisch an, auf der die Kosten für die Zahnbehandlung detailliert aufgelistet sind.

„Warum schauen Sie sich die Liste an? Sie verstehen doch kein Türkisch", sagt mein Vater. Worauf Herr Röller in perfektem Türkisch antwortet, dass seine Frau Türkin sei und er nicht nur diese, sondern auch sieben weitere Sprachen beherrsche. Ich bekomme jedes Mal Gänsehaut, wenn mir mein Vater diese Geschichte erzählt.

Auf die Frage meines Vaters, warum er nicht früher mit ihm Türkisch gesprochen habe, antwortet Röller: „Überall auf der Welt werden Fremde übers Ohr gehauen. Ich wollte sichergehen, dass Sie ehrlich sind. Machen Sie mir gerne diese Brücken."

Das ist der Anfang einer Freundschaft – und die Basis dafür, dass mein Bruder und ich in Deutschland auf die Welt gekommen sind. Mein Vater nimmt nämlich das Angebot von Rupert Röller an, nach Deutschland zu kommen. Der will ihm helfen, hier einen Job zu finden.

Wenige Monate später, im Juni 1972, kommt mein Vater am Flughafen Köln an. Im Gepäck einen Anzug, zwei Hosen, Unterwäsche, ein paar Hemden und T-Shirts, ein deutsch-türkisches Wörterbuch und ein bisschen Geld. Mit Herzklopfen klingelt er an der Tür eines Hauses in Köln-Mülheim, dem Zuhause der Röllers. Dort wohnt er die ersten Monate.

Bis heute schwärmt mein Vater davon, wie viel Hilfsbereitschaft ihm in Deutschland begegnet ist – angefangen vom Flughafen bis hin zu einem Vorstellungsgespräch eine Weile später, als es darum geht, als Zahnarzt angestellt zu werden. Viele gutherzige Menschen, sein Fleiß und seine Zielstrebigkeit sorgen dafür, dass er bald seine eigene Zahnarztpraxis in der Eifel eröffnen kann und heute, mit 77 Jahren, immer noch leidenschaftlich gern seinem Beruf nachgeht.

Mein Vater hat den „German Dream“ gelebt – er ist für mich das beste Beispiel dafür, dass das kalte Wasser schon warm wird, wenn man sich nur traut zu springen. Und dass man sich auch in einem Dorf, in dem es kaum Ausländer gab, in die Herzen der Menschen leben kann – so sehr, dass sie sich buchstäblich „einen Türken“ als Nachfolger für die Praxis meines Vaters wünschen, wenn er mal in Rente geht – als würden Sympathien und Kompetenzen von der Nationalität abhängen. Es ist natürlich etwas anderes: Mit dem Spruch wollen sie ihm zeigen, wie gern sie ihn haben. Wie viele Menschen haben bei ihm auf dem Behandlungsstuhl gesessen, wie viele hat er von quälenden Zahnschmerzen befreit!

Auf dem Land sind die Wege länger – wie oft haben die Menschen im Dorf nach Feierabend bei uns zu Hause geklingelt, wenn sie vor Schmerzen litten, aber nicht den weiteren Weg zum Notdienst auf sich nehmen wollten. Wie oft ist er dann außerhalb seiner Arbeitszeit in die Praxis gegangen, abends und nachts, um sie zu behandeln und von ihren Schmerzen zu erlösen.

Ostern 1984 lernt er meine Mutter in der Türkei kennen. Und dann schreiben sich die beiden erst mal über mehrere Monate Briefe. Im Juni 1984 verloben sie sich, im November heiraten sie, am 29. Dezember kommt meine Mutter mit meinem Vater nach Deutschland.

Auch für sie ist es die erste Auslandsreise, auch sie kann damals kein Wort Deutsch, auch sie ist zum ersten Mal von ihrer Familie getrennt. Wie mutig sie ist – mit einem One-Way-Ticket in ein fremdes Land aufzubrechen, zu einem Mann, den sie erst seit wenigen Monaten kennt. Es gibt ein Foto von jenem Tag, sie sieht schick aus und trägt einen blauen Pullover, einen Faltenrock und eine Lederjacke. Sie ahnt nicht, dass sie die meiste Zeit ihres Lebens in Kalterherberg verbringen wird.

Kurze Zeit später bekommt sie Deutschunterricht. Zunächst zehn Stunden privat, dann zwei bis drei Monate in der Volksschule – bis bei ihr die Übelkeit anfängt. Sie ist schwanger.

1986 wird mein Bruder Onat geboren, eineinhalb Jahre später erblicke ich das Licht der Welt. Meine Mutter spricht damals nur gebrochenes Deutsch – doch der Wille, uns beide zweisprachig zu erziehen, ist riesig. Also wird zu Hause Türkisch gesprochen, im Kindergarten Deutsch. An einem Abend lesen uns unsere Eltern türkische Kinderbücher vor, am nächsten Abend deutsche Kinderbücher.

Unsere Eltern sahen es gern, wenn mein Bruder und ich den Weihnachtsgottesdienst besuchten. „Das ist doch auch ein Gotteshaus", sagten sie. Wir falteten die Hände zusammen und sagten leise „Amin" – Türkisch für „Amen".

Ich habe immer noch die Stimme meiner Mutter im Ohr, wie sie uns in gebrochenem Deutsch vorliest. Jahre später, als unser Deutsch besser ist als ihres, werden wir manchmal ungeduldig und beenden vorlaut das Wort, während sie es noch buchstabiert. Zugleich gibt sie uns privaten Türkischunterricht und belohnt uns mit Spielzeug für jedes Lehrbuch, das wir mit einer „Prüfung" beenden.

Wenn wir uns als Kinder Spielzeuge, Klamotten oder sonstige Sachen gewünscht haben, wurden uns die Wünsche natürlich nicht immer erfüllt. Es gab Warte- und Wunschlisten genauso wie konsequente Absagen. Widerspruch zwecklos.

Manchmal mussten wir uns die Sachen auch verdienen, indem wir für Vater Akten geschreddert, Schnee geschippt oder eben türkische Schulbücher durchgearbeitet haben. Meine Eltern wollten, dass wir in beiden Welten sicher auftreten. Dass wir in unserer Heimat Deutschland zu Hause sind und dabei unsere Herkunft, Kultur und Sprache nicht vergessen.

Bei jeder sehr guten Note gab es ein paar Mark Taschengeld als Belohnung. Bei jeder halben Note, die schlechter war, gab's Abzüge – und bei allen Noten ab „ausreichend" mussten wir blechen. Ein ausgeklügeltes System. Für zwei Dinge gab es immer unbegrenzten Kredit – Bücher und beim Studium. Mein Vater hat uns versprochen: Wir dürfen studieren, wo immer wir wollen, er würde uns unterstützen. Auf Bildung haben unsere Eltern großen Wert gelegt. Für sie war das ein essenzieller Baustein dafür, dass eine Gesellschaft gut funktioniert.

Ohne christlichen Hintergrund ging ich in den katholischen Kindergarten und auf die katholische Grundschule. Unsere Eltern sahen es gern, wenn mein Bruder und ich den Weihnachtsgottesdienst besuchten. „Das ist doch auch ein Gotteshaus", sagten sie. Wir machten dann nur nicht das große Kreuzzeichen wie die Christen, sondern falteten die Hände zusammen und sagten leise „Amin" – Türkisch für „Amen".

In Kalterherberg gehörten mein Bruder und ich zu den wenigen Kindern mit internationaler Biografie. Eines Tages lobte mein Klassenlehrer, wie gut mein Deutsch trotz meiner internationalen Biografie war. Wie stolz ich damals war! Heute würde ich vermutlich sagen: Ja, warum denn auch nicht? Ich bin doch hier geboren und aufgewachsen, das ist doch meine Muttersprache.

Eine gute Schülerin war ich, mit Ausreißern nach oben genauso wie nach unten. Konnte sehr fleißig sein, mich in Themen hineinarbeiten. Kein Wunder, dass mein Vater schockiert war, als er das Empfehlungsschreiben nach der vierten Klasse in der Hand hielt. „Realschule?!", rief er verblüfft. „Meine Tochter geht aufs Gymnasium!"

Richtig sauer war er. Er war überzeugt davon, dass hier eine große Fehleinschätzung meiner Fähigkeiten vorlag. Entgegen dem Empfehlungsschreiben ging ich also aufs Gymnasium, studierte, machte später den Bachelor in Anglistik und Romanistik und den Master in Kommunikation und Kulturkontakte in Düsseldorf mit einem Studienaufenthalt in den USA.

Immer wieder haben mich Absagen und Kritik im ersten Schritt enttäuscht, danach aber ermutigt. Wie oft habe ich von anderen gehört, dass ich dieses oder jenes nicht schaffe würde. Wie oft hat mich das angespornt, mich noch mehr anzustrengen – und es dann letztlich auch zu schaffen.

Ich wusste immer: Auch wenn mir etwas Schlimmes widerfahren sollte – meine Eltern würden mich unterstützen. Das verleiht unglaubliche Kraft und mündet in den Drang, schonungslos ehrlich und offen sein zu wollen. Diese Ehrlichkeit ist einer der Gründe, warum ich Journalistin geworden bin. Lange war ich unsicher, was ich werden sollte. Als Studentin begann ich, in PR-Agenturen zu arbeiten. Solange ich hinter dem jeweiligen Produkt stand, machte mir der Job Spaß. Doch dann kam der Tag, an dem ich die Presse- und Öffentlichkeitsarbeit für Kinderschuhe machen sollte – Kinderschuhe, die hässlicher nicht hätten sein können. Ich fühlte mich unwohl dabei, sie mit schönen Worten zu umgarnen, und kam mir vor wie eine Lügnerin. Ich begriff: Ich musste auf die andere Seite des Schreibtisches.

Ich wollte nicht vorgefertigte Botschaften weitergeben. Ich wollte recherchieren, mir mein eigenes Bild machen und das Publikum ehrlich informieren. Ich wollte Journalistin werden. Als mir das klar war, setzte ich alle Hebel in Gang, um diesen Beruf ausüben zu dürfen. Praktika, Kurse, freie Mitarbeit, schließlich ein Volontariat beim WDR. So wurde ich Journalistin.

Wie gut, dass meine Eltern meinem Bruder und mir durch ihre Migration ein Leben in Deutschland ermöglicht haben. Dass ich dank ihnen den Job der Journalistin so ausleben kann, wie es sein sollte: frei und unabhängig. Auch dieses Glücks bin ich mir wohl bewusst, gerade mit Blick auf meine zweite Heimat, die Türkei. Dort, wo Meinungs- und Pressefreiheit von den Regierenden systematisch eingeschränkt werden.

Meine Eltern haben mir Werte mitgegeben. Sie haben mir gezeigt, was es heißt, einen ausgeprägten Gerechtigkeitssinn zu haben, Mut, Stärke, eine Vision. Herzlich, ehrlich, gastfreundlich zu sein. Ein großes Herz zu haben, für sich und andere einzustehen und für die Rechte zu kämpfen.

Mein Name ist Damla Hekimoğlu. Ich bin die Tochter von Filiz und Hüsnü Arsan Hekimoğlu. Von einem Ehepaar, dessen Nachnamen kaum jemand auf den ersten Blick richtig aussprechen kann. Doch dieser Nachname steht mittlerweile auf einem Schild in meiner Heimat und zeigt den Weg zur Praxis meines Vaters. Er steht in Artikeln von weltweit erfolgreichen Magazinen wie „Forbes", in denen über meinen Bruder, den Computerspiele-Entwickler Onat Hekimoğlu, berichtet wird. Und er ist im Fernsehen zu sehen und zu hören, wenn ich auf Sendung bin und als Damla Hekimoğlu berichte.

Damla Hekimoğlu, geboren am 18. Mai 1988 in Stolberg, ist Nachrichtenmoderatorin bei ARD-aktuell im Team der „Tagesschau" und arbeitet als Journalistin für den Westdeutschen Rundfunk. Sie berichtet über Politik, Weltgeschehen und gesellschaftliche Events. Mit ihren Reportagen, Moderationen und Interviews stand sie vor den Kameras von ARD und ZDF, dem WDR und der BBC. Für das Recherchenetzwerk von WDR, NDR und „Süddeutscher Zeitung" war sie an investigativen Recherchen beteiligt. Als Vorstandsmitglied des Harvard Clubs Rhein-Main und Gründerin der internationalen Talkreihe „Harvard Club Talks" interviewt sie Gäste aus Politik, Wirtschaft und Wissenschaft. Sie engagiert sich ehrenamtlich für Medienkompetenz und Nachwuchsförderung sozial benachteiligter Kinder und Jugendlicher.

MEHMET GÜRCAN DAIMAGÜLER

„Eisern hielt ich mein Schweigegelübde durch. Zwei Jahre lang“

Doch dann kam der Bücherbus, und weil er sich auch ein Buch ausleihen wollte, sagte er schüchtern seinen Namen. Später schickte man ihn auf die Hauptschule, noch später promovierte er in Jura. Seit 2011 kennen ihn viele: Als Anwalt vertrat Mehmet Gürcan Daimagüler die Angehörigen im NSU-Prozess.

Deutschland ist nicht meine Heimat. Die Türkei ist nicht meine Heimat. Sollte ich je eine Heimat gehabt haben, dann ist es Niederschelden.

Dort kam ich am 16. Januar 1968 zur Welt. Mit seinen damals etwa 2.000 Einwohnern war Niederschelden zu klein, um sich Stadt nennen zu dürfen, und zu groß, um noch als Dorf durchzugehen. Durch den Ort schlängelt sich ein Fluss, die Sieg. Sie umringt fast zur Gänze den alten Ortskern, sodass Niederschelden auch das Inseldorf genannt wird.

Niederschelden ist heute ein Teil der Stadt Siegen, etwa 80 Kilometer von Köln entfernt. Am Ortsrand stand ein riesiges Stahlwerk von Krupp, und das ist auch der Grund, warum wir in Niederschelden gelandet waren.

Nur wenige Jahre zuvor waren meine Mutter, Cemile Kağba, und mein Vater, Kerim Daimagüler, aus der Türkei nach Deutschland eingewandert. Damals wussten sie natürlich noch nicht, dass sie eingewandert waren. Geplant waren ja bloß vier oder fünf Jahre. Zunächst hatten sie in Fabriken in München gearbeitet, dann in Bruchsal bei Karlsruhe. Schließlich fand mein Vater Lohn und Brot als Stahlarbeiter bei Krupp in Niederschelden, während meine Mutter in einer Gerberei in Siegen arbeitete.

Für meine Mutter war Niederschelden ein Schock. Sie war in der Drei-Millionen-Stadt Bursa zur Welt gekommen und als junge Frau nach Istanbul gezogen. Zum ersten Mal wohnte sie nun in einem kleinen Ort. Sie empfand Niederschelden als dunkel. Um den Ort herum ziehen sich die Erhebungen eines Mittelgebirges, und dessen Schatten versperren tatsächlich schon recht früh am Tag die Sonnenstrahlen. Ich glaube aber heute, dass meine Mutter mit „dunkel" nicht nur die Lichtverhältnisse meinte.

Meine Eltern hatten sechs Kinder, und ich war das erste, das in Niederschelden geboren wurde. Wir wohnten damals in einem Haus zwischen dem alten Friedhof und einer Sandhalde. Mein Geburtshaus wurde in den 70er-Jahren abgerissen. Erinnerungen an dieses Haus habe ich keine, denn bald nach meiner Geburt zogen wir in die Rittergasse. Woher der Name kommt, weiß ich nicht. Vielleicht wegen der nur wenige Meter entfernt liegenden Burgschule, wo die Grundschule untergebracht war und wo ich meine ersten vier Schuljahre verbrachte.

Es war ein Riesenglück, dass wir in der Rittergasse landeten. Unser Haus war groß und alt und klapprig, aber es kostete nur wenig Miete. Vor allem aber lebte eine ältere Witwe darin, Philipine Gaumann. Ihre Freundinnen und Freunde nannten sie „Phinchen". Für uns war sie einfach „Oma".

Oma war eine gottesfürchtige Frau. Mindestens einmal in der Woche ging sie zur „Versammlung", zum Gottesdienst im Haus auf der Zeil, nur wenige Schritte entfernt. Sie konnte streng sein, sogar einen Stock hatte sie und scheute nicht davor zurück, ihn zu gebrauchen, wenn wir Kinder es mit dem Quatsch übertrieben. Das kam aber selten vor (nicht das Quatschmachen, sondern der Stockeinsatz).

Körperliche Züchtigung war damals noch gang und gäbe, also bitte Oma Philipine nicht vorschnell verurteilen! Denn Oma war sehr fürsorglich und immer für uns da. Ich weiß noch, dass ich mein erstes Wort auf Deutsch zu ihr sagte: „Warum." Ich weiß nicht warum, aber „warum" klang so schön. Vor allem aber hatte dieses Wort eine Zauberkraft. Kaum hatte ich es gesagt, wurde mir etwas erklärt. Und je öfter ich es äußerte, umso mehr wurde mir erklärt, umso mehr lernte ich, nicht nur die Sprache. Wobei manche Erwachsene nach einiger Zeit mit den Augen rollten – wenn sie ein Dreijähriger mit dem Wort „warum" begrüßte.

Oma Philipine half uns bei den Hausarbeiten. Meine Eltern wollten immer, dass aus uns Kindern einmal „etwas wird" – welche Eltern wünschen sich das nicht für ihre Kinder? Allerdings war ihr Deutsch nicht gut, wann und wo hätten sie es auch lernen sollen? Zumal es ja demnächst zurück in die Heimat gehen würde. Also konnten sie uns nicht bei den Hausarbeiten helfen und Oma kam ins Spiel.

Oma brachte mir eine „Knax" mit, wenn sie in der Sparkasse gewesen war, ein Comicheft für Kinder. Und sie brachte mir Salamander-Comics mit, wenn sie im Schuhgeschäft gewesen war. Und so hießen meine Helden bald Didi, Dodo und Nero, Lurchi, Hopps und Piping. Mit ihnen – und mit Oma – habe ich

Deutsch gelernt. Mehr noch: Diese Heftchen haben in mir die Liebe zum Wort erweckt. Aus den Heftchen wurden Bücher, und mit den Büchern kamen Träume: einmal Amerikas Westen bereisen, dort, wo Old Shatterhand und Winnetou ihre Abenteuer erlebt und ihre Schlachten geschlagen hatten. Einmal die Verbotene Stadt besuchen wie Marco Polo. Ich hockte auf unserem Dachboden in der Rittergasse und las, aber in Wirklichkeit war ich im Himalaja, in Mexiko oder in einem Kanu auf dem Weißen Nil, umringt von grimmigen Nilpferden.

Mit sechs Jahren wurde ich eingeschult. Die Schule machte mir Spaß, aber ich fürchtete mich vor meinem Klassenlehrer, Herrn Heidemann.

Herr Heidemann war furchtbar groß und ganz alt. Wahrscheinlich war er in Wirklichkeit weder besonders groß noch besonders alt. Er kam mir bloß so vor. In den nächsten vier Jahren sollte ich sein morgendliches Ritual kennenlernen. Schon von Weitem hörte man seinen Mercedes. Dieses Auto war ganz beeindruckend. Nicht, weil es ein Mercedes war. Sondern wegen der vielen Länderaufkleber, die von den vielen Reisen meines Lehrers zeugten. Da war sogar ein Aufkleber aus Ägypten!

Herr Heidemann parkte immer auf dem Schulhof, direkt vor der Schule. Er kam in das Klassenzimmer, sagte „Guten Morgen", setzte sich und zündete sich erst einmal eine Zigarette an. Wenn ich mich recht erinnere, rauchte er Camel. Nach dem Unterricht leerte immer eines von uns Kindern den Aschenbecher.

Am meinem ersten Schultag im August 1974 rief er die Namen aller i-Dötzchen auf. Dann musste man aufstehen und laut „Hier!" rufen. Bald rief er einen Namen, aber niemand erhob sich. Plötzlich stand er vor mir – er war unheimlich groß, jedenfalls kam er mir so vor –, gab mir mit den Fingerknöcheln eine Kopfnuss und schnauzte: „Du musst dich melden, wenn ich deinen Namen rufe!"

Dabei hatte er doch gar nicht meinen Namen gerufen! Er hatte „Gu-Erkan" gesagt. Mein Zweitname ist Gürcan, gesprochen Gürschan. Vor allem aber nannte mich kein Mensch so. Zu Hause war ich der „Arap" – weil ich angeblich eine so dunkle Haut habe. So oder so: Gu-Erkan hieß ich nicht.

Nach diesem Tag hatte ich fürchterliche Angst vor Herrn Heidemann. Ich tat, was ich tun musste: Ich schwieg. Während ich mich bei den anderen Lehrern ganz normal verhielt, mich meldete, antwortete und das tat, was ein Sechsjähriger so tut, trat ich bei meinem Klassenlehrer in einen Schweigestreik und antwortete einfach nicht.

Nach kurzer Zeit wurde es Herrn Heidemann zu bunt. Nach einer Stunde rief er mich zu sich und drückte mir einen Brief in die Hand und sagte dazu laut und deutlich, als sei ich taub: „DIESER BRIEF IST FÜR DEINE ELTERN. VERLIERE IHN NICHT UND GIB IHN DEINEM PAPA ODER DEINER MAMA."

Papa war nicht zu Hause, also bekam ihn Mama. Sie schaute sich den Umschlag an, öffnete ihn, verstand nur Bahnhof – sie konnte ja kaum Deutsch – und ging rüber zu Oma. Oma las ihn, und ich konnte sehen, wie sie einen roten

Kopf bekam. Das passierte nur, wenn sie wirklich sauer war, zum Beispiel, wenn jemand in ihrer Gegenwart geflucht hatte. Sie packte mich an der Hand, sagte zu Mama: „Komm mit!", und zu dritt marschierten wir zur Burgschule. Vor der Schule stand noch der Mercedes. Wir marschierten ins Lehrerzimmer, und dort saß Herr Heidemann und schaute uns überrascht an.

Oma baute sich vor ihm auf, die Arme in die Hüften gestemmt, und sagte: „Hören Sie mal! Das ist ein ganz normaler Junge! Er ist nicht dumm oder sonst was und gehört nicht auf die Sonderschule!"

Herr Heidemann stammelte etwas von „Der ist stumm in meiner Klasse", aber Oma sagte bloß: „Ach was, papperlapapp! Bei den anderen Lehrern spricht er doch auch. Seien Sie mal etwas geduldig!" Und das war's. Herr Heidemann hatte mich auf die Sonderschule abschieben wollen. Doch ich blieb auf der Burgschule – und hielt mein Schweigegelübde weiterhin eisern durch. Das ganze erste Schuljahr. Das ganze zweite Schuljahr. Und dann kam das dritte Schuljahr und der Moment, an dem ich doch in Versuchung kam.

Alle ein oder zwei Wochen kam ein Bücherbus zu uns an die Schule. Der Fahrer oder die Fahrerin, ich weiß es nicht mehr, hatte ein kleines Wägelchen und packte darauf einen Schwung Bücher und klapperte damit die dritten und vierten Klassen ab. Von meinem Stuhl aus reckte ich den Kopf, um einen Blick auf die Titel zu ergattern – und konnte es kaum fassen. Karl May! „Die drei ???"! „Fünf Freunde"!

Jedes Kind durfte sich ein oder zwei Bücher nehmen, und das auch noch umsonst! Der Haken bei der Sache: Man musste sich melden, das Buch nennen, das man gerne haben wollte, und dazu seinen Namen sagen, damit der auf einem Kärtchen notiert wurde. Ich war hin- und hergerissen. Ein Kind nach dem anderen meldete sich und nahm etwas zum Schmökern entgegen, unter den strengen Blicken des Herrn Heidemann.

Schließlich hatten alle, die ein Buch wollten, eines vor sich liegen und die Bücherdame machte Anstalten zu gehen. Ich dachte: jetzt oder nie! Und meldete ich mich und sagte laut und deutlich meinen Namen. Alle Kinder drehten sich um und schauten mich erstaunt an. Herr Heidemann schaute mich erstaunt an. Die Dame mit den Büchern schaute erstaunt zu den Kindern und zu Herrn Heidemann. Dann gab es plötzlich Beifall! Alle Kinder klatschten. Die Bücherfrau muss sich gefragt haben, was mit dieser Klasse nicht stimmte. Jedenfalls durfte ich mir dann ein Buch aussuchen. Ich entschied mich für „Die drei ??? und das Gespensterschloß" und las es noch am selben Tag durch.

Später entdeckte ich die Stadtbücherei. Damals gab es noch eine Dependance in Eiserfeld. Das war der etwas größere Nachbarort, zu Fuß etwa 20 Minuten entfernt. Einmal die Woche tigerte ich dahin und verbrachte den ganzen Nachmittag dort, in Büchern blätternd und lesend. Auf dem Nachhauseweg hatte ich immer vier, fünf oder sechs Bücher, die ich bis zu meinem nächsten Besuch durchlas.

Nachdem ich das Schweigegelübde aufgegeben hatte, sprach ich nun auch im Unterricht bei Herrn Heidemann, bei dem ich viel lernte. Abgesehen davon, dass er rauchte wie ein Schlot, Kopfnüsse verteilte wie nichts Gutes und mich auf die Sonderschule stecken wollte, war der doch ein ganz guter Lehrer.

Am schönsten fand ich die Weihnachtszeit an unserer Schule. Wir bastelten Weihnachtssterne und kleine Adventskränze, backten Kekse und aßen sie dann gemeinsam. Es brannten Kerzen, und die ganze Schule duftete nach Weihnachtsgebäck und Kerzenrauch. Am tollsten war der Weihnachtsbaum, der unten im Eingang stand. Er war herrlich dekoriert, und wir Kindern sangen dort, vor dem Baum und auf den Treppenstufen stehend, Weihnachtslieder.

Im Sommer 1978 endete meine Zeit in der Burgschule. Meine Noten waren gut. Meine Eltern verstanden nicht viel vom deutschen Schulsystem, die Hauptsache für sie war, dass wir Kinder zur Schule gingen. Sie wussten damals nicht, dass am Ende des vierten Schuljahres die Weichen für die Zukunft ihrer Kinder gestellt wurden. Die künftigen Akademiker kamen auf das Gymnasium, der künftige Mittelbau von Verwaltung und Handel auf die Realschule und die künftigen Arbeitsbienen auf die Hauptschule.

Mein Leher Herr Heidemann blickte verblüfft, lachte und sagte: „Kinder, Kinder, wie stellt ihr euch das denn vor? Ein Türkenjunge auf dem Gymnasium?“ Und damit war das Thema durch. Ich kam auf die Hauptschule.

Eines Tages lag ein Brief im Briefkasten. Ich weiß nicht mehr, wer der Absender war, ob nun die Schule oder das Schulamt. In dem Brief stand, dass ich auf die Hauptschule komme und dann und dann auf der Hubenfeldschule zum Unterricht erscheinen solle. Die Hubenfeldschule war uns nicht unbekannt. Mein älterer Bruder und meine ältere Schwester gingen dort bereits zur Schule. Es gab jedoch einen Unterschied zwischen ihnen und mir: Als sie eingeschult wurden, gab es keine Oma Philipine. Und sie hatten keine älteren Geschwister, die sich mit dem Schulsystem schon ein bisschen auskannten.

Als meine ältere Schwester den Brief las, beschloss sie, begleitet von meiner ältesten Schwester, etwas zu unternehmen. Ich kann mich nicht erinnern, warum Oma Philipine nicht involviert war, vielleicht war sie auf ihrem jährlichen Urlaub am Bodensee. Jedenfalls marschierten meine Schwestern mit mir im Schlepptau zur Schule. Wir fanden Herrn Heidemann, alleine an seinem Tisch sitzend, in einer der Klassen vor. Schüchtern fragten meine Schwestern, ob ich denn nicht auf das Gymnasium dürfe, weil meine Noten seien ja sehr gut.

Herr Heidemann blickte verblüfft, lachte und sagte: „Kinder, Kinder, wie stellt ihr euch das denn vor? Ein Türkenjunge auf dem Gymnasium?“ Und damit war das Thema durch. Es waren andere Zeiten – und, was das angeht, schlechtere Zeiten. Ich hatte halt das Pech, dass ich Türke und ein Arbeiterkind war. Diese Kombination war tödlich. Wäre mein Vater Zahnarzt oder so gewesen und nicht „bloß“ ein Stahlkocher, ich hätte bestimmt meinen Weg auf das Gymnasium gefunden. So hatte ich eben Pech.

Zwei Jahre lang, von 1978 bis 1980, war ich nun Schüler der Hauptschule Auf dem Hubenfeld. Während ich früher nur eine Minute gebraucht hatte, um von der Rittergasse zur Burg zu kommen, musste ich nun jeden Morgen 20 Minuten laufen, vor allem den ganzen Berg rauf. Das hat mich wahnsinnig genervt. Abgesehen davon hatte ich eine gute Zeit auf der Hauptschule. Ich war traurig, dass ich nicht mehr mit einigen meiner alten Freunde aus der Grundschule zur Schule ging. Es fiel mir auch auf, dass sie nicht mehr so offenherzig waren, wenn ich sie auf dem Schulweg traf. Erst viel später realisierte ich, dass wir nun unterschiedlichen „Klassen" angehörten, nicht Schulklassen, sondern gesellschaftlichen Klassen. Hier die künftigen Doktoren, dort die künftigen Arbeiter.

Einmal im Jahr ging es zur Ausländerpolizei, um unsere Aufenthaltsgenehmigung verlängern zu lassen. Oft ging ich mit, das Deutsch meiner Eltern war ja nicht so gut. Mein Vater zog sich dann immer seinen einzigen Anzug an und band ganz sorgfältig seine Krawatte. Auf dem Amt mussten wir meistens lange warten, und mit jeder Minute wuchs die Nervosität meines Vaters. Wenn irgendwelche Unterlagen fehlten – und es fehlten immer irgendwelche Unterlagen –, wurde mein Vater angeschnauzt. Mein Vater entschuldigte sich immer, so gut er konnte, und verhielt sich so unterwürfig wie nur eben möglich. Mein sonst so stolzer Vater!

Mit jedem Jahr machte es mich wütender, und mit jedem Jahr verlor ich ein bisschen mehr den Respekt ihm gegenüber, und natürlich spürte er das. Als ich 16 war, starb mein Vater. In vier Jahren werde ich so alt sein wie mein Vater, als er starb. Es hat Jahrzehnte gebraucht, bis ich verstanden hatte: Mein Vater warf sich in den Staub, damit seine Kinder es irgendwann nicht mehr tun müssen.

Der Schulunterricht machte mir noch immer Spaß, und ich hatte auch auf dem Hubenfeld großes Glück mit meinen Lehrerinnen und Lehrern. Meine Klassenlehrerin war die Frau Wendt, die ganz schön streng sein konnte. Jahrzehnte später sprach mich eine ältere Dame an, nachdem ich einen Vortrag im Apollo-Theater in Siegen gehalten hatte. Obgleich über 30 Jahre vergangen waren, erkannte ich sie gleich wieder. Sie sagte mir, wie stolz sie auf mich sei. „Früher warst du mein Schüler, und jetzt lerne ich von dir", sagte sie mir. Etwas Schöneres kann doch kein ehemaliger Schüler von seiner alten Klassenlehrerin hören, oder? Leider starb Frau Wendt kurze Zeit nach unserem Wiedersehen.

In besonderer Erinnerung ist mir auch meine Erdkundelehrerin geblieben, die Frau Hoffmann. Frau Hoffmann wohnte in dem Fachwerkhaus unten an der Zeil. Sie fuhr einen goldfarbenen VW Käfer, den sie immer in dieser alten Scheune direkt neben der Praxis von Dr. Kluge parkte. Ihr Unterricht machte mir großen Spaß, auch weil wir oft auf Landkarten schauen und fremde Länder „entdecken" durften.

Es wäre gelogen, wenn ich sagen würde, dass meine Jahre auf dem Hubenfeld verlorene Jahre gewesen seien oder dass ich nichts gelernt hätte. Natürlich, es gab keinen Lateinunterricht oder überhaupt alte Sprachen. Wir hatten aber engagierte Lehrerinnen und Lehrer, und immerhin gab es Englischunterricht. Hauptschulen hatten damals auch keinen so schlechten Ruf, wie es heute oftmals der Fall zu sein scheint. Vor einiger Zeit musste ich mit Traurigkeit hören, dass „meine" alten Schulen, die Burgschule und die Hubenfeldschule, geschlossen würden und dass stattdessen auf dem Hubenfeld eine neue Grundschule Einzug halten würde. Etwas verwundert war ich allerdings, als ich hörte, dass manche Eltern eine Umbenennung der Hubenfeldschule gefordert hätten, aus Furcht, jemand könnte denken, der teure Nachwuchs sei auf einer Haupt- und nicht auf der Grundschule gelandet. Ich empfehle hier etwas Entspannung.

1980 ging meine Hauptschulzeit vorzeitig zu Ende. Denn meine Klassenlehrerin empfahl mich für die Aufbaurealschule auf dem Siegener Giersberg. Sie sah wohl Potenzial in mir und glaubte, dass ich mich dort mehr entfalten könnte als auf dem Hubenfeld. Ein direkter Wechsel auf das Gymnasium ging nicht, also die Realschule, und da Aufbaurealschulen genau auf Kinder wie mich zugeschnitten waren, die von der Hauptschule kamen, ging es nun jeden Morgen mit dem Bus nach Siegen.

Ich war traurig und aufgeregt zugleich. Traurig, weil ich meine alten und neuen Freunde nicht mehr so oft sehen würde, und aufgeregt, weil ich jeden Tag in das aufregende Siegen fahren durfte! Für mich damals ein wahres Manhattan. Während meine Geschwister morgens zur Burgschule oder zum Hubenfeld marschierten, rannte ich zur Bushaltestelle vor dem Hotel Storch.

Die Jahre auf dem Giersberg vergingen wie im Flug. Meine Noten waren mal besser, mal schlechter und am Ende sehr gut. Zwischendurch wurde ich gemobbt. Ich stieß auf viele tolle Lehrerinnen und Lehrer. Da war die großartige Frau Frank, die mich nicht nur in Deutsch unterrichtete, sondern auch meine Liebe zum Wort erkannte und förderte. Mein Soziologielehrer Herr Betz war nicht nur mein Lehrer, sondern auch mein Retter, als er mich vor den rassistisch mobbenden Schulkameraden schützte und ihnen die Leviten las. Herr Kern war ein gelehrter Mathematiklehrer, der mir auch sonst so manchen guten Rat mit auf den Weg gab.

Als sich meine Zeit auf dem Giersberg dem Ende näherte und mein Weg zum Abitur auf dem schönen Gymnasium am Rosterberg begann, zeichnete sich auch das Ende meiner Jahre als Niederscheldener ab. Nein, das ist das falsche Wort. Ich werde immer ein Niederscheldener bleiben. Was ich sagen will, ist, dass meine Zeit als jemand, der in Niederschelden wohnte, zu Ende ging. Im Februar 1984 starb mein Vater nach einem Herzinfarkt. Meine Mutter stand plötzlich mit vier minderjährigen Kindern da. Das Haus in Niederschelden, obgleich die Miete nicht hoch war, wurde zu teuer. Zu viert zogen wir in eine Dreizimmerwohnung in Gosenbach. Natürlich war ich immer noch oft in Niederschelden, aber nun war ich nur noch Besucher, und das fand ich traurig.

Was bleibt, sind Erinnerungen. Die meisten Erinnerungen sind schön. Oft spricht man dieser Tage von „Heimat" und streitet sich darum, was das bedeutet und wer dazugehört und wer nicht. Ich weiß ganz genau, was für mich Heimat bedeutet. Heimat sind Erinnerungen an Spiele mit den Nachbarskindern. Heimat sind Gerüche, wie der Geruch nach frisch gebackenen Plätzchen in der Weihnachtszeit. Vor allem aber sind Heimat die Menschen, die man kennt und die einen kennen.

Nicht jede dieser Bekanntschaften ist schön oder gut. Manchmal handelt es sich um Menschen, die man vor allem vom Weggucken kennt. Einige dieser Menschen haben mich „Kanake“ genannt. Es verletzt mich nicht mehr. Fuck them. Ganz ehrlich, das, was diese Leute unter Heimat verstehen (Trachtenkleider, Volkslieder, Sonnenschein und Vollbeschäftigung, und das alles ohne Ölaugen wie mich – kurz: die Erinnerung an ein Deutschland, das es nie gab), also diese Heimat können sich diese Leute ganz getrost mit meinem Segen in ihren arischen Arsch schieben. Pardon my French.

Als mein Vater starb, stand meine arme Mutter mit leeren Händen da. Sie war verzweifelt und wusste nicht, wie es weitergehen sollte. Dann klingelte es am Abend an der Tür und ein Nachbar stand dort und drückte meiner Mutter mit Worten des Beileides einen Umschlag in die Hand. Menschen aus der näheren und aus der weiteren Nachbarschaft hatten zusammengelegt, und es waren Menschen, die selber nicht viel hatten. Dieses Geld war so wichtig. Nicht alleine, weil für einige Zeit der Kühlschrank gähnend leer war. Dieser Umschlag war ein Zeichen der Mitmenschlichkeit und ein Zeichen der Hoffnung. Meine Mutter, die 2015 starb, pflegte zu sagen: „Wenn sich eine Türe verschließt, dann öffnet sich eine andere“, und ich bin gewiss, dass sie dabei auch an diesen Moment im kalten Februar des Jahres 1984 dachte.

In Niederschelden kam ich zur Welt. Mein kleiner Bruder auch. Als Niederscheldener starb mein Vater. Meine kleine Schwester starb in Niederschelden, und auch meine Mutter schloss dort für immer ihre Augen. Von Niederschelden aus trat meine Oma ihre letzte Reise an, und in Niederschelden begruben wir Oma Philipine. Mehr Heimat geht nicht, und eine andere Heimat will ich nicht.

Ja, Niederschelden ist ein Inseldorf. Aber seine Menschen sind keine Inseln, keine Ansammlung einsamer Felsen auf hoher See, kein Archipel. Sie kümmern sich. Sie schauen nach dem Nachbarn, und sie achten aufeinander. Natürlich weiß ich, dass meine Erinnerung an die Niederscheldener idealisiert ist. Sie sind ja nicht alle solidarisch und hilfsbereit. Es gibt gute wie schlechte, emphatische wie rassistische. Wenn ich sie heute alle in Bausch und Bogen in rosaroten Farben male, ist da jede Menge Selbstbetrug im Spiel. Aber exakt das ist es doch in Wirklichkeit, was wir Heimat nennen: eine Erinnerung, die keine ist, zusammengerührt aus einem wilden Mix von Fakten und Wahrheit, Illusionen und Lügen, Träumen, Albträumen und, mit ein wenig Glück, etwas Liebe hier und da. Aber wir brauchen das. Selbst eine Fake-Erinnerung kann Halt geben. John Lennon hat recht: Whatever gets you through your life, it's all right, it‘s all right.

Mehmet Gürcan Daimagüler kam am 16. Januar 1968 in Niederschelden zur Welt. Nach dem Abitur studierte er Volkswirtschaftslehre, Rechtswissenschaften, Verwaltungswissenschaften und Philosophie an den Universitäten Bonn, Harvard und Yale. Ab 2011 war er als Vertreter der Nebenklage am NSU-Prozess beteiligt. Er ist Autor juristischer Fachliteratur zum Straf- und Strafprozessrecht. Dr. Daimagüler hat mehrere Bücher zu gesellschaftspolitischen Themen verfasst, außerdem schreibt er regelmäßig Kolumnen und Kommentare in Zeitungen und Zeitschriften. Von ihm stammt das Stück „Alles wird gut“, das am Schlosstheater Celle uraufgeführt wurde.

MERYAM SCHOULER-OCAK

„Viele halfen mir anzukommen. Heute helfe ich anderen anzukommen“

Die karge Kindheit. Der umgeworfene Kneipentisch. Die Doktorarbeit über Staublungen. Der Kampf für die geistige Gesundheit von Zugewanderten. Meryam Schouler-Ocak hat viele Welten durchquert. Heute ist sie Professorin an der Berliner Charité.

Mein Vater war ein zurückhaltender Mensch. Meine Mutter war eine Kämpferin.

Eines Abends kam mein Vater nach Schichtende nicht nach Hause. Er war Bergmann in einer Zeche in Duisburg. Also zog Mutter, die damals ganz neu in Deutschland war und kein Wort Deutsch sprach, um 23 Uhr in der Nacht los, um ihn zu suchen. Sie erkundigte sich bei Nachbarn, fragte sich durch zu Kollegen, keine Ahnung, was sie denen gesagt hat, aber mit Händen und Füßen und „ja“ und „nein“ fand sie heraus, wo Vater war: in der Kneipe! Und so marschierte sie los, begleitet von einer Nachbarin, die ihr den Weg zeigte.

Vor der Kneipe angekommen, fragte sie jene, die rauskamen: „Mehmet?“ Ja, Mehmet war drinnen, also ist Mutter auch rein, sah, wie er an einem Tisch saß und gemeinsam mit Männern und Frauen zechte. Mein Vater war perplex, sie dort zu sehen, meine Mutter war außer sich und beschimpfte ihn auf Türkisch, er schimpfte zurück, so ging es hin und her – bis Mutter vor lauter Wut den Kneipentisch umwarf.

Jetzt ging Vater unter die Decke, wollte auf Mutter los, andere gingen dazwischen, großes Geschrei – bis sich irgendwann alle wieder beruhigten und die beiden gemeinsam nach Hause gingen.

Meine Eltern haben uns diese Geschichte immer wieder erzählt, und wie das so ist bei solchen Erlebnissen, im Rückblick werden sie zur Anekdote. Ich jedenfalls habe meine Mutter für ihren Mut bewundert. Dass sie sich getraut hat, in einem fremden Land, dessen Sprache sie nicht spricht und dessen Kultur sie nicht versteht, in eine Kneipe zu marschieren und vor aller Augen um meinen Vater zu kämpfen. Hut ab, Mama!

Die ersten knapp sieben Jahre habe ich im Nordosten der Türkei gelebt, in einem Dorf unweit der Schwarzmeerküste. Mein Vater war 1963 nach Deutschland gegangen und kam einmal im Jahr heim, um uns zu besuchen. Meine erste Erinnerung an ihn: Er saß inmitten vieler anderer Männer in der Dorfmoschee und war der einzige in Anzug und Krawatte. Jemand führte mich zu ihm und setzte mich auf seinen Schoß. Er schaute mich liebevoll an, alle anderen schauten mich freundlich an, ich aber fühlte mich ziemlich unwohl inmitten all dieser fremden Männer und lief gleich wieder weg.

Meine Kindheit war wunderbar, unbeschwert und frei. Oft zogen meine Cousine und ich gemeinsam los, um Lilien oder Erdbeeren zu pflücken, Pilze zu sammeln oder Haselnüsse zu ernten. Wir hatten Milchkühe, eine Katze, ein Schaf. In den heißen Sommermonaten zogen wir mit den Großeltern und den Tieren auf die Yayla, unsere Alm. 24 Stunden dauerte der Weg, wir übernachteten unterwegs, und wenn wir Kinder müde waren vom Gehen, wurden wir in einen der Körbe gepackt auf dem Rücken eines Esels und schliefen ein vom Schaukeln.

Unsere Yayla lag zu Füßen des berühmten Bergs Halbaba. Der „Sorgenvater", man schrieb ihm magische Kräfte zu. Die Menschen pilgerten bei Kinderlosigkeit oder Krankheit hinauf, um den Beistand des mächtigen Berges zu suchen.

1969 folgten meine Mutter und mein jüngerer Bruder unserem Vater nach Duisburg. Meine Schwester und ich mussten zurückbleiben, erst bei der einen Großmutter, dann bei der anderen. Das gefiel uns gar nicht. Anfangs fühlten wir uns wie Waisen und spürten das bohrende Gefühl, nicht gewollt zu sein.

Ein Jahr später holten unsere Eltern uns nach. Ein über drei Ecken bekannter Gastarbeiter begleitete uns auf dem Flug. Als die Bordmahlzeiten serviert wurden und die Stewardess auch vor jede von uns ein Tablett mit einem halben Hähnchen stellte, konnten wir es kaum glauben. So viel Fleisch! Das kannten wir nicht. Die Portionen waren riesig. Und auch das ist eine der Anekdoten, die wir uns heute immer wieder erzählen.

Als wir in Düsseldorf ankamen, konnte meine Mutter ihre Tränen nicht zurückhalten, als sie uns völlig verlaust entgegennahm. Wir kamen vom Bauernhof, und das Erste, was uns darum zuteilwurde, war eine Läusekur.

Drei Wochen nach unserer Ankunft wurden wir eingeschult, meine Schwester kam in die dritte Klasse, ich in die zweite. Damals gab es kaum Kinder mit Migrationshintergrund in Duisburg. Bald hatte ich die ersten deutschen Freundinnen, und schon nach wenigen Wochen stand ich auf dem Spielplatz und unterhielt mich mit ihnen. Fragen Sie mich nicht, wie das ging.

Mein Vater arbeitete weiter im Schichtdienst unter Tage, meine Mutter machte Akkord in einer Blechwarenfabrik, die Eimer und Konservendosen herstellte. Wenn wir morgens aufstanden, war sie schon aus dem Haus, wenn wir mittags aus der Schule kamen, noch lange nicht da.

Zusammen mit unserem Bruder bewohnten meine Schwester und ich ein winziges Zimmer. Unser Schreibtisch: der Wohnzimmertisch. Dort saßen wir nachmittags gemeinsam und machten unsere Hausaufgaben.

Wir waren früh selbstständig. Das meiste kriegte ich gut hin, eines aber lernte ich nie: pünktlich zu sein. Fast immer kam ich ein paar Minuten zu spät, weil ich verschlafen oder ein Heft nicht gefunden hatte oder meine Schuhe oder weil sonst irgendwas war. Ich schlich mich in die Klasse und entschuldigte mich. Die Lehrerinnen und Lehrer sahen es mir nach.

Da uns unsere Eltern nicht unterstützen konnten, waren sie umso wichtiger für unsere Entwicklung. Besonders mochte ich Herrn Franken. Er stärkte und motivierte mich, wo er nur konnte. Einmal, bei einem Diktat in der dritte Klasse, hatte ich auf Anhieb das Wort „überqueren" richtig geschrieben. Er war begeistert und lobte mich vor der Klasse.

Diese kleine Szene ist mir noch genau in Erinnerung. Ja, das Wort wurde so etwas wie zu einem Lebensmotto. Ich musste so manche Kluft überqueren. Hier das Dorf an der türkischen Schwarzmeerküste, dort die Großstadt im Ruhrgebiet. Hier die Armut, dort der Überfluss. In meiner Kindheit hatte ich gelernt, was Hunger bedeutet. Nun musste ich lernen, mich in einer Konsumgesellschaft zurechtzufinden. Hier das Mädchen, das in einem türkischen Dorf aufwächst, dort die Professorin für Interkulturelle Psychiatrie.

Meine frühe Prägung war in der traditionellen Großfamilie erfolgt. Der berühmte türkische Familienzusammenhalt, er ist in mancher Hinsicht eine Verklärung und verschleiert oft nur den ökonomischen Zwang. So manches an der Tradition gefiel mir immer weniger.

Meine Eltern waren konservativ geprägt, seit jeher galt in ihrer Welt: Töchter heiraten früh, kümmern sich um Kinder und Haushalt und werden von ihrem Ehemann versorgt. Sie meinten es fürsorglich, sie wollten richtig handeln, aber für mich war bald klar, dass ich auf eigenen Beinen stehen, studieren und nicht so schwer arbeiten wollte wie meine Eltern.

Wieder war es Herr Franken, der mich unterstützte. Er brachte meine Eltern dazu, mich auf dem Gymnasium anzumelden.

In allen Fächern hatte ich Einsen und Zweien, nur in Deutsch eine Vier. „Das kann ich nicht mit anschauen", sagte eines Tages Frau Großterlinden zu mir, meine Deutschlehrerin, „ich will, dass du den Anschluss findest" – und gab mir umsonst Nachhilfe. Vor der zehnten Klasse zogen wir um, ich bekam ein anderes Lateinbuch, kannte viele Vokabeln nicht und sackte ab. Da sprach mich Herr Elsenbruch an, der neue Lateinlehrer, eigentlich ein strenger Bürokrat, Anzug, Krawatte, Aktentasche, picobello und wie aus dem Ei gepellt. Ob wir nach der Schule zusammen Latein üben sollten. Freundlich und nahbar war er plötzlich.

So viele Menschen halfen mir anzukommen. Heute helfe ich anderen anzukommen.

Meine Eltern wollten nicht, dass meine Schwester und ich abends ausgingen. Wir bestanden darauf – und mussten so manches Mal mit unseren Eltern kämpfen. Am Ende fanden wir eine kreative Lösung: Wir nahmen unseren jüngeren Bruder als Alibi mit. Er freute sich, dass er länger rauskonnte, wir waren happy, nicht um acht zu Hause sein müssen. Am Ende mussten wir nur darauf achten, zusammen daheim anzukommen und die gleiche Geschichte zu erzählen. Wir reduzierten den Konflikt mit unseren Eltern und eroberten uns dennoch Freiräume.

Der Vater, der nicht aufhört, sich Vorwürfe zu machen, weil er seinen Sohn im Krieg verlor. Die Heiratsmigrantin, die gegen ihren Willen verheiratet wurde und es nicht erträgt, von ihrem Ehemann angefasst zu werden.

Meine Freundinnen bekamen Belohnungen für gute Noten. Ich schrieb lauter Einsen und bekam nichts. Ich sprach meinen Vater darauf an. „Meine Tochter, du gehst nicht für mich, sondern für dich zur Schule“, sagte er freundlich. Er war weich und herzlich und humorvoll.

Einer meiner Jobs als Schülerin: Ich übersetzte für Pro Familia, die Sexual-, Schwangerschafts- und Partnerschaftsberatung. Hier lernte ich aus allererster Hand Familien aus ganz verschiedenen Welten kennen, ihre Sichtweisen, ihre Probleme. Ich hatte Chemie als Leistungsfach und wollte eigentlich Chemie oder Biochemie studieren. Doch dann entschied ich mich für Medizin – auch deshalb, weil ich bei Pro Familia erlebt hatte, wie dringend Migrantinnen und Migranten eine gute Versorgung brauchen.

1982 begann ich mein Medizinstudium in Hannover, über die „Ausländerquote“ bekam ich ohne Wartesemester einen Platz. In der ersten Woche nahm ich an einer Einführung für internationale Studierende teil, und das war ein Segen: Wir freundeten uns an, unterstützten uns, bald wurden wir eine Clique. Die anderen kamen aus Polen und Norwegen, den USA, Tunesien und Israel. Ich traf dort Eva-Maria aus Österreich, Helena aus Tschechien und Vaitsa aus Griechenland, bis heute zählen sie zu meinen besten Freundinnen. Zusammen fiel das Studium viel leichter, gemeinsam waren wir eine tolle Gruppe und feierten viele internationale Feste.

Meine erste Spezialisierung: Neuroanatomie. Ich wollte wissen, wie das Gehirn funktioniert, arbeitete mich in das Thema ein und war vier Jahre lang studentische Neuroanatomie-Tutorin. Nebenbei arbeitete ich als Hilfskraft im Krankenhaus und verbesserte dadurch meine Finanzen.

Das Thema meiner Dissertation: welche Schäden Feinstaub in der Lunge anrichtet. Habe ich es gewählt, weil mein Vater als Bergmann unter Tage Unmengen Staub eingeatmet hat? Damals sah ich die Verbindung nicht, heute ist sie offensichtlich. Es war jedenfalls ein aufregendes Projekt, ein großes Forschungsvorhaben am Fraunhofer-Institut in Hannover. Ziel meiner Arbeit darin: verbindliche Grenzwerte zu erfassen, um Arbeiterinnen und Arbeiter vor

Gesundheitsschäden durch Feinstaub zu schützen. Wir testeten drei Stäube im Tierversuch, Titandioxid, Eisenpulver, PVC, in unterschiedlichen Konzentrationen. Ab wann bilden sich Entzündungen, Gewebeveränderungen, ab wann verändern sich die Abwehrzellen?

Nach dem Studium ließ ich mich in Deutschland einbürgern. Das dauerte fast ein ganzes Jahr, weil die Papiere aus meinem Heimatdorf einfach nicht ankamen. Ich wartete und wartete, Monat für Monat, doch es ging einfach nicht voran. Durch einen Zufall erfuhr ich, warum: Mein Onkel war Bürgermeister in meinem Heimatdorf und blockierte die Ausstellung der Papiere. Er wollte nicht, dass ich „eine Fremde werde".

Später habe ich meinen deutschen Freund geheiratet. Mein Vater hatte eine traditionelle türkische Hochzeit im Sinn, mit Hunderten Gästen. Ich hatte andere Pläne. Wenn ich schon heiratete, dann wollte ich die Gäste auch persönlich kennen. Und so entschieden uns für eine deutschtürkische Hochzeit, in einem kleineren Kreis.

Nach dem Studium wollte ich meinen Facharzt eigentlich nur in Neurologie machen. Aber unterwegs entdeckte ich meine Leidenschaft für die Psychiatrie. Vor allem, weil ich erlebte, wie schwer es für Menschen mit Migrations- und Fluchthintergrund ist, angemessen psychiatrisch versorgt zu werden. Ich wurde Fachärztin für Neurologie und Psychiatrie.

Das wurde mein Lebensthema: die interkulturelle Psychiatrie. Ich kenne beide Welten, die deutsche und die migrantische, das eröffnet mir einen privilegierten Zugang zu den seelischen Problemen von Zugewanderten.

Heute bin ich Professorin für Interkulturelle Psychiatrie und Psychotherapie an der Charité und zugleich Leitende Oberärztin an der Psychiatrischen Universitätsklinik der Charité im St. Hedwig-Krankenhaus. 2014 habe ich das Bundesverdienstkreuz bekommen für meine Arbeit. Ich unterrichte, ich forsche, und bis heute behandle ich Patientinnen und Patienten in der Ambulanz unserer Einrichtung.

Viele Migrant:innen und Geflüchtete kommen zu uns in die Sprechstunde. Wir verstehen sie, buchstäblich: Wir können auf einen großen Pool von Dolmetscherinnen und Dolmetschern zurückgreifen, die wir zum Teil selbst ausgebildet haben.

Wir sehen Depressionen und chronische Schmerzen, wir haben Patient:innen mit Spielsucht und solche, die unter Psychosen leiden – und zur individuellen Erkrankung kommt immer der Umstand, dass sie in einer fremden Kultur auftritt. Die Heiratsmigrantin, die gegen ihren Willen verheiratet wurde und es nicht erträgt, von ihrem Ehemann angefasst zu werden und mit heftigen Beschwerden darauf reagiert. Die Geflüchtetengruppe mit traumatisierten Menschen aus Syrien. Der Vater, der nicht aufhört, sich Vorwürfe zu machen, weil er seinen Sohn im Krieg verlor.

Ich habe geholfen, dass neue Elemente in das Medizinstudium an der Charité aufgenommen wurden. Wie arbeite ich mit Dolmetscher:innen? Wie erkenne ich kulturspezifische Aspekte der Symptome? Das wird heute auch mithilfe von Simulationspatient:innen trainiert und ist fester Bestandteil im Studium.

Seit 25 Jahren mache ich mir Gedanken darum, wie Behandlungsangebote für Patient:innen mit Migrations- und Fluchthintergrund aussehen müssten. Wobei ich auch begriffen habe: Spezialangebote können keine dauerhafte Lösung sein. Vielmehr muss die Versorgung für diese Personengruppe in die allgemeinen Versorgungsstrukturen integriert werden.

Mitte der Nullerjahre, inzwischen war ich an die Charité gewechselt, offenbarten wissenschaftliche Untersuchungen, dass sich überdurchschnittlich viele türkischstämmige Mädchen und Frauen das Leben nehmen. Warum? Dem gingen wir in einem Forschungsprojekt nach.

Bei jungen Frauen waren es: Identitätsprobleme, der Zwang, sich der türkischen Kultur anzupassen und eine „Marionette" der Familie sein zu müssen, kein Vertrauen in Personen außerhalb der Familie haben zu können.

Bei Frauen im mittleren Alter waren es: mangelnde Wertschätzung von der Familie des Mannes, Untreue des Mannes, häusliche Gewalt, finanzielle Abhängigkeit, Trennung und Scheidung.

Bei Heiratsmigrantinnen waren es: Heimweh und Sprachprobleme, Probleme, sich an die deutsche Gesellschaft und die Familie des Mannes anzupassen, der Zwang, ein „Dienstmädchen" der Schwiegerfamilie sein zu müssen.

Daran anschließend starteten wir unsere Aufklärungskampagne. Sie hieß „Beende dein Schweigen, nicht dein Leben" und setzte alles daran, die im Berliner Krisendienst angesiedelte türkischsprachige Krisenhotline bekannter zu machen. Jede sechste der Anruferinnen war zum Zeitpunkt des Anrufes suizidal, sodass kurzfristig interveniert werden musste. Unsere Aufklärungskampagne bewirkte, dass die Suizidversuchsrate bei jungen Frauen in der zweiten Einwanderergeneration spürbar zurückging. Doch noch immer ist sie viel zu hoch.

Meine Mutter lebt heute wieder in der Türkei. Vor einigen Jahren rief sie mich an – sie habe eine Frau kennengelernt, die doch glatt behaupte, ich hätte ihr das Leben gerettet. Ich erinnerte mich: Ich war damals Assistenzärztin in Hildesheim, die Frau kam mit einer Depression zu mir, sie fühlte sich nicht verstanden. Seit Jahren war sie in Behandlung. Mir kam die Diagnose Depression merkwürdig vor. Deuteten ihre Symptome nicht vielmehr auf eine organische Ursache hin? Ich schickte sie zur Bildgebung, mein Verdacht bestätigte sich – es war eine große, gutartige, raumfordernde Wucherung im Kopf. Sie wurde umgehend operiert.

Ich freute mich, dass meine Mutter so stolz war.

Mein Vater ist vor einem Jahr gestorben. Ich sehe ihn vor mir, wie er und seine Brüder Horon tanzen, den Volkstanz unserer Region. Wie leichtfüßig, elegant und präzise er und seine Brüder sich zur Kemençe bewegen, der

Kastenhalslaute, dem Instrument der Schwarzmeerküste. Er liebte diese Musik und diesen Tanz. Auch ich liebe diese Musik, ich spüre sie in meinem Körper. Auf Festen, ganz gleich ob im winterlichen Berlin oder an der sommerheißen Schwarzmeerküste, können meine Geschwister und ich stundenlang dieser Musik lauschen und Horon tanzen. Wenn ich müde bin, wenn ich mich ablenken möchte, wenn ich abschalten will von der Arbeit des Tages, setze ich mir meine Kopfhörer auf und versinke in dieser Musik.

Manchmal fragen mich Leute: Wo bist du zu Hause? Dann sage ich: „Hier." Ich bin zu Hause in der Türkei, dort bin ich verwurzelt. Ich bin zu Hause in Duisburg, dort bin ich aufgewachsen. In bin zu Hause in Hannover, dort habe ich studiert. Ich bin zu Hause in Berlin, dort wohne und arbeite ich.

Meine Schwester ist nach der Schule in die Türkei zurückgekehrt. Sie sagt manchmal zu mir: „Du bist eine richtige Deutsche geworden. Wie du dich bewegst, wie du gehst, wie du sprichst und denkst." Dann wundere ich mich und denke: Echt? Eine Deutsche? Welche Deutsche? Die oder die oder die? Die Deutsche, die Deutschtürkin, die Frau mit Migrationshintergrund? Und – ist das wichtig?

Meryam Schouler-Ocak, geboren am 15. März 1962 in Palaklı, Giresun, in der Türkei, ist Professorin für Interkulturelle Psychiatrie an der Charité – Universitätsmedizin Berlin. Ihre Positionen: Leitung des Forschungsbereichs Interkulturelle Versorgungs- und Migrationsforschung und Sozialpsychiatrie. Leitende Oberärztin. Vorsitzende der Kommission für Ethische Angelegenheiten der Europäischen Psychiatriegesellschaft (EPA). Vorstandsmitglied der EPA. Vorsitzende der Sektion Transkulturelle Psychiatrie des Weltverbandes für Psychiatrie (WPA), wo sie Ehrenmitglied ist. Leitung der Arbeitsgruppe zur Verbesserung der Versorgung von Geflüchteten und Migranten der WPA. Vorsitzende der Deutsch-Türkischen Psychiatriegesellschaft (DTGPP). Vorsitzende der Sektion Interkulturelle Psychiatrie und Psychotherapie, Migration der Deutschen Fachgesellschaft für Psychiatrie und Psychotherapie (DGPPN). 2014 erhielt sie das Bundesverdienstkreuz am Bande.

TAMER ERGÜN YIKICI

„Ich lebe zwischen zwei Welten, und das ist okay“

Eigentlich war er auf dem Sprung nach New York. Doch dann half er, Metropol FM zu gründen, den ersten deutsch-türkischen Radiosender. Der Erfolg war riesig. Auch weil Tamer Ergün eine Mission hat: mehr Chancen für mehr Menschen.

Am 7. Juni 1999 um elf Uhr ging Metropol FM auf Sendung. Wir hatten lange überlegt, mit welchem Lied wir starten sollten. Denn der erste Song, den eine neue Radiostation spielt, ist ein Symbol.

Wir entschieden uns für „Ich wünsche mir einen Engel“ von Rafet El Roman. Nicht nur, weil es damals ein Hit war und wir diesen Song mochten. Er passte einfach. Ein Engel war herabgeschwebt auf Berlin. Ein Traum hatte sich erfüllt. Durch den Äther wehte unsere Musik, unsere Sprache, unsere Kultur.

Der Erfolg war unglaublich. Die Leute riefen uns an, schrieben uns Briefe, schütteten uns ihr Herz aus. Bis heute kann dir jeder Berliner Türke sagen, wann und wo er zum ersten Mal Metropol FM gehört hat. Menschen lieben es, im Auto mitzusingen, sie mögen Witze und Anspielungen, sie wollen gut gelaunt unterhalten und seriös informiert werden.

Allein, die Welt der rund 200.000 Berlinerinnen und Berliner mit türkischen Wurzeln fand im Radio nicht statt. Manchmal gab es Spartensendungen im öffentlich-rechtlichen Rundfunk, ausländische „Fenster“, aber sie berichteten über die Türkei und bildeten eine Welt ab, der wir längst entwachsen waren.

Denn wir sind anders. Nach 60 Jahren passen wir in keine Schublade. In den Augen der Türken sind wir Deutsche, in den Augen der Deutschen sind wir Türken. In unseren Augen sind wir Berliner oder Hamburger oder Stuttgarter mit internationalen Wurzeln. Diese neue Identität haben wir auf unserem Sender gefeiert. Unsere Helden sind Fatih Akin, Mesut Özil, Aygül Özkan, Vural Öger und viele andere, sie verkörpern unsere Welt.

Vor einigen Jahren habe ich meine Tochter in die Schule gebracht. Eine türkische Mutter sprach mich an, sie klang entrüstet: Warum wir das Projekt „Lernen macht stark“ nicht eher gestartet hätten? Über mehrere Monate hatten wir Ratschläge gegeben, wie Eltern die Neugier ihrer Kinder entfachen können. Wie sie ihre Lern- und Lesekompetenz steigern können, wie anregend der

Besuch von Museen und Theatervorführungen sein kann und so weiter. „Lernen macht stark" wurde zum Stadtgespräch. Einmal stand ein Kollege von mir am Flughafen und hörte, wie eine Gruppe türkischer Mütter über die Ratschläge diskutierte.

Und nun beschwerte sich diese Frau. Was war los?

„Ich verstehe nicht ganz", sagte ich.

„Bei meinem kleinen Sohn habe ich Ihre Tipps beherzigt", sagte sie, „er ist top in der Schule, er liest Bücher, spricht gut Deutsch, hat deutsche Freunde. Mit ihm läuft es super."

„Aber dann ist doch alles bestens", wunderte ich mich.

„Aber bei meinem älteren Sohn kannte ich die Tipps nicht! Da konnte ich all das nicht machen. Inzwischen ist er 16, jetzt ist es viel zu spät."

Ja, nickte ich, das sei wirklich schade.

Wir verabschiedeten uns. Die Begegnung war traurig und schön. Ich war stolz, dass unser Sender so viel Gutes bewirkt. Und ich war nachdenklich. Sie hatte recht: Was hätten wir erreichen können, hätten wir eher begonnen – gemeinsam Orientierung zu geben, Informationen auszutauschen, die Chancengleichheit zu erhöhen.

Die ersten acht Jahre meines Lebens lebte ich in Istanbul bei meinen Großeltern, danach war ich für sechs Jahre mit meinen Eltern in Duisburg. 1984 beschlossen sie, in die Türkei zurückzukehren, da war ich 14. Ich machte in Istanbul Abitur und studierte Bauingenieurwesen.

Besonders geprägt hat mich in jenen Jahren mein Großvater. Er war Unternehmer im Großmarkt und einer der Gründer und viele Jahre lang Vorsitzender der Istanbuler Obst- und Gemüsekommission und des Händlerverbandes.

Ich besuchte ihn in seinem Büro oder begleitete ihn, wenn er Mitglieder des Verbandes besuchte, die allen möglichen Kulturen und Religionsgruppen angehörten. So lernte ich viel über das interkulturelle Leben im Istanbul der 70er- und 80er-Jahre.

Für ihn war Glaube stets Privatsache. Er kritisierte öffentlich jene Unternehmer, die ihre Religiosität oder ihre ethnische Herkunft in den Vordergrund rückten. Bis heute erinnere ich mich an seine Ratschläge. „Egal, was jemand glaubt, alle Menschen sind gleich wichtig", sagte er. Und: „Das größte Kapital eines Unternehmers ist das Vertrauen, das er in der Gesellschaft genießt."

Ich war stolz auf ihn, weil er allseits beliebt war und man eine hohe Meinung von ihm hatten. Er prägte mich mit seiner Offenheit und seinem Geschäftssinn. Wenn ich heute Unternehmer bin, dann verdanke ich das seinem Vorbild. Er ermutigte mich, meinen Weg zu gehen, spornte mich an, etwas zu erreichen, Spuren zu hinterlassen, ein Unternehmen zu gründen, das zugleich dem Gemeinwohl dient.

Nach dem Studium ging ich nach Berlin. Der Plan: Ich wollte ein zweijähriges Wirtschaftsaufbaustudium machen und dann weiter nach New York ziehen.

Das war die Stadt meiner Träume. Zwei Freunde von mir lebten schon in Manhattan. Inzwischen waren beide erfolgreiche Unternehmer.

Ich genoss die Zeit in Berlin, ging ins Theater, zu Lesungen, auf Konzerte, aber innerlich war ich auf dem Sprung und bereitete meinen Umzug vor. Da sprach mich eines Tages ein Freund an: Er habe gehört, dass ein Münchener Medienexperte einen türkischen Radiosender in Berlin gründen wolle – und Mitstreiter suche, um gemeinsam ein Konzept zu entwickeln. Ob mich das interessiere?

Und ob mich das interessierte! Gemeinsam mit meinem Freund arbeitete ich zwei Jahre an der Konzeption des Senders. Beschloss, das Abenteuer New York zu verschieben und mich in das Abenteuer Metropol FM zu stürzen. Später stieg ein deutscher Gesellschafter ein, bald war klar, dass ich Geschäftsführer werde.

Ein Abenteuer war es. Wir begannen bei null. Es gab keinerlei Strukturen, auf denen wir hätten aufbauen können. Keine ausgebildeten deutschtürkischen Moderatorinnen und Techniker, keine Marktforschung, keine Mediaagenturen, die Anzeigen für uns gebucht hätten. Alles mussten wir selbst erfinden, entdecken, aufbauen. Wir waren nicht die Ersten, die einen fremdsprachigen Radiosender in Deutschland gründen wollten, aber vor uns waren alle gescheitert, am falschen Konzept, an zu wenig Kapital.

Wenn ich in Deutschland bin, sehne ich mich nach der Türkei, nach der Sonne, dem Meer, dem Lachen, der Leichtigkeit. Wenn ich eine Weile dort bin, sehne ich mich nach Deutschland, nach Strukturen, Klarheit, festen Absprachen.

Uns war klar: Wir wollten auf die große Bühne, glasklares UKW. Und wir wollten die Welt der hier lebenden Migranten widerspiegeln, sie mit ihrer Musik berühren und ihre alltäglichen Probleme und Befindlichkeiten diskutieren. Mit diesem Konzept beantragten wir eine Lizenz bei der Medienanstalt Berlin-Brandenburg. Mit Erfolg. Und gingen auf Sendung an jenem 7. Juni 1999, an dem halb Kreuzberg, Wedding und Neukölln mitsangen: „Ich wünsche mir einen Engel."

Uns wurde klar, wie riesig der Hunger nach Orientierung unter den Deutschtürkinnen und -türken war. Sie wollten sich besser auskennen, brauchten mehr Informationen, verständlich aufbereitet: über Schulen und Ämter, über Fortbildungen und Lehrstellen, über deutsche Politik und Berliner Kultur. Informationen helfen, bessere Entscheidungen zu treffen, bauen Brücken, verändern Perspektiven.

Viele Projekte und Kampagnen starteten wir gemeinsam mit deutschen Partnern, mit der Robert Bosch Stiftung, der Stiftung Lesen, der Bundesagentur für Arbeit, der Deutschlandstiftung Integration, dem Konzerthaus, der Bundeszentrale für politische Bildung, um nur einige zu nennen.

Wir organisierten Events: im Pergamonmuseum, in der Berliner Philharmonie, in der Komischen Oper und so weiter. Auch das öffnete Türen. Viele

Deutschtürkinnen und -türken hatten diese Welten nie zuvor betreten, wir öffneten sie für unsere Community.

Inzwischen hat Metropol FM Ableger in 16 Städten in Deutschland, auch hier sorgen wir für Orientierung und Vernetzung. Zuletzt haben wir eine Internetseite aufgebaut, die über Corona informiert, über Hygienevorschriften, Tests und Impfungen – Informationen, die Hunderttausende erreicht haben.

Offiziell bin ich bis heute Geschäftsführer des Radios. Klar, die Zahlen müssen stimmen. Aber in meinem Herzen bin ich ein Vermittler. Ich liebe es, Informationen und Wissen zu teilen, die Kooperationen mit unseren deutschen Partnern liegen mir am Herzen. Wir haben hohe Reichweiten, wir verdienen Geld – und zugleich identifiziert sich unsere Community mit uns. Unser Sender hat den Deutschtürken ein Stück Heimat in Deutschland gegeben. Nein, anders: Dank Metropol FM fühlen wir Deutschtürken uns noch heimischer in Deutschland.

Ich lebe zwischen zwei Welten, und das ist okay. Wenn ich in Deutschland bin, sehne ich mich nach der Türkei, nach der Sonne, dem Meer, dem Lachen, der Leichtigkeit. Wenn ich eine Weile dort bin, sehne ich mich nach Deutschland, nach Strukturen, Klarheit, festen Absprachen. Nach der deutschen Ordnung, die unglaublich nerven kann und die man vermisst, sobald sie fort ist.

Ich reise für mein Leben gern. Ich bin neugierig auf andere Länder, begeistere mich für den Alltag in der Fremde. Was essen, was trinken, was hören die Menschen? Viele europäische Länder habe ich zusammen mit meiner Frau und meiner Tochter besucht. Hoffentlich fliegen wir bald nach Japan.

Das Abenteuer New York muss weiter warten. Manchmal besuche ich meine Freunde dort – und jedes Mal wird mir klar, dass ich mich richtig entschieden habe. Ich bin sehr glücklich hier. Ja, ich bin ein Berliner.

Tamer Ergün Yıkıcı, geboren am 22. Mai 1967 in Istanbul, ist Geschäftsführer von Metropol FM, dem bundesweit ersten deutsch- und türkischsprachigen Radiosender. Nach seinem Studium an der Fakultät für Bauingenieurwesen in Istanbul kam er 1992 nach Deutschland und studierte von 1996 bis 1998 Wirtschaftsingenieurwesen an der Technischen Universität Berlin. Seit der Konzeptionierung von Metropol FM hat er verschiedene Führungspositionen innerhalb des Unternehmens übernommen. 2007 wurde er Geschäftsführer. Er fördert kulturelle und soziale Projekte in Berlin und in anderen Regionen Deutschlands und setzt sich für den kulturellen, ökonomischen und medialen Austausch zwischen Deutschland und der Türkei ein. Er ist verheiratet und Vater einer Tochter.

Vorangehen

NIHAT ÖZTÜRK

„Ohne Angst verschieden sein – das wurde mein kategorischer Imperativ"

Er schuftete in einer Eisengießerei, Bob Dylan und Dostojewski im Herzen. Dann trat er der IG Metall bei, studierte Soziologie, engagierte sich gegen Rassismus und Ausgrenzung. Und weiß, wie wichtig es ist, dass sich auch Migrant:innen gewerkschaftlich organisieren.

Die Arbeit in der Gießerei war ein Schock. Wenn die Motorblöcke aus dem Ofen kamen, waren sie glühend heiß, wir mussten sie mit Hämmern bearbeiten, um den Sand und Staub der Gussform abzuschlagen. Waren die Motorblöcke abgekühlt, rückten wir ihnen mit einer Flex zu Leibe, um Ecken und Grate abzuschleifen. Fortwährend lag heißer Staub in der Luft.

Wir bekamen Schutzbrillen, aber keine Atemmasken. Noch in den Ferien dauerte es tagelang, bis man keinen Ruß mehr aus der Nase schnupfte. Mies bezahlt war die Arbeit zudem, und in einem fort schnauzten einen die Vorarbeiter an, autoritär und schneidig wie Feldwebel. Schon nach wenigen Wochen wusste ich: Ich muss hier raus.

Und dabei war ich harte Arbeit gewöhnt. Ich bin aufgewachsen in Antakya, an der Grenze zu Syrien. Seit ich elf war, hatte ich in den Sommerferien auf Baumwollplantagen gearbeitet, um etwas für die Familie dazuzuverdienen. Die Sommer dort sind unglaublich heiß und schwül. Morgens um fünf wurden wir geweckt und marschierten los zu den Feldern, hackten oder ernteten den ganzen Tag, unterbrochen von einigen Pausen, ehe wir uns gegen 17 Uhr völlig erschöpft zurück zum Camp schleppten. Wir wuschen uns, aßen, legten uns schlafen in die Zelte, sechs Tage die Woche schufteten wir, nur sonntags hatten wir frei und badeten im Fluss.

Von 1918 bis 1938 war die Gegend französisches Mandatsgebiet, erst im Jahr darauf wurde sie der Türkei zugeschlagen. Es dauerte Jahrzehnte, bis die Bildungsinfrastruktur dem Rest des Landes entsprach. Meine Eltern hatten nie eine Schule besucht, auch meine ältere Schwester nicht. Zum Glück eröffnete gerade, als ich sechs wurde, im Nachbardorf eine Schule. Weil es der erste Jahrgang war, waren die Klassen bunt gemischt, manche Mitschüler waren doppelt so alt.

Unser erster Lehrer war furchtbar. Er genoss es, uns zu quälen, noch die Kleinsten schlug er bei lächerlichen Vergehen mit dem Stock. Immer wieder kamen wir verheult nach Hause. Unsere Väter beschwerten sich und warnten den Lehrer, doch es nutzte nichts. Eines Tages halfen sie sich selbst: Sie schnappten ihn sich und verprügelten ihn dermaßen, dass er mehrere Tage ins Krankenhaus musste, drohten ihm, er möge uns ja nicht noch einmal anfassen, sonst garantierten sie für nichts. Einige Wochen später wurde er versetzt.

Die Lehrerin, die ihm folgte, war das genaue Gegenteil: liebevoll und wertschätzend. Sie kümmerte sich um uns wie eine ältere Schwester. Sie weckte in mir die Lust zum Lesen und schenkte mir mein erstes Buch. Bald war ich ein eifriger Leser. Ein Lehrer auf der Oberschule gab mir regelmäßig sozialkritische Romane und Kolumnen. Ein Onkel arbeitete als Schreiber in einem Notariat, er schenkte mir „Die Lilie im Tal“ von Honoré de Balzac. Als Nächstes las ich „Die Sünde des Abbé Mouret“ von Émile Zola, und ab da las ich eigentlich nur noch. Was sollte man auch sonst machen in unserer sonnendurchglühten Gegend? Ich fuhr in die Stadtbibliothek, lieh mir Stendhal, Flaubert und Hugo, Dostojewski und Zola aus. Scheiterte an Goethes „Faust“, verschlang aber den „Werther“.

Und ich hörte Musik. Viel Musik. Im Staatssender TRT spielten sie meistens Volkslieder und noch häufiger klassische türkische Musik, aber aus Syrien drang Radio Monte Carlo herüber, ein arabischsprachiger Sender aus Monaco, und so lernte ich Jazz, Blues, Rock, Folk und Chansons kennen. Hörte Hendrix, Joplin und die Stones, verehrte Joan Baez und Bob Dylan. Fast ein Dutzend Mal würde ich die beiden später live auf Bühnen sehen.

1966 ging mein Vater nach Deutschland. Er war Tagelöhner und später Vorarbeiter auf den Plantagen und in den Ölmühlen gewesen. Jeder Quadratmeter unseres Gartens war bepflanzt, um mich und meine sieben Geschwister durchzubringen. Er entschied, für einige Jahre nach Deutschland zu gehen, damit wir es besser haben.

Bald drängte es auch mich hinaus in die Welt. Ich wollte raus, etwas erleben, etwas erreichen. Mit 17 besuchte ich meinen Vater mit einem Touristenvisum und erkundigte mich, wo ich in Deutschland eine Ausbildung machen konnte. Es war unmöglich. Es gab weder Deutsch- noch Integrationskurse zu jener Zeit, niemand kümmerte sich um die „Gastarbeiter“ und ihre

Angehörigen. Beim Goethe-Institut klopfte ich an, doch die Deutschkurse waren unerschwinglich. Es gab zunächst nur eine Chance, nach Deutschland zu kommen: in der Fabrik zu arbeiten. Dafür musste ich in die Türkei zurück und mich anwerben lassen.

Und so stieg ich im August 1973 in Istanbul in den Zug nach Norden, gerade 18 geworden. Mein Ziel: das idyllisch gelegene, mittelfränkische Bad Windsheim, jene Stadt, in der auch mein Vater arbeitete. Ich begann meine Arbeit in der Eisengießerei. Drosch ein auf die Motorblöcke, schluckte den heißen Staub, Dylan und Dostojewski im Herzen. Und wusste – ich wollte von hier weg.

Es dauerte acht Monate, bis ich eine andere Welt kennenlernte, die Welt des Tariflohns und der fairen Arbeitsbedingungen. An einem Aprilsonntag lud die IG Metall Fürth zu einer Informationsveranstaltung für türkischstämmige Arbeiter ein. Über 100 Kollegen aus drei Metallbetrieben kamen. Wir trafen uns im Saal eines Restaurants, und dann erklärte uns Yilmaz Karahasan, damals im IG-Metall-Vorstand für türkischstämmige Arbeitnehmer zuständig, was ein Tarifvertrag ist, was wir verdienen müssen, unter welchen Bedingungen wir arbeiten sollen, dass wir die gleichen Rechte haben wie die deutschen Arbeiter. Dass wir für diese Rechte kämpfen müssen. Erklärte, wie wir gewerkschaftliche Strukturen aufbauen können. Lud uns ein, der Gewerkschaft beizutreten.

Für mich war es eine Zäsur. Einer dieser Aha-Momente, von denen es nur wenige im Leben gibt, die deinem Leben eine neue Richtung geben. Noch am selben Tag trat ich der IG Metall bei.

Wenig später wurde ich Vertrauensmann der Gewerkschaft in „meiner" Eisengießerei. Ein Vertrauensmann ist das Bindeglied zu den Beschäftigten. Er soll helfen, durch Mitgliederanwerbung gewerkschaftliche Strukturen aufzubauen. Ich sprach meine türkischstämmigen Kollegen an, klärte sie auf, half ihnen beim Ausfüllen des Beitrittsformulars. Ich muss überzeugend gewesen sein: Binnen weniger Wochen waren sämtliche türkischstämmige Arbeiter der IG Metall beigetreten. Bis auf zwei türkische Rechtsextremisten, die jede Gewerkschaft für kommunistisches „Teufelszeug" hielten. Etliche griechische, italienische und spanische Kollegen nahm ich mit in die Gewerkschaft auf – und musste mir dann schleunigst einen neuen Job suchen.

Ich wusste, dass die Firmenleitung meinen befristeten Vertrag nicht verlängern würde. Es war das Jahr 1974, nach der Ölkrise lahmte die Wirtschaft, wer als „Gastarbeiter" seinen Job verlor, riskierte, in die Heimat abgeschoben zu werden, weil automatisch seine Aufenthaltserlaubnis erlosch. Hunderttausende waren in jenen Jahren davon betroffen.

Ich wechselte zu einer Landmaschinenfirma, ein Gewerkschaftskollege hatte mir die Stelle vermittelt. Es war eine andere Welt. Der Personalchef war ein wunderbarer, humaner Mensch. Der Meister begrüßte dich jeden Morgen per Handschlag, montags erkundigte er sich, wie du das Wochenende verbracht hattest. Man schaute einander freundlich in die Augen, anstatt sich wie in der Gießerei missmutig, gestresst und überarbeitet wegzuducken.

Ich wurde Elektroschweißer, zunächst sechs Wochen zur Probe, wurde ein Vierteljahr angelernt, bekam guten Tariflohn und besserte ihn auf durch Akkord. So kam ich allmählich in Deutschland an.

1976 besuchte ich erstmals ein einwöchiges Seminar der IG Metall. Lernte, was Betriebsverfassung, Mitbestimmung, Koalitionsfreiheit und Tarifautonomie bedeuten. Es war eine Lektion in Sachen Demokratie. Ich lernte schnell, dass die Kernnormen der Demokratie – Freiheit, Gleichheit und Gerechtigkeit – noch lange keine gelebte Wirklichkeit sind und dass selbst in den besten Demokratien nur diejenigen ihre Interessen durchsetzen können, die wegen ihrer sozialen Herkunft privilegiert sind. Es sei denn, sie organisierten sich und handelten solidarisch als Kollektiv.

Auf den Seminaren knüpfte ich viele Kontakte. Einige der Referenten wurden zu Freunden. Allen voran Dieter Würch, ein begnadeter Handwerker, Orgelbauer und Buchhändler, der einst als Automechaniker begonnen hatte, dann Philosophie und Geschichte in Tübingen studierte und dazu Bildungsseminare für die IG Metall gab. Wir verstanden uns auf Anhieb. Im Jahr darauf machten wir zusammen Urlaub in der Türkei, ich zeigte ihm meine Heimat. Oder zeigte er sie mir? In einem fort verblüffte er mich mit seinem Wissen über meine Provinz Antakya, das antike Antiochia, berichtete von den alten Griechen, den Römern, den Urchristen, den Kreuzzügen. Zu jeder Ruine zwischen Antiochia und Troja konnte er mir eine Geschichte erzählen.

Am Ende eines jeden Semesters schaute ich, was im nächsten Halbjahr auf dem Programm stand, besuchte die Professorinnen und Professoren in ihren Sprechstunden und informierte sie über mein langsameres Lerntempo.

Stundenlang diskutierten wir über politische Philosophie. Ich lernte von ihm, dass es eine undogmatische Linke gibt, die Freiheit und Gleichheit zusammen denkt, die nicht in die autoritären Fallen des Parteikommunismus tappt, sondern an emanzipatorisch-normativen Werten festhält. Er war es, der mir Adorno, Benjamin und Marcuse zur Lektüre empfahl, mich bekannt machte mit Lukács, Bloch und Arendt, der mir antikolonialistische Denker wie Ceasere und Fanon entdecken half.

Eines Tages las ich „Minima Moralia“, die Aphorismensammlung von Adorno. Las darin den Halbsatz: „Ohne Angst verschieden sein.“ Das sollte mein kategorischer Imperativ werden, der Dreh- und Angelpunkt meiner politischen Arbeit. Jenseits von Glaube, Hautfarbe, Herkunft oder sonst einer Verschiedenheit frei und gleich und human miteinander zu leben – dafür werde ich immer streiten.

Auf einem anderen Seminar lernte ich Reinhard Kiel kennen, der bis heute einer meiner besten Freunde ist, auch er ein warmherziger und idealistischer Mensch. Er bestärkte mich darin, einen unerhörten Plan zu verfolgen: zu studieren! So abenteuerlich dieser Gedanke war, so sehr elektrisierte er mich. Reinhard Kiel zeigte mir auch, wie man ein Stipendium bei der

Hans-Böckler-Stiftung beantragte. Ich bekam es. Er half mir, mich an der Uni zu bewerben.

Im Oktober 1978 zog ich nach Hamburg, um an der Hochschule für Wirtschaft und Politik mein Studium der Soziologie aufzunehmen, mit den Nebenfächern Volkswirtschaftslehre, Rechtswissenschaft und Betriebswirtschaftslehre. Weil ich kein deutsches Abitur hatte, musste ich eine mehrtägige Aufnahmeprüfung machen. Ich bestand sie. Doch ich merkte bald, dass ich viel langsamer lernte als meine Kommilitonen. Kein Wunder, schließlich hatte ich in meiner Kindheit und Jugend nie zu lernen gelernt.

So langsam ich war, so ehrgeizig war ich. Ich wollte nie wieder zurück in eine Gießerei, ich wollte meine Förderer nicht enttäuschen, ich wollte diese Chance nutzen, es war eine Frage der Würde, dieses Studium zu absolvieren. Am Ende eines jeden Semesters schaute ich, was im nächsten Halbjahr auf dem Programm stand, besuchte die Professorinnen und Professoren in ihren Sprechstunden, informierte sie über mein langsameres Lerntempo und bat sie, mir zur Vorbereitung Lektüre zu empfehlen. Sie waren begeistert und unterstützten mich nach Kräften. Wegen des Stipendiums musste ich in den Ferien nicht arbeiten – und las mich gründlich ein in den kommenden Stoff.

Und sonst? Ging ich auf Konzerte. Traf mich zu Leserunden. Engagierte ich mich für die IG Metall. Gründete eine internationale Studentengruppe und wurde studentischer Fachschaftsvertreter der Soziologie.

Nach fünf Jahren war ich Diplom-Sozialwirt und Diplom-Sozialökonom und fand bald einen ersten Job: Für die Stadt Hamburg begleitete ich wissenschaftlich ein Modellprojekt, das älteren bildungsfernen Arbeitern eine Ausbildung ermöglichte. Ich sollte untersuchen, ob das möglich war. Und weiß seither: Natürlich ist es möglich, zu über 90 Prozent wurden die Ausbildungen erfolgreich abgeschlossen. Es ist nur eine Frage des Wie.

Eines Tages bekam ich Besuch. Peter Kühne kam vorbei, er war Professor an der Sozialakademie Dortmund und suchte Mitstreiter für ein Projekt des DGB-Bildungswerks. Wir hatten uns einige Jahre zuvor bei einem Urlaub kennengelernt, als einige Kommilitonen und ich uns über den Jahreswechsel ein Ferienhaus in Dänemark gemietet hatten. Er blieb einige Tage, zusammen mit seiner Frau Hildegard. Eigentlich war er katholischer Theologe, hatte dann seine kirchliche Tätigkeit als Kaplan beendet und Soziologie und Philosophie studiert, ein weltoffener, altruistischer Geist. Stundenlang unterhielten wir uns. Immer wieder sahen wir uns in den folgenden Jahren. Seine wissenschaftlich und sozialethisch fundierte Urteilskraft, sein Erfahrungshorizont und sein Eintreten für Menschenrechte hatten mich vom ersten Tag an inspiriert.

Nun lud er mich ein, mit ihm gemeinsam in einem Projekt zur gewerkschaftlichen Bildungsarbeit zu arbeiten. Meine Frau spürte mein Interesse und bestärkte mich, Peter Kühnes Angebot anzunehmen. Also stand uns ein Umzug von der Weltstadt Hamburg nach Dortmund bevor, in die „Herzkammer der Sozialdemokratie“.

Wir machten uns an die Arbeit, ein Soziologe, eine Pädagogin, Peter Kühne und ich. Wir gaben Workshops, qualifizierten Referenten, entwickelten Modellseminare, gaben Informationsbroschüren heraus, veranstalteten eine Tagung, veröffentlichten zwei Bücher. Darüber, wie der Arbeitsmarkt funktioniert. Wie man Diskriminierung im Betrieb und Rassismus bekämpft. Wie man ethnische Vorurteile überwindet. Wie man die Teilhabe von Minderheiten in den Gremien der Gewerkschaft verbessert. Wie man die Arbeitsmarktchancen junger Menschen steigern kann.

Peter Kühne war für mich bis zu seinem Tod im Februar 2015 ein väterlicher Freund und bleibt für mich ein Vorbild.

Im November 1989 wechselte ich ins operative Geschäft. Ich heuerte als Schwerpunktsekretär – und ab 1996 als Geschäftsführer – bei der IG Metall Düsseldorf an. Ab 2006 leitete ich die neu fusionierte Geschäftsstelle Düsseldorf-Neuss.

Gerade in den ersten Jahren meiner hauptamtlichen Tätigkeit bekam ich einigen Gegenwind. Manche Arbeitgeber und konservative Betriebsräte beschwerten sich über meine höflich-geduldige, in der Sache aber harte Verhandlungsführung. Sie verunglimpften mich als praxisfremden linken Theoretiker, der noch nie ein Werkzeug in der Hand gehalten habe.

Das stimmte nun gar nicht. Ich wusste nur zu gut, was harte Arbeit ist, niemand konnte mir etwas vormachen oder mich von oben herab belehren. Ja, es stimmte, ich bin ein „lesender Arbeiter“, ich durchdenke Dinge gern gründlich und versuche, bei allem Handeln, immer den Hintergrund auszuleuchten und verstehbar zu machen. Aber für mich gehen Theorie und Praxis stets Hand in Hand.

Die schlimmsten Anfeindungen erfuhr ich von drei türkischen Nationalisten, die in einem Großbetrieb als Betriebsräte etabliert waren. Sie störten sich an meiner antiautoritären und kosmopolitischen Einstellung. Sie verlangten, dass mir die Zuständigkeit für Migrationsarbeit und Antirassismus abgenommen werden sollte, und drohten mit ihrem Austritt aus der IG Metall.

Peter Birk, der damalige IG-Metall-Geschäftsführer, ließ sich davon nicht beirren. Die Austrittsdrohungen erschreckten ihn nicht im Geringsten. Im Gegenteil, sie steigerten seine Empörung dermaßen, dass er umgehend die Ortsvorstandsmitglieder informierte und zur Beratung einlud. Ihre Unterstützung war so einhellig und unmissverständlich, dass es die Dreierbande danach nie wieder wagte, mich offen anzugreifen.

Diese Konflikte hatten trotzdem ihr Gutes: Sie führten dazu, dass das kollegiale Verhältnis zwischen Peter Birk und mir noch enger wurde und sich zu einer nachhaltig guten Freundschaft entwickelte, die bis heute andauert.

Es folgten viele weitere Ämter. Bis 2017 war ich im Beirat der IG Metall, dem höchsten Gremium zwischen den Gewerkschaftstagen. Ich wurde Aufsichtsratsmitglied in drei Unternehmen und entschied mit über Investitionen, Akquisitionen, Fusionen, Abspaltungen, über die Berufung, Vertragsverlängerung oder Abberufung von Vorständen und Geschäftsführern. Handelte Sozialpläne und Firmentarifverträge in dreistelliger Millionenhöhe aus.

Jedoch konnte ich nicht darüber mitbestimmen, ob in unserem Stadtteil ein Papierkorb aufgestellt wurde, weil ich kein Deutscher war. Ein merkwürdiges Verständnis von Demokratie im Deutschland des 21. Jahrhunderts! Erst vor Kurzem habe ich mich einbürgern lassen. Warum so spät? Weil das deutsche Staatsbürgerschaftsrecht mein Gerechtigkeitsempfinden verletzt. Wie viele West- und Osteuropäer und wie viele „Ausländer" aus allen Kontinenten dürfen ihren Pass behalten, wenn sie die deutsche Einbürgerung beantragen? Doch Türkinnen und Türken müssen – der populistischen, teils rassistischen Kampagne von Roland Koch sei Dank – ihre Staatsangehörigkeit aufgeben, selbst wenn sie in Deutschland aufgewachsen sind und alle Voraussetzungen für die Einbürgerung erfüllen. Diese Ungleichbehandlung ist diskriminierend, sie empört mich zutiefst.

Einmal erlebte ich, wie ein deutscher Oberbürgermeister diese Einbürgerungspraxis öffentlich rechtfertigte. Er sagte: „Man kann nur einem Herren dienen." Das ist eine Haltung aus den Zeiten von Kaiser Wilhelm: Die Bürger werden zu Untertanen, die dem Staat zu dienen haben. Ich stand auf und widersprach: dass Nationalität nur eine Identität von vielen ist, dass es Menschen gibt, die mit zwei Identitäten und mehreren Sprachen aufwachsen und Heimat nur im Plural kennen, dass ich in einer Demokratie lebe und sehr wohl Rechte und Pflichten habe, jedoch keinem Herren diene. Wenn überhaupt würde ich – wenn es ihn denn gäbe und wenn er (oder sie) auf so etwas Wert legte – dem lieben Gott dienen, und der ist garantiert weder Deutscher noch Türke.

Kurzum: Ich wünsche mir von Herzen, dass das antiquierte Einbürgerungsrecht zeitnah geändert wird!

Ich bin froh, dass Deutschland heute so ein buntes, weltoffenes Land ist. Allein in der IG-Metall-Geschäftsstelle Düsseldorf-Neuss hatten wir Mitglieder aus 74 Nationen, dazu etliche Menschen, die ethnischen, sprachlichen oder religiösen Minderheiten angehörten. Wir haben unsere Interessen stets gemeinsam vertreten, als gleichberechtigte Kolleg:innen, solidarisch und auf Augenhöhe. Diese Vielfalt hat uns politisch gestärkt und kulturell bereichert.

Ich empfand diese Vielfalt als eine Verpflichtung, jede Form von Diskriminierung, Stigmatisierung und sachlich ungerechtfertigter Ungleichheit konsequent zu bekämpfen. Deshalb haben wir als IG Metall Düsseldorf nicht nur für faire Löhne und bessere Arbeitsbedingungen, für Beschäftigungssicherung, gute Ausbildung und Qualifizierung oder gegen Betriebsschließungen und Massenentlassungen gekämpft. Sondern auch gegen alle Formen von Rassismus, gruppenbezogener Menschenfeindlichkeit und gegen jede paternalistische Bevormundung. Deshalb haben wir antirassistische und interkulturelle Initiativen, Bündnisse und Vereine mitgegründet und unterstützt – und Gedenkstättenfahrten nach Auschwitz organisiert.

Damit knüpften wir an die guten Kampagnen der IG Metall zur Gleichstellung und Teilhabe der Arbeitsmigrant:innen aus den 70er- und 80er-Jahren an. Erinnert sei an die Kampagne zur Verfestigung des Aufenthaltsstatus und insbesondere an die Forderung eines kommunalen Wahlrechts unter dem Motto: „Ein Mensch – eine Stimme. Wahlrecht ist Menschenrecht!"

Die Geschichte der Arbeitsmigrant:innen aus der Türkei, die vor 60 Jahren begann, ist auch eine Geschichte des Kampfes um bessere Entlohnung und humane Arbeitsbedingungen und zugleich eine Geschichte des Kampfes um Anerkennung und gleichberechtigte Teilhabe. Diesen solidarischen Kampf haben die türkischstämmigen Arbeitsmigrant:innen von Anfang an gemeinsam mit ihren Gewerkschaften und ihren Kolleg:innen geführt.

Heute sind über 500.000 Menschen mit Migrationshintergrund in der IG Metall organisiert, davon haben weit über 100.000 ihre Wurzeln in der Türkei. Zudem hat die kontinuierliche Gewerkschaftsarbeit mit und für Migrant:innen ein festes Fundament von mehreren Zehntausend Funktionären geschaffen, die sich für die Belange der Beschäftigten in den Betrieben engagieren. Sie engagieren sich als Vertrauensleute und Betriebsräte bei betrieblichen und bei tarifpolitischen Auseinandersetzungen. Sie sind unverzichtbar.

Nihat Öztürk, geboren am 1. Februar 1955 in Antakya, Türkei, arbeitete nach seiner Anwerbung im August 1973 als Gießereiarbeiter und Elektroschweißer in Bad Windsheim. In dieser Zeit engagierte er sich als gewerkschaftlicher Vertrauensmann. Von 1978 bis 1983 studierte er Soziologie in Hamburg, danach war er wissenschaftlicher Angestellter im Bereich der beruflichen und politischen Bildung. Ab 1989 arbeitete er hauptamtlich für die IG Metall Düsseldorf, zuletzt als Geschäftsführer. Er ist Mitgründer mehrerer antirassistischer und interkultureller Initiativen, darunter Mosaik e.V., der „Düsseldorfer Appell" und „Respekt und Mut". Als Autor und Mitherausgeber hat er wiederholt zu den Themen Arbeitsmigration, Migrationspolitik und Rassismus publiziert.

adidas
TEAM
D
GERMANY

ALI LACIN

„Ich habe beschlossen, dass ich mich nicht mehr behindere“

Er war ein Kind wie jedes andere, trotz seiner Beinprothesen. Doch in der Pubertät versackte er in einer Depression. Ali Lacin kämpfte sich nach oben, nach ganz oben – und startet 2021 bei den Paralympics in Tokio.

Am schönen 17. April des Jahres 1988 wurde ich geboren. Leider ohne Schienbeine.

Heute könnten die Ärzte sie wahrscheinlich rekonstruieren, damals war die beste Lösung, mir beide Beine zu amputieren. Denn Kniegelenke hatte ich auch nicht. Nur die Oberschenkel blieben dran.

Als ich klein war, störte mich das nicht besonders. Ich bekam Prothesen, lernte auf ihnen laufen und war ein Kind wie jedes andere. Ich hantierte mit den anderen im Sandkasten, tobte mit ihnen im Hof und spielte mit ihnen Verstecken. Nur beim Fangen hatte ich keine Chance.

Dafür fuhr ich das schickste Fahrrad der Siedlung, dreirädrig und groß, meine Harley-Davidson in Blau und Silber. Man schnallte mich an die Pedale und dann bin ich den ganzen Tag auf dem Innenhof damit herumgefahren. Hinten hatte es einen Korb, also konnten wir Taxi spielen: Ich setzte einen meiner Freunde rein und fuhr ihn hin und her. Von morgens bis abends waren wir allein draußen.

Kinder können erbarmungslos sein. Manche machten sich einen Spaß daraus, mich zu ärgern, liefen weg und lachten mich aus, weil sie wussten, dass ich sie eh nicht einholen konnte. Noch schlimmer war es in der Schule. Einige

Idioten meinten, es sei lustig, wenn sie mich von hinten oder von der Seite schubsten. Sofort lag ich auf dem Boden. Zum Glück waren meine Freunde nicht weit, allen voran Serhat, mit dem ich bis heute gut befreundet bin. Er und die anderen haben mich verteidigt, die Quälgeister in die Flucht geschlagen und mir aufgeholfen.

Andere äfften mich nach, wie ich in der Schule die Treppe hochging. Heutige Beinprothesen stecken voller Elektronik und haben im Knie kleine Motoren. Die Prothesen damals waren davon Lichtjahre entfernt. Das Hauptproblem: Man konnte die Beugung der Kniegelenke nicht präzise kontrollieren. Vor allem beim Treppensteigen war das ein Problem. Ich musste die Treppe seitlich hochgehen, mit dem Gesicht zum Geländer, an dem ich mich mit beiden Händen festhielt, um dann langsam und mit durchgestreckten Knien eine Stufe nach der nächsten zu nehmen. Klar sah das bescheuert aus. Ich habe versucht, die Hänseleien zu verdrängen, aber natürlich blieb was hängen. So was vergisst du nicht.

Warum ich diese „Behinderung" habe? Das hat mir kein Arzt je sagen können. Alle in meiner Familie sind gesund, nur bei mir gibt es diesen Gendefekt. Ich muss da wohl irgendeinen Jackpot geknackt haben.

Ich mag das Wort „Behinderung" allerdings gar nicht. Niemand ist behindert. Höchstens behindert er sich selbst.

Ich habe beschlossen, dass ich mich nicht mehr behindere. Aktuell trainiere ich für die Paralympics in Tokio. Ich werde im Weitsprung und über 200 Meter starten und rechne mir Chancen aus, in beiden Disziplinen um die Goldmedaille zu kämpfen.

Mein Großvater war Tischler und der Erste, der aus der Türkei nach Deutschland kam. Er holte seine Familie nach, darunter meinen damals 15-jährigen Vater. Der kellnerte in den ersten Jahren, später war er Kranführer bei ThyssenKrupp in Berlin. Als ich vier war, wurde der Standort Berlin dichtgemacht, die Familie zog um nach Duisburg, meine Mutter, meine beiden Brüder und ich. Dort kam unser Bruder Bilal zur Welt.

Das waren schöne Jahre. Mit dem riesigen Fahrrad, den Kindern im Hinterhof, mit Serhat und den anderen Freunden. Als ich zwölf war, zogen wir zurück nach Berlin, zurück zur Familie und den Großeltern. Eigentlich freute ich mich darüber. Aber ich kam allmählich in die Pubertät und begann, alles zu hinterfragen. Mir ging es immer schlechter, und als ich in der neunten Klasse war, rutschte ich in eine lange Depression.

Die anderen Jungs gingen aus, hatten bald ihre erste Freundin, aber ich war immer nur der Nette und blitzte ab. Ich wertschätzte mich nicht mehr, hatte keine Lust mehr auf gar nichts, stellte meine Prothesen in die Ecke und saß nur noch im Rollstuhl. Der Weg zur Schule war nicht weit, und das war meist der einzige Weg, den ich zurückgelegt habe.

Nach der Schule erst mal Mittagsschlaf, dann fernsehen und rumhängen und nach dem Abendessen möglichst früh wieder ins Bett. Und am Wochenende

Xbox spielen. Ich hockte in meinem Zimmer, ging auf Distanz zu meinen Freunden, hatte schlechte Noten, nahm zu und habe bestimmt ein Jahr lang den Kopf in den Sand gesteckt. So sehr habe ich mich in diese Depri-Phase reingesteigert, dass ich am liebsten alles weggeschmissen hätte, weil ja alles sowieso keinen Sinn hatte.

Was hat mich da wieder rausgeholt?

Ich kann es bis heute nicht genau sagen. Es gab kein Erlebnis, keine Person, keine konkrete Begegnung. Nur mein Blick auf die Welt veränderte sich. Ich hörte auf, mich zu bemitleiden, und dachte: Eigentlich habe ich es doch ziemlich gut. Ich habe eine wunderbare Familie, werde von den Ärzten gut versorgt, bin ziemlich gesund. Ich habe mir eine rosarote Brille aufgesetzt – und plötzlich war die Welt tatsächlich wieder bunt.

Aus dem notorischen Pessimisten wurde wieder ein Optimist. Will man es zusammenfassen, dann war es dieses eine kleine Zauberwort, das mich wieder auf die Beine brachte: danke.

Ich fing an, mit Freunden Indoorsoccer zu spielen. Statt Prothesen trug ich Stumpfschützer, damit konnte ich Torhüter sein, meine Größe war optimal für die Hallentore. Ich hatte guten Bodenkontakt, das klappte super. Früher war ich beim Indoorsoccer immer als Letzter in eine Mannschaft gewählt worden, jetzt wurde ich oft als Erster gewählt, weil ich die Bälle so gut hielt, dass ich Spiele entscheiden konnte. Das hat mich extrem motiviert.

Ich mottete den Rollstuhl ein, bekam gute Prothesen, schloss die Realschule ab und begann eine Lehre als Groß- und Einzelhandelskaufmann. Und gründete direkt danach gemeinsam mit meinem jüngeren Bruder ein Unternehmen – die Sweetstore Lacin GbR. Ein Großhandel für Kioskbetreiber, bei dem sie Schokoriegel, Chips und alle möglichen anderen Produkte abholen können. Eigentlich hatte ich studieren wollen, aber dann mochte ich es sehr, selbstständig zu sein und unsere kleine Firma voranzubringen.

2011, während der Ausbildung, rief mich ein Kumpel an: „Mach den Fernseher an, da trainieren Leute für die Paralympics!" Ich hatte keine Ahnung, was das war, schaltete ein und sah zum ersten Mal in meinem Leben behinderte Leistungssportler. Die Reportage zeigte, wie sich der deutsche Paralympics-Kader auf die Olympischen Spiele in London vorbereitete. Ich sah beinamputierte Athletinnen und Athleten, Leute wie mich, die auf Federn irre schnell durch die Gegend rannten – und mir war gleich klar: Das will ich auch probieren.

Ich suchte mir einen Verein und fand den PSC Berlin, den Paralympischen Sport Club Berlin, einen der erfolgreichsten Sportvereine für Menschen in Deutschland. Im Januar 2012 besuchte ich ein Trainingslager und unterhielt mich lange mit den Trainern. Danach war mir klar: Ich will Sprinter werden.

So machen es viele: Sie fordern ihr Handicap heraus. Wer keine Arme hat, wird Speerwerfer, wer keine Beine hat, Läufer.

Ich begann mit dem Training, nahm ab, wurde fitter. Sportfedern sind teuer, mit Anpassung kommt rasch ein fünfstelliger Betrag zusammen. Das erste Jahr trainierte ich ohne. Dann bekam ich die ersten Sprintfedern von einer befreundeten Sportlerin geschenkt, begann zu trainieren – und bin übel gestürzt, nach nicht mal einem Monat.

Die Federn waren zu weich für mich, ich setzte zu viel Kraft ein, eine bog sich zu weit zusammen, kam nicht mehr zurück, ich trat ins Leere und knallte auf die Schulter. Schlüsselbeinbruch, Operation, acht Monate Pause.

Auf Federn zu sprinten ist eine Wissenschaft für sich. Es dauert Jahre, die Geschwindigkeit zu beherrschen. Die Kraft, die du einsetzt, bekommst du zurück, je schneller du wirst, desto perfekter musst du deine Technik kontrollieren. Die Koordination, das Gefühl dafür, wie die Federn arbeiten, ist das A und O. Vor allem darfst du den zweiten Schritt erst ansetzen, wenn sich die erste Feder vom Boden gelöst hat. Gehst du zu schnell in die nächste Bewegung, bleibst du am Boden hängen. Timing, Koordination, Körperhaltung, Spannung im Oberkörper, stabile Bauch- und Rückenmuskulatur, eine perfekte Armbewegung – du musst auf vieles achten.

2011, während der Ausbildung, rief mich ein Kumpel an: „Mach den Fernseher an, da trainieren Leute für die Paralympics!" Ich hatte keine Ahnung, was das war, schaltete ein und sah zum ersten Mal in meinem Leben behinderte Leistungssportler. Ich sah beinamputierte Athletinnen und Athleten, Leute wie mich, die auf Federn irre schnell durch die Gegend rannten – und mir war gleich klar: Das will ich auch probieren.

Wer mal sehen will, wie ich laufe, google nach „Ali Lacin Dubai".

Dort sieht man gut den Sichelschritt der Läufer in der Schadensklasse T61, also beinamputiert ohne Kniegelenke. Bei jenem WM-Lauf in Dubai 2019 bin ich Dritter geworden. Erster wurde Ntando Mahlangu aus Südafrika, ein außergewöhnlicher Athlet, bärenstark und technisch unter anderem deshalb so gut, weil er die Federn auch im Alltag trägt.

Aber ich greife vor. 2014 bekam ich meine ersten eigenen Federn, gesponsert von Ottobock und meinem Orthopädietechniker, der nichts dafür haben wollte, dass er die Schäfte anpasste. Leider waren auch diese Federn am Ende nicht optimal, auch sie waren zu weich und eher fürs Laufen als fürs Sprinten gemacht. Aber das musste ich erst alles lernen, Schritt für Schritt.

So oder so: Ende 2014 nahm ich an meinem ersten Wettkampf teil, den Nordostdeutschen Meisterschaften in Leipzig. Ich bin über 100 Meter gestartet und landete unter ferner liefen. Egal. Ein Anfang war gemacht.

In den nächsten anderthalb Jahren trainierte ich hart. Ich hatte mir das Ziel gesetzt, zu den Paralympischen Spielen nach Rio zu fahren. Ich lief bei den Europameisterschaften in Grosseto, ich tat wirklich alles, um voranzukommen – und es reichte am Ende nicht. Ich war zu langsam, erfüllte die Qualifikationsnorm nicht, die Paralympischen Spiele 2016 mussten ohne mich stattfinden.

Vor lauter Enttäuschung hätte ich meine Sportlerkarriere beinahe an den Nagel gehängt. Denn das war ja eine anstrengende Zeit: Ich führte zusammen mit meinem Bruder unseren Süßwarengroßhandel, trainierte mehrmals die Woche und war ständig unterwegs, in Trainingslagern und auf Wettkämpfen.

Doch 2017 bekam ich einen Anruf vom Olympiastützpunkt Berlin: Die Paralympics-Europameisterschaft im Jahr darauf werde in Berlin stattfinden, ich solle unbedingt dabei sein. Ob ich nicht zurückkommen könne? Nach einigem Überlegen sagte ich Ja. Weil der Sport noch immer mein Traum war. Und weil man mir einen Halbtagsjob bei einer städtischen Berliner Wohnungsbaugesellschaft anbot. Ich gab meinen Anteil am Unternehmen an meinen jüngsten Bruder ab und hatte nun viel mehr Zeit, mich auf das Training zu konzentrieren.

Ich haute mich voll rein, und tatsächlich: Ich lief meine persönliche Bestzeit über 200 Meter und wurde Vizeeuropameister in meiner Heimatstadt. All meine Freunde und Verwandten waren da, ich war total nervös – und unendlich glücklich, als mir die Silbermedaille umgehängt wurde.

Die Saison im Jahr darauf war meine bislang intensivste. Das Training für die Para-Leichtathletik-WM in Dubai stand an, ich holte Bronze über 200 Meter und war damit für die Paralympischen Spiele in Tokio qualifiziert. Inzwischen machte ich auch Weitsprung, aktuell halte ich mit 6,29 Metern den Europarekord. Genau wie viele andere Athleten startete ich hoch motiviert ins Jahr 2020, bereit, meinen Medaillentraum zu verwirklichen – und wurde ausgebremst von der Coronapandemie. Die Spiele wurden um ein Jahr verschoben.

Im April 2021 bin ich erneut gestürzt – und habe mir den Ellbogen gebrochen. Bei einer Trainingseinheit ist es passiert: Ich lief an, blieb mit den Spikes einer Feder hängen und wollte mich abrollen, so, wie ich es schon viele Male gemacht hatte. Es war ein simpler Sturz, ich hatte nicht einmal besonders viel Geschwindigkeit drauf. Aber beim Abrollen muss ich mir den Arm verdreht haben, der Ellbogen war durch, er wurde am Tag drauf operiert und mit zwei Schrauben wieder zusammengeflickt.

Dieses Mal habe ich allerdings nur eine Woche mit dem Training ausgesetzt. Ich habe auf Sprint- und Weitsprungeinheiten verzichtet und ein Alternativtraining gestartet.

Während ich dies schreibe, sind es noch zwei Monate bis zu den Olympischen Spielen. Ich habe einen neuen Trainer, er motiviert mich bis in die letzte Faser, gemeinsam trainieren wir zweimal am Tag. An diesem Morgen habe ich Kurvenstarts geübt für den 200-Meter-Lauf, heute Nachmittag werde ich an meiner Weitsprungtechnik feilen.

Natürlich achte ich peinlich genau auf meine Ernährung. Süßigkeiten sind tabu, auch Brot habe ich von meinem Speiseplan gestrichen. Morgens gibt es Haferflocken mit Obst und Nüssen, mittags Salat mit Pute, abends oft eine Gemüsepfanne mit Steak.

Im Alltag sieht heute niemand mehr, dass ich keine Beine habe. Man könnte denken, ich habe eine kleine Verletzung, weil ich nicht ganz rund gehe. Aber niemand würde auf die Idee kommen, dass ich doppelt amputiert bin. Das liegt daran, dass ich schon lange auf Prothesen gehe. Und dass die Prothesen so hervorragend sind. Ein Prozessor misst, wie stark du mit dem Oberschenkel Schwung holst, und rechnet automatisch die Schwungphase deines Beins aus.

Sogar eine Treppenfunktion haben die Prothesen. Einmal kurz nach hinten kicken und gleich wieder nach vorn, dann hebt sich das Knie und man kommt halbwegs elegant die Stufen hinauf. Wobei, ganz ehrlich, lieber nehme ich den Fahrstuhl.

Ich bin verheiratet und habe eine Tochter, und Freizeit habe ich eigentlich gar nicht. Ich trainiere hart, bin viel unterwegs, und wenn ich mal nichts zu tun habe, dann genieße ich das Zuhausesein. Und daheim laufe ich am liebsten ohne Prothesen herum, in Socken, auf den Oberschenkeln.

Sport hat mich gerettet. Er ist nicht nur Bewegung. Sondern eine Haltung. Wenn ich renne, bin ich frei.

Ali Lacin, geboren am 17. April 1988 in Berlin, ist Großhandelskaufmann und beidseitig oberschenkelamputierter Para-Leichtathlet. Er begann seine Karriere Anfang 2012. Vier Jahre später bestritt er bei den Europameisterschaften im italienischen Grosseto seinen ersten Wettkampf auf europäischer Ebene. Bei der Para-Leichtathletik-Europameisterschaft 2018 in Berlin gewann er Silber über 200 Meter Sprint, im Jahr darauf holte er bei der Para-Leichtathletik-Weltmeisterschaft in Dubai Bronze. In jenem Jahr entdeckte er auch den Weitsprung als Disziplin für sich. 2021 gehört Lacin zum Team von Deutschland Paralympics und hat sich für die Olympischen Spiele in Tokio in den Disziplinen Sprint und Weitsprung qualifiziert.

ISMAIL ERTUG

„Meine Herkunft war für mich nie ein Thema“

„Herr Herzog“ verstanden viele am Telefon, wenn sie mit ihm redeten. Was auch daran liegen kann, dass er Deutsch mit oberpfälzischem Einschlag spricht. Ismael Ertug, SPD-Abgeordneter im Europaparlament, hat eine Vision: ein Verkehr mit Nullemission.

Ich bin waschechter Oberpfälzer – und mit Leib und Seele Europäer. Geboren und aufgewachsen bin ich in Amberg, in der Nähe von Nürnberg, einer der Gegenden in Deutschland mit der höchsten Katholikendichte. Auch wenn ich einen internationalen Namen habe: Meine Herkunft war für mich nie ein Thema, und ich habe meine Herkunft nie zu einem Thema gemacht. Mein Herz schlägt für die Verkehrspolitik: Ich möchte dazu beitragen, dass der europäische Verkehr dekarbonisiert wird.

Meine Kindheit war deutscher als deutsch. Abends um halb acht war Schicht im Schacht, mein kleiner Bruder und ich mussten ins Bett, Widerspruch zwecklos. Morgens um sieben wurden wir geweckt, bekamen unser Frühstück und zogen zu Fuß los, er in den Kindergarten, ich zur Schule.

Nachmittags spielten wir meist bei den Wellblechgaragen hinter unserem Haus. Wir fuhren Rad, malten uns Tennisplätze auf den Asphalt, kletterten über einen Zaun und trieben uns verbotenerweise auf einer verlassenen Fabrikanlage herum. Vor allem aber spielten wir Fußball. Die Jugos und die Griechen, die Italiener und die Spanier, der Manuel und der Jochen, eine ziemlich bunte Truppe. Klar gab es manchmal einen blöden Spruch, aber wir hielten zusammen. Vielleicht begann sie dort, meine internationale Ausrichtung, vielleicht liegen dort die Wurzeln meiner Karriere als Europaabgeordneter, irgendwo bei den Wellblechgaragen hinter unserem Haus.

Meine Familie stammt aus Izmir, der Hafenstadt an der Ägäis. Meine Großeltern waren arm, die einen waren Fischer, die anderen Bauern. 1972 entschied sich mein Vater, nach Deutschland auszuwandern. Er kam ganz klassisch mit einem Holzkoffer in der Hand am Münchener Hauptbahnhof an und fand Arbeit in der Luitpoldhütte, der großen Gießerei in Amberg. Sein Plan: einige Jahre ranklotzen, Geld sparen, zurückkehren in die Türkei, also genau das Gleiche tun wie all die anderen Gastarbeiter auch. Es kam anders. Er heiratete meine Mutter, sie kam nach Deutschland, 1975 wurde ich geboren, fünf Jahre später mein Bruder.

Und schon war der Große in der Schule und der Kleine im Kindergarten, und als Kanzler Kohl mit Geld winkte, um Menschen wie meine Eltern zur Rückkehr in die Türkei zu bewegen, dachten sie nicht eine Sekunde daran, dieses Angebot anzunehmen.

Sie arbeiteten hart, meine Eltern. Meine Mutter machte bei Siemens Akkord, mein Vater bearbeitete in der Luitpoldhütte die frisch gegossenen Motorblöcke mit einer Flex. Ganz schwarz kam er manchmal nach Hause, als hätte er unter Tage gearbeitet und den ganzen Tag Kohle gehauen. Sie lebten in ihrer türkischen Bubble, meine Eltern. Die Arbeit, die Kinder – da blieb wenig Zeit zum Deutschlernen.

Izmir ist die modernste Stadt der Türkei, es geht dort zu wie in einer europäischen Metropole. Die Männer tragen Shorts, die Frauen schminken sich, viele Menschen sind überzeugte Atatürk-Anhänger und alles andere als konservativ. Entsprechend „modern" waren auch meine Eltern. Meine Mama trug bisweilen Minirock und erntete dafür so manches Mal Naserümpfen von traditionell geprägten türkischen Müttern.

Als Kind war ich oft in Izmir. Und dachte: Die ganze Türkei ist so. Bunt und modern, weltlich und wohlhabend. Erst viel später, bei meinen offiziellen Reisen als Politiker, lernte ich die ganze Türkei kennen und begriff, wie viele Facetten dieses große Land hat.

Ein Lehrer in der Grundschule hatte ein Problem mit uns vier Türken. Egal, was die Klasse anstellte, wir waren schuld, und dann hielt er uns einen Vortrag, dass wir zu Gast hier seien und uns ordentlich aufzuführen hätten. Ich hörte es, aber ich überhörte es. Ich nahm ihn nicht ernst.

1988 geschah der Brandanschlag von Schwandorf. Das lag gleich nebenan, und was noch schlimmer war: Eine Arbeitskollegin meiner Mama verbrannte dabei. Ausländerfeindlichkeit, bis dahin hatte ich mir nichts darunter vorstellen können. Nun war sie schlagartig ganz nah.

Am 17. Dezember 1988 hatte der 19-jährige Neonazi Josef S. ein dreistöckiges Haus in Schwandorf angezündet, in dem vor allem Migranten wohnten. Ein türkisches Ehepaar, ihr elfjähriger Sohn und ein deutscher Mann starben. Zwölf Menschen wurden zum Teil schwer verletzt, als sie sich vor den Flammen und dem Rauch in Sicherheit bringen wollten und aus dem Fenster sprangen.

Ein Schock für mich. Zumal es ja eigentlich Jahre des Aufbruchs waren. Ich wurde allmählich erwachsen, die Mauer fiel, wir wurden Fußballweltmeister, „Wind of Change“, eine Zeit der Hoffnung. Und zugleich diese Brandanschläge, erst in Schwandorf, später in Solingen und Mölln, dazu diese Skinhead-Aufmärsche in Ost und West, Hetzjagden auf Asylbewerber. Begleitet von den Tiraden des bayerischen Ministerpräsidenten Edmund Stoiber gegen alle, die nicht biodeutsch waren. Das wollte ich nicht hinnehmen. Dem wollte ich mich entgegenstellen. Das hat mich politisiert.

Als ich 25 war, bin in die SPD eingetreten, gemeinsam mit einem kurdischstämmigen Bekannten. Die bleierne Zeit der Regierung Kohl war zu Ende, der rot-grüne Aufbruch begann. Ich wollte meinen Teil dazu beitragen und ging zu den Jusos. Gleich im zweiten Jahr war die Nominierung für die Amberger Stadtratswahl. Vier von uns Jusos wurden von der Partei nominiert, allerdings auf den letzten vier Listenplätzen und damit gänzlich chancenlos. Aufmüpfig wie wir waren, sind wir gleich zum Parteivorstand gegangen und haben uns beschwert: Wenn wir schon antreten sollen, dann bitte schön auf einem vernünftigen Rang. Oder gar nicht. Die Parteioberen gaben nach, wir erhielten die Listenplätze 18 bis 21.

Und wie es der Zufall so will – ich bekam einen Sitz im Stadtrat von Amberg. Über Nacht war ich Politiker, eine Karriere, die ich nie angestrebt hatte. Ich war Sozialversicherungsfachangestellter und bereitete mich vor auf mein Studium als Krankenkassen-Betriebswirt. Ich habe es später neben der Politik durchgezogen.

Nun ist Brüssel weit weg und vieles, was dort beschlossen wird, recht abstrakt und nicht auf Anhieb verständlich. Aber es hat Folgen für Hunderte Millionen Menschen. Ich durfte dazu beitragen, die Richtlinie zu den Transeuropäischen Netzen voranzutreiben.

Plötzlich aber war ich einer von 40 ehrenamtlichen Stadträten der 40.000-Einwohner-Stadt Amberg, lernte Kommunalpolitik in der bayerischen Provinz, die tief drinsteckt im CSU-Filz. Nicht lange, da durfte ich den größten SPD-Ortsverein führen und hatte acht Delegierte in meinem Rücken.

Meine drei Juso-Freunde und ich fingen Feuer für die Politik. In einem Anfall von Größenwahn planten wir generalstabsmäßig, wer eines Tages was machen sollte. Einer von uns sollte Oberbürgermeister werden, einer in den Bayerischen Landtag einziehen, einer nach Berlin in den Bundestag gehen, ich sollte nach Europa. Daraus ist natürlich nichts geworden. Inzwischen ist einer von ihnen Richter, zwei haben in der Versicherungsbranche Karriere gemacht. Nur ich blieb der aktiven Politik treu.

Vielleicht kann ich Dinge ganz gut auf den Punkt bringen, Allianzen schmieden, politische Anliegen voranbringen – jedenfalls sorgte die Oberpfälzer SPD dafür, dass ich 2009 bei der Wahl zum Europaparlament einen der drei sicheren bayerischen Listenplätze bekam. So wurde ich Abgeordneter in Brüssel.

Eben weil ich ein Gastarbeiterkind bin, wollte ich nie in die Schublade Integrationspolitik gesteckt werden. Ich verschweige meine Herkunft nicht, aber ich gehe damit auch nicht hausieren. Ich habe Diskriminierung erfahren, aber ich mache keine Story daraus. Weder habe ich einen Vorteil aus meinen internationalen Wurzeln gezogen, noch hat mich das benachteiligt. Ich war immer „der Isi".

Beziehungsweise der „Herr Herzog". Viele Briefe an mich waren so adressiert, wohl weil die Leute am Telefon meinen oberpfälzischen Zungenschlag nicht mit meinem türkischen Nachnamen zur Deckung bringen konnten.

Diesen Rat gebe ich allen, die einen internationalen Namen haben: Lasst euch nicht auf eure Herkunft reduzieren. Schublade auf, rein, Schublade zu. Da kommst du nicht mehr raus. Zeig ihnen, wer du bist, was du kannst, unabhängig von deiner Herkunft, ganz gleich, woher du stammst!

Als neu gewählter EU-Abgeordneter saß ich im Verkehrsausschuss und im Joint Parliamentary Committee EU-Turkey, in jener Gruppe von Abgeordneten, die sich um die Beziehungen zwischen Brüssel und Ankara kümmert. So kam es, dass ich wiederholt in die Türkei reiste, in ein mir fremdes Land – dessen Sprache ich nur miserabel sprach.

Unsere erste Reise ging nach Ankara, eine moderne, bürgerliche Stadt mit hohem Bildungsniveau. Die zweite Reise ging nach Hatay an der syrischen Grenze, ein Schmelztiegel der Kulturen und Religionen. Zum ersten Mal begriff ich: Die Türkei ist nicht Izmir.

Wir kamen an auf dem nagelneuen Flughafen, der gute Herr Erdoğan weiß schließlich: Je größer die Baustelle, je mehr Beton, desto höher die Bausumme und desto einfacher lässt sich Steuergeld in die Taschen seiner Oligarchen umleiten.

Wir fuhren ins Zentrum. Dort gibt es eine jüdische Synagoge, eine christliche Kirche, eine muslimische Moschee – direkt nebeneinander, ja sie teilen dieselbe Mauer, ein gedrittelter Kreis. Ich war beeindruckt von der Vielfalt der Kulturen, der Gelassenheit und Gastfreundschaft der Menschen. Eine beeindruckende Reise.

Danach war ich in Anatolien, in der Zentraltürkei – traditionell geprägte Gegenden, in denen man als Europäer gleich auffällt. Man kann dort nicht einfach in halblangen Hosen durch die Stadt laufen wie in Izmir. Ich habe meine türkischen Wurzeln noch einmal ganz neu entdeckt.

Inzwischen bin ich seit zwölf Jahren im Parlament in Brüssel. Mein Schwerpunkt ist die Verkehrspolitik, ein unglaublich vielfältiges Thema von höchster Relevanz: Wollen wir den Klimawandel verlangsamen, müssen wir rasch Züge und Flugzeuge, Autos und Lastwagen wegkriegen von Öl, Benzin, Gas.

Nun ist Brüssel weit weg und vieles, was dort beschlossen wird, recht abstrakt und nicht auf Anhieb verständlich. Aber es hat Folgen für Hunderte Millionen Menschen. Ich durfte dazu beitragen, die Richtlinie zu den Transeuropäischen Netzen voranzutreiben, die den Verkehr von Schiffen, Autos, Flugzeugen, den gesamten Personen- und Güterverkehr in der EU einfacher und umweltfreundlicher machen wird.

Ich saß im Untersuchungsausschuss, der den Dieselskandal auf europäischer Ebene aufgearbeitet hat. Und ich habe dazu beigetragen, die europäische Ladeinfrastruktur voranzutreiben, gegen massive Widerstände auch aus Deutschland – jene Verordnung, die dafür sorgt, dass in der EU bald ein dichtes Netz von E-Tankstellen entstehen wird. Wer den Verkehr abkoppeln will vom Verbrennungsmotor, braucht diese Stromzapfsäulen.

In Brüssel entscheidet sich, ob die EU ihre Klimaziele erreicht. Ich werde weiter dafür kämpfen. Wie gesagt: Ich bin mit Leib und Seele Europäer. Und ein waschechter Oberpfälzer.

Ismail Ertug, geboren am 5. Dezember 1975 in Amberg, ist Mitglied des Europäischen Parlaments (MdEP). Seine politische Karriere begann im Juli 1999 mit dem Beitritt zur SPD und zu den Jusos. Von 2004 bis 2014 war Ertug Mitglied im Amberger Stadtrat. Im Brüsseler Parlament gehört er den Ausschüssen für Verkehr/Tourismus und Industrie/Energie an. Einer größeren Öffentlichkeit bekannt wurde er als Co-Berichterstatter des Europäischen Parlaments für die Verordnung über die Transeuropäischen Verkehrsnetze. Neben der legislativen Arbeit in Fachausschüssen ist er Mitglied in den Delegationen für die Beziehungen mit China und der arabischen Halbinsel.

ÖZDEN TERLI

„Noch am selben Tag verkaufte ich mein Motorrad. Und holte mir ein Elektro-Lastenrad“

Ein türkischer Name, ein öffentlich-rechtlicher Sender, das Warnen vor dem Klimawandel: Als er zum ZDF wechselte, wurde aus den Böen der Diskriminierung ein Orkan. Na und? Özden Terli ist weiter geradeaus seinen Weg gegangen. So wie immer.

Als Kind habe ich „Star Trek“ geliebt. Ich träumte von Raumschiffen und fernen Welten, und in klaren Nächten saß ich auf dem Balkon unseres Wohnblocks und beobachtete die Sterne, die Planeten, den Mond. Ein Teleskop hatte ich nicht, also nahm ich das Fernglas meinen Eltern. Und tatsächlich: Wenn die Nacht besonders klar war, konnte ich einzelne Mondkrater erkennen. Und dieser Schleier – waren das die Ringe des Saturn?

Gut möglich, dass ich mich irrte. Denn das Fernglas war nicht besonders gut, und die Qualität der Luft war damals miserabel, gerade im Winter. In unserem Viertel wurde mit Kohle geheizt, entsprechend trüb war der Himmel über Köln. Ich erinnere mich an das Hochschleppen der Kohle, das Runtertragen der Asche, und je älter ich wurde, desto größer wurden meine Sorgen: über den Dreck, den wir Tag für Tag in die Luft bliesen, den sauren Regen, der die Wälder ruinierte, das Abschlachten der Robben, das Verklappen der Dünnsäure, die ganze krasse Umweltverschmutzung jener Jahre.

1986, ich war 14, durften wir in der Pause nicht raus auf den Schulhof. In Tschernobyl war es einige Tage zuvor zu einer Kernschmelze in einem

Reaktorblock gekommen. Nun regnete es. Die Lehrer beschlossen, uns Kinder und Jugendliche vor einem möglichen Fallout zu schützen.

Es war ein Wink mit dem Zaunpfahl der Geschichte: Üblicherweise hat Europa eine Westwindlage, eigentlich hätte die radioaktive Wolke Richtung Osten abziehen müssen. Doch in jenen Wochen herrschte Ostwind. Die radioaktive Wolke breitete sich über Teilen Europas aus und traf auch Deutschland. Schlagartig war die atomare Bedrohung real.

Meine Eltern waren in den 60er-Jahren nach Köln gekommen und arbeiteten bei Ford. Alles drehte sich um Ford: Wir wohnten in den Ford-Häusern, und nicht nur meine Eltern, auch all unsere Nachbarn, die meisten Onkel, Tanten und Cousins waren Fordianer. Immer wieder hörte ich die Erwachsenen fragen: „In welcher Halle arbeitest du?“, und erfuhr, dass meine Mutter Autositze nähte und mein Vater am Band stand und Zylinder verschraubte.

Später, als Schüler, hatte ich einen Ferienjob bei Ford und sah, mit welch harter Arbeit die Generation meiner Eltern ihr Geld verdiente. Meine Aufgabe war es, die Wasser- und Saftautomaten zu befüllen. Mit einem kleinen Elektrowagen fuhr ich von Halle zu Halle und wuchtete jeden Tag mehrere Tonne Getränkekisten. Es war ein Knochenjob, aber er machte Spaß, zumal ich unterwegs immer wieder Verwandte und Nachbarn traf. Halle R blieb mir in Erinnerung, das Druckgusswerk, wo Teile des Getriebes hergestellt wurden. Es war stickig, man konnte die schlechte Luft bei der Einfahrt in die Halle förmlich sehen.

In jenen Jahren träumte ich davon, Forscher zu werden, weit draußen im Feld, im Eis der Antarktis oder in den Wüsten des Leeren Viertels. Ich verschlang Survivalbücher, lernte, Karten zu lesen und einen Kompass zu bedienen. Wollte mich im Schlauchboot den Walfängern entgegenstellen und im Regenwald bedrohte Arten retten.

Mein Alltag kam da nicht ganz mit: Nach der Realschule machte ich eine Lehre als Fernmeldeanlagen-Elektroniker. Das hieß Kabel verlegen, Telefone reparieren, Telefonanlagen installieren und programmieren. Danach machte ich mein Fachabitur und schrieb mich an der Fachhochschule Köln im Fach Nachrichtentechnik ein. Ich kam gut vorwärts, vor mir lag eine Laufbahn als Ingenieur. Aber ich fühlte mich merkwürdig leer. Mein Herz hing nicht daran.

Eines Nachmittags war ich zu Hause und las mich durch den Videotext, als ich über eine Meldung stolperte: Wissenschaftlerinnen und Meteorologen warnten vor einer weiteren Erwärmung des Planeten, vor dem „Klimawandel“. Dieser Begriff war nicht neu, aber ich hatte mich wenig damit beschäftigt. Ich begann, mich in das Thema Meteorologie und Klima einzuarbeiten, und wusste bald: Das ist es. Das ist das Thema, nach dem ich so lange gesucht hatte. In dem alles zusammenläuft: mein Forscherdrang, mein Interesse am großen Ganzen, mein Wunsch, beizutragen zum Schutz der Umwelt.

Ich brach mein Studium an der Fachhochschule ab und stellte einen Antrag am Köln-Kolleg, um das Abitur nachzuholen. 1997 hatte ich mein Abi in der

Tasche. Ich war 26, packte meinen kleinen Hausstand zusammen und zog nach Berlin, um dort Meteorologie zu studieren.

Meine erste Wohnung lag in Neukölln. Die Freie Universität war in Dahlem, das waren gute zehn Kilometer pro Strecke, ich legte sie täglich zurück mit meinem selbst gebauten Liegerad. Das war meine Leidenschaft in jenen Jahren: leichte, immer ausgefeiltere Liegeräder zu entwerfen und zu konstruieren. Den ersten Rahmen baute ich noch während meiner Kollegzeit aus Styropor, Kohlefaserplatten und Epoxidharz. Gar nicht so einfach, damals an Information zu kommen, das heutige Internet gab es noch nicht, nur Mailboxen, Newsgroups und Mailinglisten, in die ich mich mit meinem unendlich langsamen Modem einwählte, um Kontakt aufzunehmen mit der weltweiten Liegeradszene.

Fünf Liegeräder aus Kohlefaser habe ich in jenen Jahren gebaut und sie immer weiter verfeinert, ultratief, ultraleicht. An die 1.500 Mark kosteten Teile und Material pro Renner, aber ein gleichwertiges Liegerad hätte im Laden locker das Sechsfache gekostet. Meine Räder waren keine Schönheiten, aber sie waren flink, man erreichte mit ihnen ganz entspannt einen Schnitt von 35 Kilometern pro Stunde. Eine Weile lang nahm ich sogar an Liegeradrennen teil, und zwei Mal bin ich über die Alpen gefahren.

Bei der ersten Überquerung war mein Liegerad gut, aber Zelt und Schlafsack kamen leider gar nicht mit. Nachts lag ich wach und fror – ich hatte an der falschen Stelle gespart. Im zweiten Urlaub hatte ich ein besseres, voll gefedertes Rad und eine viel bessere Ausrüstung. Beide Urlaube waren grandios: Einfach losfahren, nicht wissen, wo man abends landet, erst die Pässe hinaufschwitzen, dann die Serpentinen hinunterrasen und schließlich in Italien ankommen – ich habe es geliebt.

Das Meteorologiestudium war anspruchsvoll. In den ersten Semestern unterschied es sich kaum von einem Physikstudium, erst im Hauptstudium wurde es deutlich „meteorologischer". Ich belegte Paläoklimatologie, Medienmeteorologie und im Nebenfach Astrophysik, vertiefte mich in Synoptik, also Wettervorhersage, und arbeitete nebenher im Wetterturm der Freien Universität. Ich las dort die Instrumente ab, die diversen Thermometer, die Wind- und Regenmesser, zeichnete Karten, versorgte Kunden mit Daten, lernte Wissenschaftskommunikation. Eine prägende Zeit.

Meine Diplomarbeit war eine echte Forschungsarbeit. Sie trug den sperrigen Titel: „Atmosphärischer Transport von Saharastaub über dem Atlantik – Lidar-Beobachtungen an Bord des Forschungsschiffes Polarstern". Und tatsächlich: Im Oktober 2005 durfte ich auf dem Helikopterdeck des großen deutschen Forschungsschiffes den Container mit meinem Experiment aufbauen und bezog mittschiffs eine Kabine. Die Forschungsreise begann in Bremerhaven und sollte in Kapstadt enden, nach gut sechs Wochen auf dem Atlantik.

Tag und Nacht tastete unser Laser Wolken und Luft ab, um Saharastaub nachzuweisen – und Tag und Nacht mussten ein Ingenieur und ich darauf achten, dass die Geräte aufzeichneten. Meine Schicht ging bis nachts um drei, dann war er dran. Auf der Höhe von Nordafrika maßen wir zum ersten Mal Saharastaub, das Sammeln der Daten begann. Es funktionierte.

Weit, weit draußen fuhren wir durch den Südatlantik. Wochenlang sahen wir keine Vögel und begegneten keinem anderen Schiff. Die Polarstern war der Mittelpunkt unseres Lebens, es gab nichts anderes außer diesem Schiff, unser Schiff war die Welt. Ich verstand plötzlich, warum Seeleute ihr Schiff so sehr lieben, dass sie davon reden, als seien sie mit ihm verheiratet.

Immer wieder hat es Forscherinnen und Forscher auf dem Schiff gegeben, die so seekrank wurden, dass sie ihre Experimente abbrechen mussten. Mir ist zum Glück nur einmal schlecht geworden. Es war Sturm, wir tranken Bier vorn beim Fahrtleiter, der Seemannsgarn erzählte – von der Monsterwelle etwa, die einmal mit unglaublicher Wucht auf das Schiff geprallt war. Die Polarstern ist ein Eisbrecher und hat einen schweren Bug, darum nickt sie beim Überqueren der Wellen stärker als andere Schiffe. Das Bier, der Sturm, das Nicken – das war zu viel, ich eilte in meine Mittschiffkabine, die deutlich ruhiger dalag, und haute mich in meine Koje.

Zurück in Berlin, machte ich mich an die Auswertung der Daten. Mit dem Liegerad flitzte ich jeden Tag nach Potsdam ins Alfred-Wegener-Institut. Es liegt auf dem historischen Telegrafenberg, dort, wo einst Albert Einstein forschte. Jeden Morgen, wenn ich das Gelände betrat, war ich stolz, auf seinen Spuren zu wandeln. Fast zwei Jahre dauerte die Auswertung der Daten, ich hätte eine Doktorarbeit daraus machen können, aber es kam anders.

Wird der Sommer in der Arktis ungewöhnlich warm, beginnt der Jetstream zu „eiern“ – ein normaler Vorgang, der allerdings durch die Erhitzung im Rahmen der Klimakrise heftiger wird. Die Folge: ungewöhnlich heiße und trockene Sommer.

Schon während des Studiums hatte ich bei wetter.com gearbeitet, dem Wetterkanal von ProSiebenSat.1. Nun unterschrieb ich einen Vertrag und zog wenig später um in die Zentrale nach München. Ich schrieb Wetterberichte und Vorhersagen. Wir waren ein gutes Team, hatten viele Freiheiten und dachten uns alles Mögliche aus. Erfanden das „Motorradwetter“, nahmen uns mit einer „365-Tage-Vorhersage“ auf die Schippe, flochten das Thema Klimawandel ein in unsere Artikel.

Bis mich eines Tages meine Chefin ohne viel Wenn und Aber vor die Kamera stellte. „Du kannst gut reden“, war ihre Begründung, „außerdem bist du eingeteilt.“ Widerspruch war sinnlos, also habe ich mir rasch einen Text geschrieben und ihn vom Prompter abgelesen, während ich in die Kamera blickte. Es war die Hölle. Erst danach bekam ich ein Kameratraining und wurde allmählich sicherer im Moderieren.

2013 wechselte ich zum ZDF, wir zogen um nach Mainz. Ich begann beim „Mittagsmagazin“, das ist eine vergleichsweise kleine Bühne, aber sie fordert dich: Die Strecke ist lang, rund drei Minuten, und es wird live gesendet, das kann maximal schiefgehen. Ich spürte meine Verantwortung als Meteorologe: Millionen Menschen schauten mir zu, und ich musste ihnen sagen, wie gefährlich etwa ein Sturm werden würde. Auch hier setzte ich immer wieder Klimathemen.

Ich habe in meinem Leben immer wieder leichte Böen der Diskriminierung erlebt – doch als ich begann, das Wetter im ZDF zu moderieren, wurde daraus ein Orkan. Ein türkischer Name, ein öffentlich-rechtlicher Sender, das Warnen vor dem Klimawandel: Ich erfüllte drei Feindbilder auf einmal. Plötzlich stand ich im Kreuzfeuer von allen möglichen Hetzern. Eine Weile lang hat es mich irritiert, ich habe sogar versucht zu widersprechen, aber dann habe ich es nur noch ignoriert.

Überhaupt habe ich mich nie von dummen, verletzenden Bemerkungen aufhalten lassen und mein Ding durchgezogen. Je mehr Energie du auf das verwendest, was andere sagen, desto mehr hält es dich auf. Meine Meinung.

Beim ZDF habe ich immer wieder Daten der NASA und von Copernicus genutzt, dem europäischen Erdbeobachtungsprogramm, um die Erwärmung des Planeten zu dokumentieren. Denn Wetter und Klima gehören mittlerweile zusammen, es lässt sich nicht mehr trennen. Die Klimakrise hat begonnen. Das kann niemand abstreiten, ohne sein eigenes Unwissen zu entblößen und sich als irrationaler Klimaleugner zu entlarven. Spätestens seit 2018 sind die Klimafolgen allseits sichtbar: Brände in Australien und Kalifornien, das beschleunigte Abschmelzen der Eispanzer, weltweite Dürren und historisch starke Hurricanes zeigen, welch Zerstörungskraft der Klimawandel entfesseln wird.

Auch bei uns.

Das Wetter ist in Deutschland mittlerweile oft „meridional“ geprägt, das heißt, die Luft strömt entweder aus südlicher oder nördlicher Richtung heran. Das bedeutet: Extremwetter sind möglich. Wird der Sommer in der Arktis ungewöhnlich warm, beginnt der Jetstream zu „eiern“ – ein normaler Vorgang, der allerdings durch die Erhitzung im Rahmen der Klimakrise heftiger wird. Die Arktis hat sich deutlich schneller erhitzt als der Rest des Planeten. Wir haben ungewöhnlich heiße und trockene Sommer – und Dürren wird es bei uns noch häufig geben.

Auch unsere Winter verändern sich, weil auch der Polarwirbel zu eiern beginnt. Klassischerweise herrscht im Winter eine kräftige Westströmung vor; kommt der Polarwirbel aus dem Takt, dann strömt wochenlang eisige Luft zu, so wie im Winter 2020/21 geschehen. Das System springt zwischen „Eiern“ und extremer Westwindlage. Auch das eine Folge der Klimakrise.

Das gesamte System ist verändert, und diese Unwucht wird sich dynamisch fortsetzen. Noch nie stand die Menschheit vor einer so epochalen Veränderung. Die Klimakatastrophe doch noch abzuwenden, diese Aufgabe betrifft alle, sie macht Partei- und Ländergrenzen bedeutungslos. Regierungen in aller Welt müssen jetzt schnell und effizient handeln, damit die Generationen nach uns eine faire Chance haben. Diese Generation gibt es bereits. Es sind unsere Kinder!

Viele Jahre lang bin ich leidenschaftlich gern Motorrad gefahren. Es gab Tage, an denen ich mich in München spontan auf meine Yamaha gesetzt habe und in die Dolomiten gefahren bin. Ich hatte eine Rennmaschine und bin immer recht sportlich gefahren. Bei aller Vorsicht: So manches Mal haben Zentimeter darüber entschieden, ob ich mich abends im Krankenhaus oder in meinem Bett wiederfand.

2017 stand ich an einer Tankstelle, durch den Zapfhahn gluckerte das Benzin in mein Motorrad, als ich mich plötzlich fragte: Was mache ich hier eigentlich? Ohne Not durch die Gegend fahren und Öl verbrennen? Und warum? Und beschloss: Das war's. Noch heute verkaufst du dein Motorrad.

Genau das habe ich getan. Noch am selben Tag war das Motorrad weg.

Ich habe mir von dem Geld ein Elektrolastenrad gekauft, mit großer Box, in der meine Kinder sitzen können. Es war die richtige Entscheidung.

Eine neue Zeit bricht an, eine Aufbruchstimmung, wie ich sie noch nie gespürt habe. Ich hoffe nur, dass es gelingen wird – die große Transformation in eine solare Zukunft. Trotz aller Widerstände. Eine andere Chance haben wir Menschen, hat die Menschheit nicht.

Özden Terli, geboren in 1971 in Köln, ist Diplom-Meteorologe und Journalist beim ZDF. Der ausgebildete Fernmeldeanlagenelektroniker holte sein Abitur auf dem zweiten Bildungsweg nach und studierte Meteorologie an der Freien Universität Berlin. Seine Diplomarbeit erstellte er am Alfred-Wegener-Institut für Polar- und Meeresforschung. Bereits als Student arbeitete er bei wetter.com, später war er einer der Meteorologen des Portals. Seit 2013 arbeitet Terli beim ZDF und flicht in seine Vorhersagen immer wieder die Veränderungen im Klimasystem ein – weil die anthropogene Klimaerhitzung immer stärker das Wettergeschehen bestimmt. Als Experte für Wetter- und Klimafragen ist er unter anderem in Sendungen wie „heute" und dem „heute journal" zu sehen.

23
AVRUPA GENÇLER - ÜMİTLER
KARATE

DUYGU BOLAT

„Karate hilft dir, über dich selbst hinauszuwachsen“

Ihr Vater, selbst Weltmeister, schmiedete aus dem SC Banzai einen der erfolgreichsten Karatevereine Deutschlands. Seine Tochter tat es ihm gleich: Duygu Bolat stand jede freie Minute auf der Trainingsmatte in Berlin-Kreuzberg – und gewann etliche große Titel.

Ich war nun Vizeweltmeisterin. Und so deprimiert, dass ich am liebsten aus der Halle gerannt wäre.

Bremen, 2014. Die Karate-Weltmeisterschaft vor heimischem Publikum. Ich hatte hart trainiert für dieses Turnier. Ich kämpfe in der Kategorie bis 50 Kilogramm, sie stand als Letztes auf dem Programm. Auf mir ruhten die Hoffnungen des Nationalteams: Sosehr sich die deutschen Kämpferinnen und Kämpfer auch angestrengt hatten, keiner und keine hatte es geschafft, sich für die Finalrunde am nächsten Tag zu qualifizieren.

Bei mir lief es glänzend. Einen Kampf nach dem anderen absolvierte ich, gegen die Besten der Welt, einen Kampf nach dem anderen gewann ich. Bald stand ich im Halbfinale, gegen die französische Doppelweltmeisterin. Die Zuschauer feuerten mich an.

Ich war 23. Seit 15 Jahren hatte ich hart trainiert. Und immer hatte ich dieses eine Ziel: Ich wollte es meinem Vater gleichtun und einmal in meinem Leben Weltmeisterin werden.

Er heißt Veysel Bugur, in der Welt des Karate kennt ihn jeder. Er kam als Schüler nach Berlin, trat dort in einen Karateverein ein und gewann unzählige Titel. Später hat er den SC Banzai übernommen, in Kreuzberg, und zum wohl erfolgreichsten Karateverein in Deutschland gemacht. Dort, in einer Fabriketage im fünften Stock, habe auch ich trainiert und meine halbe Jugend verbracht. Bewegen, schlagen, stoßen, treten, fallen. Immer wieder.

Lassen Sie mich kurz erklären, was wir da machen. Karate, die „leere Hand“, die waffenlose Selbstverteidigung, stammt aus Japan. Es gibt zwei Wettkampfformen: Kata, bei dem Technikreihenfolgen vorgeführt werden, eine Art Schattenkämpfen, und Kumite, bei dem du gegen eine Gegnerin kämpfst. Das mache ich. Kumite kann mit Boxen, Taekwondo oder Judo verglichen werden. Aber im Unterschied zum Boxen triffst du deine Gegnerin nur leicht. Du trägst Mund-, Hand- und Fußschutz und versuchst, mit schnellen, starken, kontrollierten Faust- und Fußtechniken deine Gegnerin an Kopf oder Bauch zu treffen.

Triffst du sie mit dem Fuß am Kopf, bekommst du drei Punkte, mit dem Fuß am Bauch – zwei Punkte. Wenn du deine Gegnerin zu Boden fegst, erhältst du drei Punkte, wenn du sie mit den Fäusten leicht an Kopf oder Bauch triffst, jeweils einen Punkt. Nach drei Minuten ist der Kampf vorbei.

Es geht um Technik, Schnelligkeit, Ausdauer, um das blitzschnelle Erkennen einer Lücke in der Verteidigung. Karate ist kein Vollkontaktsport. Blutet deine Gegnerin, wirst du ermahnt, bei drei Ermahnungen fliegst du aus dem Turnier. Das passiert allerdings nur selten. Du bist es gewohnt, deine Schläge und Tritte so abzustoppen, dass sie keinen Schaden anrichten. Beim Fußball verletzen sich mehr Menschen.

Zu allen großen Turnieren hat mich mein Vater begleitet. Er stand dann hinter mir und hat mich gecoacht, mit all seiner Erfahrung. Er sieht alles, er hat das perfekte Auge, er sieht jede Lücke in der Verteidigung meiner Gegnerin. So auch in Bremen. Ich hörte hinter mir seine ruhige Stimme.

Das Halbfinale gegen die amtierende Weltmeisterin lief gut: Ich war im Flow, mir gelang alles, ich war schnell und konzentriert und treffsicher. Die Halle stand hinter mir. Ich hatte mehrfach gegen die Französin verloren, aber an diesem Tag habe ich sie geschlagen und stand im Finale. Freudentränen schossen mir in die Augen. Mein Traum war nur noch einen Sieg entfernt.

Hätte das Finale an diesem Tag stattgefunden, ich hätte es gewonnen und wäre Weltmeisterin geworden. Da bin ich ganz sicher. Ich brauche den Schwung meiner Siege, die Euphorie der Zuschauer, dann wachse ich über mich hinaus. Leider war das Finale erst am nächsten Tag.

Wir fuhren ins Hotel. Ich habe gut geschlafen, ich schlafe immer gut vor Wettkämpfen, während andere wach liegen vor lauter Aufregung. Überhaupt bin ich mental recht stark. Vielleicht liegt es daran, dass ich bei allem Ehrgeiz auf dem Teppich bleibe. Ich habe mir immer gesagt: Bleib locker, hab Spaß, verkrampf nicht. Natürlich gibt es Tage, an denen man sich Druck macht, aber all meine wichtigen Medaillen habe ich geholt, wenn ich entspannt und positiv auf die Matte trat.

Der nächste Tag. Meine Gegnerin hieß Serap Özçelik. Wie schön: Zwei Türkinnen aus zwei Ländern standen sich im WM-Finale gegenüber. Auch sie kannte ich von vorherigen Wettkämpfen, sie war stark und schnell und hatte eine perfekte Deckung.

Und nun war mein erster Kampf gleich das Finale. Es lief nicht gut. Ich verlor klar mit 5:1.

Die ersten Minuten nach dieser Niederlage waren schlimm, wirklich schlimm. Ich war so kurz davor gewesen, mein Ziel zu erreichen. Würde so eine Chance jemals in meinem Leben wiederkommen?

Bei der Siegerehrung habe ich versucht zu lächeln, aber meine Mundwinkel zitterten. Für die Fotografen wollte ich mich freuen, aber es gelang nicht. Mit aller Kraft bemühte ich mich, die Tränen zurückzuhalten. Es ist ein Bild, das man von vielen Siegerehrungen kennt: Die Dritte ist happy und lacht, sie hat ihren letzten Kampf gewonnen. Aber die Zweitplatzierte muss sich ziemlich zusammenreißen.

Wobei. Verlieren gehört nun einmal zum Sport dazu. Du musst damit umgehen können, du musst dich wieder aufrappeln. Bei mir hat es ein paar Tage gedauert. Dann setzte die Freude ein über das, was ich erreicht hatte.

Ich war Vizeweltmeisterin!

Die deutsche Geschichte meiner türkischen Familie begann damit, dass meine Oma 1968 nach Berlin kam, um hier im Krankenhaus zu arbeiten. Ein Jahr später holte sie ihren Mann und die Kinder nach. Mein Vater Veysel ging damals in die vierte Klasse, und wie alle Kinder, die neu in einem fremden Land sind, musste er sich erst mal durchkämpfen, musste die Sprache lernen, Freunde finden, sich zurechtfinden in der neuen Stadt. Seine Eintrittskarte in die deutsche Welt war der Sport.

Denn mit zwölf ging er zu seinem Vater und fragte ihn, ob er Boxen lernen dürfe. Sein Vater war von der Idee gar nicht begeistert, erkundigte sich bei Arbeitskollegen und die rieten zum Karate, das sei die elegantere Form des Kämpfens. Und so trat mein Vater in den SC Banzai ein und trainierte jede freie Minute.

1981, mit 16, wurde er zum ersten Mal Deutscher Meister. Aber in das deutsche Nationalteam wurde er nicht berufen, denn er hatte keinen deutschen Pass. Nun ist mein Vater nicht jemand, der lange darauf wartet, bis man ihn bittet. Er setzte sich mit dem türkischen Karatekader in Verbindung – und startete fortan für die Türkei.

Mit dem Karate kam die Selbstsicherheit. Von der Hauptschule wechselte er auf die Realschule, dann aufs Gymnasium, später studierte er Elektrotechnik an der TU Berlin.

Bei der U21-Europameisterschaft 1985 gewann er mit dem türkischen Team den ersten Platz – gegen die Deutschen. 1987 gewann er die erste Medaille bei den Herren für die Türkei und wurde Dritter bei den World Cups. Bei der WM 1992 in Granada gewann er Gold im Einzel, bei der WM 1994 in Kairo

Gold im Team – die aus der Türkei angereisten Fans trugen ihre Helden auf den Schultern durch die Halle.

Er war damals ziemlich bekannt, denn Karate hat einen ganz anderen Stellenwert in der Türkei. Gewann das Nationalteam ein bedeutendes Turnier, dann las man darüber in den großen Tageszeitungen.

Als er 1992 als frisch gekürter Weltmeister in Istanbul landete, war der Empfang pompös. Karateschulen standen Spalier, der Staatspräsident schüttelte ihm die Hand, es gab Blumen, man schenkte ihm ein Haus, die Zeitungen titelten, die Abendnachrichten berichteten.

Bei uns gibt es viele Sportlerinnen, die bedeckt trainieren. Das hat nichts damit zu tun, dass ihre Familien besonders religiös oder streng sind. Nein, es ist ihre Entscheidung, und es ist ihr gutes Recht. Jede soll sich so kleiden, wie sie will.

Doch irgendwann wurden ihm das ständige Reisen und die wochenlangen Trainingslager in der Türkei zu viel. Er hatte eine Familie in Berlin, er hatte dort einen Job als Elektroingenieur, und so beschloss er, sich 1996 in Deutschland einbürgern zu lassen. Er wechselte ins deutsche Nationalteam, das war damals möglich, und gewann noch einmal etliche Medaillen für Deutschland. Vor allem aber wurde er Trainer. 1999 übernahm er die Leitung des SC Banzai und gründete ihn neu in Kreuzberg. Genau das Jahr, in dem ich mit Karate begann.

Ich wurde 1991 geboren und bin von klein auf mit Karate aufgewachsen. Als Kind durfte ich manchmal zuschauen, wenn mein Vater Trainings gab. Zwischendurch haben die Kämpfer mit mir gespielt und Karateübungen mit mir gemacht. Am Ende bekam ich einen Eiweißriegel geschenkt und durfte ihn vernaschen.

Mit sechs Jahren habe ich dann aber mit Tennis angefangen. Karate kannte ich ja schon. Warm geworden bin ich mit Tennis nicht, ich nahm Karate dazu, bis mir eines Tages mein Vater sagte, da war ich acht: Wenn ich erfolgreich sein wolle, müsse ich mich entscheiden. Entweder Tennis oder Karate. Wenn ich beides machte, dann bleibe beides ein Hobby.

Ich habe mich für Karate entschieden. Nicht lange, da packte mich der Ehrgeiz: Ich wollte genauso erfolgreich sein wie mein Vater.

Bald stand mein erstes richtiges Turnier an, die Berliner Meisterschaften. Einerseits war ich super aufgeregt, andererseits noch ein Kind und habe draußen vor der Turnhalle Fangen gespielt. Als ich aufgerufen wurde, rannte mein Cousin los, um mich zu suchen, fand mich draußen und holte mich rein. Dort stand dann mein Vater am Rand der Matte und gab mir Tipps. Das war cool, ich habe prompt gewonnen – und gewann die Berliner Meisterschaft.

Mit zwölf wurde ich zum ersten Mal Deutsche Meisterin, mit 18 wurde ich ins deutsche Nationalteam berufen. Das war für mich der Zeitpunkt, an dem ich mich entscheiden musste – sollte ich für Deutschland starten oder für die Türkei?

Ich habe lange darüber nachgedacht. Ich hänge an der Türkei, dort liegen die Wurzeln meiner Familie. Und ich hänge an Deutschland, hier bin ich geboren und aufgewachsen und zur Schule gegangen. Als türkische Nationalathletin würde ich Geld verdienen, müsste aber monatelang dort sein, um Trainingslager zu besuchen. Wie sollte ich das mit meinem Studium in Berlin vereinbaren? Am Ende entschied ich mich, für Deutschland anzutreten – und ließ mich meinerseits einbürgern.

Als Kind habe ich nicht jeden Tag trainiert, sondern zwei, drei Mal pro Woche. Mit 14 wurde es mehr, ab da habe ich alle zwei Tage ein Doppeltraining absolviert. Mehr muss nicht sein. Karate ist nicht Fußball oder Leichtathletik. Ich hatte Gegnerinnen, die haben drei Mal täglich trainiert und waren auch nicht besser.

Unsere ganze Familie ist verrückt auf Karate, und unser Haus steht voller Pokale. Meine beiden jüngeren Schwestern waren mindestens genauso motiviert wie ich. Beide sind momentan im deutschen Nationalteam und kämpfen ebenfalls auf Europa- und Weltmeisterschaften, beide studieren.

Seden, meine jüngste Schwester, ist die Verrückteste von allen. Einmal haben wir sie vom Kindergarten abgeholt, sie war vielleicht fünf, und haben ihr zum Spaß gesagt: Wir fahren nicht zum Training, sondern nach Hause. Da hat sie angefangen zu heulen vor Enttäuschung, so erpicht war sie darauf zu trainieren.

Ein anderes Mal, sie war kaum älter, hat sie gesagt, sie wolle neun Stunden pro Woche trainieren, wie die Ukrainerinnen, von denen sie gehört hatte. Als sie wenig später ihr erstes Turnier gewann, konnte sie sich nicht wirklich freuen, denn: „Die Ukrainerinnen waren nicht dabei."

Klar, dass mein Vater auch meine Schwestern coacht, genau wie alle Leistungsträger aus dem Verein. Manche scherzen, er sei der Schrecken der Kampfrichter, weil er so leidenschaftlich gegen in seinen Augen unkorrekte Entscheidungen eintritt. Wobei er nie laut oder wütend wird. Aber er schafft es immer wieder, mit Charme, Ausdauer und eiserner Beharrlichkeit seinen Willen durchzusetzen.

Rund 400 Mitglieder hat der SC Banzai heute, viele von ihnen haben internationale Wurzeln. In der Fabriketage steht alles voller Pokale, mehr als zehn Kämpferinnen und Kämpfer haben WM- und EM-Medaillen gewonnen, das hat kein anderer Verein in Deutschland geschafft. Dreimal wurde der SC Banzai vom Deutschen Olympischen Sportbund für seine Jugend- und Integrationsarbeit mit dem Grünen Band ausgezeichnet.

Eines Tages fiel meinem Vater auf: Auf große Turniere zu fahren ist teuer, laden wir doch die anderen zu uns ein. So entstand 2005 der Banzai-Cup, der inzwischen 1.500 Kämpferinnen und Kämpfer aus aller Welt anzieht, eines der großen internationalen Turniere. Das australische Nationalteam reist an, Indonesien war dabei, die Türkei und Südafrika.

2017 habe ich meine Karriere beendet. Ich hatte mich an der Leiste verletzt und musste operiert werden. Vielleicht hätte ich danach wieder beginnen können, aber es wäre riskant gewesen. Und, ganz ehrlich, zum Beruf eignet sich Karate nicht. Man kann in Deutschland nicht davon leben. Es ist ein wundervolles Hobby, es prägt und formt dich, aber dann musst du weiterziehen.

Ich blicke auf eine erfolgreiche Karriere zurück: Ich habe unzählige Turniere gewonnen, war 2011 und 2014 Vizeweltmeisterin, 2017 bin ich Vizeeuropameisterin geworden. Zweimal kam ich bei der Wahl zu Berlins Sportlerin des Jahres auf den zweiten Rang.

Die Silbermedaille, Sie sagen es. Ich bin stolz darauf.

2012 begann ich mein BWL-Studium an der Humboldt-Uni. Und hatte seither auf Turnieren immer meine Lehrbücher dabei, um mich im Zug, im Flugzeug, in der Halle, im Hotelzimmer auf meine Prüfungen vorzubereiten. Dieses Jahr beende ich meinen Master. Klar – Leistungssport plus Studium, das war manchmal ziemlich anstrengend. Aber der Kampfsport lehrt Durchhaltevermögen.

Inzwischen bin ich in meiner Freizeit selbst Trainerin beim SC Banzai. Ich liebe es, Kinder anzuspornen, gemeinsam ihre Ziele zu erreichen. Ihnen die Grundwerte des Karate mit auf den Weg zu geben: Respekt vor dem Gegner, Disziplin, Selbstbewusstsein und Fairness – Werte, die gerade in Berlin wichtig sind, wo so viele verschiedene Kulturen aufeinandertreffen. Ich habe oft erlebt, wie gut sich Kinder entwickeln, wenn sie beim Karate Disziplin und Konzentration lernen, umgehen lernen mit Sieg und Niederlage.

Bei uns gibt es viele Sportlerinnen, die bedeckt trainieren. Das hat nichts damit zu tun, dass ihre Familien besonders religiös oder streng sind. Nein, es ist ihre Entscheidung, und es ist ihr gutes Recht. Jede soll sich so kleiden, wie sie will. Was ich überhaupt nicht okay finde: wenn Frauen, die sich bedeckt kleiden, benachteiligt werden.

2018 habe ich angefangen, eine Mädchengruppe zu unterrichten für diejenigen, die sich in einem gemischten Kurs nicht wohlfühlen. Ich möchte der nachkommenden Generation etwas zurückgeben und kann alle Eltern nur dazu ermutigen, ihre Kinder für den Sport zu begeistern.

Ich selbst habe nie Diskriminierung erlebt. Vielleicht liegt es daran, dass ich eine Frau bin. Ich habe es ein einziges Mal erlebt, dass sich in der Schule ein Kreis um mich gebildet hat und alle riefen, ich solle es dem Jungen zeigen. Er griff mich aus Spaß an, also habe ich ihn aus Spaß zu Boden gefegt. Und damit hatte sich die Angelegenheit erledigt.

Mein Mann hatte da ganze andere Probleme. Er hatte in der sechsten Klasse die besten Noten auf seiner Grundschule in Steglitz. Viele sind damit nicht klargekommen. Lehrer fragten ihn: Willst du wirklich aufs Gymnasium? Und legten nahe: Das schaffe er sowieso nicht. Weil er manchmal lauter auf dem Schulhof war, was doch wohl normal bei Kindern ist, hat man versucht, ihn von der Schule zu werfen.

Meinen Mann, Mehmet Bolat, und mich verbindet viel: Auch er war jahrelang in der Karate-Nationalmannschaft und kennt den Spagat zwischen Studium und Leistungssport. Heute ist er Wirtschaftsingenieur und arbeitet als Projektmanager. Viele Wettkämpfe haben wir gemeinsam erlebt, uns verbinden die gleichen Werte und die Leidenschaft für unseren Sport.

Meine Eltern haben Wert darauf gelegt, dass wir unsere türkischen Wurzeln nicht vergessen. Daheim wurde bei uns mal Türkisch, mal Deutsch geredet, und im Urlaub sind wir oft in die Türkei gefahren. Das war superschön – auch deshalb, weil mein Vater dort so viele Menschen kennt und wir überall ein Zuhause hatten.

Karate hat uns geprägt. Es ist eine Brücke zwischen den Kulturen, ein Motor der Integration, es hilft dir, über dich selbst hinauszuwachsen.

Duygu Bolat, geborene Bugur, kam am 13. Juni 1991 in Berlin zur Welt. Nach dem Abitur am Beethoven-Gymnasium Berlin schloss sie ein Studium der Betriebswirtschaftslehre (M.Sc.) an der Humboldt-Universität zu Berlin ab. Sie ist eine der erfolgreichsten Karateathletinnen in Deutschland und Tochter des Doppelweltmeisters Veysel Bugur. Sie ist Mitglied im Deutschen und Berliner Karateverband, Coach und Karatetrainerin im Verein SC Banzai. Stationen ihrer Sportkarriere: Mitglied der deutschen Karate-Nationalmannschaft von 2009 bis 2018, mehrfache Deutsche Meisterin, mehrfache Platzierungen auf Europa- und Weltmeisterschaften. Vizeeuropameisterin 2017, Vizeweltmeisterin 2011 und 2014. Bolat wurde mehrfach als Sportlerin des Jahres der HU Berlin ausgezeichnet und errang in den Jahren 2015 und 2017 den zweiten Platz bei der Wahl der Sportlerin des Jahres in Berlin.

SERAP GÜLER

„Wir haben die Pflicht, die Geschichte unserer Väter und Mütter zu erzählen“

Der Vater: Kohlekumpel. Die Tochter: Staatssekretärin für Integration in Nordrhein-Westfalen. Klug erzählt Serap Güler, wie sie zwischen zwei Welten aufgewachsen ist. Beide Seiten zerren an dir, beiden Seiten willst du es recht machen. Und musst lernen, dich zu arrangieren.

Fast 40 Jahre unter Tage ohne einen Tag krank“, war einer der Lieblingssätze meines Vaters, wenn er über seine Zeit als Bergmann redete. Ich habe mich darüber immer gewundert. Wie kann man so viele Jahre unter Tage arbeiten und nie krank sein?

Irgendwann habe ich ihn darauf angesprochen. Natürlich habe es Wochen gegeben, in denen es ihm nicht gut gegangen sei und er wohl krank gewesen sei, sagte er. Er sei dann aber trotzdem zur Arbeit gegangen. Nur einmal habe er versucht, sich krankschreiben zu lassen. Er ging zum Betriebsarzt der Zeche und schilderte ihm seine Beschwerden. Doch der Arzt wollte davon nichts wissen, und er brauchte keinen medizinischen Befund für sein Urteil. Er schaute meinen Vater an und sagte, er solle sich nicht so anstellen, er sehe nicht krank aus und könne arbeiten. Mein Vater nickte und ging zur Schicht.

Habe ihn das nicht wütend gemacht, dieses Desinteresse, fragte ich ihn daraufhin. „Eher traurig“, sagte mein Vater. „Traurig, weil mir der Arzt unterstellte, ich hätte gelogen.“ Welch Gleichmut. Ein Arzt kam seinem hippokratischen Eid nicht nach, und mein Vater reagierte mit Trübsinn statt Wut.

Und das ist nur eine Geschichten von so vielen. Die mein Vater erzählen kann, die all die Väter und Mütter erzählen können, die sich aufgemacht haben in dieses Land. Trotzdem nehmen sie Deutschland diese Benachteiligung nur selten übel. Wegen des Geldes, das sie hier verdient haben und das ihnen ein Leben ermöglichte, das sie in ihrer Heimat nie hätten haben können. Und wegen uns, ihrer Kinder und Enkelkinder. Weil wir die Möglichkeit hatten, in Deutschland aufzuwachsen, hier zur Schule zu gehen, vielleicht zu studieren.

Sie wissen, dass auch uns nichts geschenkt wurde. Aber sie vertrauen beharrlich auf die Chancen, die sich uns eröffnen könnten, hoffen, dass wir sie nutzen und es einmal besser haben als sie. Und ignorieren nur allzu bereitwillig eigene Mühsal und Benachteiligung.

Meine Generation ist eine Generation voller Konflikte. Zwei Seiten zerrten an uns. Jede Seite forderte ihr Recht. Für keine Seite wollten wir uns entscheiden, wollten weder unsere Eltern enttäuschen noch unsere Lehrer, Mentoren, Nachbarn.

Wir mussten früh erwachsen werden, wir Gastarbeiterkinder. In einem fort mussten wir helfen, erklären, übersetzen, beim Arzt, in der Schule, in der Ausländerbehörde. Unsere Eltern sprachen kein Deutsch, wir haben es mühelos gelernt. Bald wurde uns klar, dass wir beim Übersetzen lieber filtern. Um uns selbst zu schonen, an Elternsprechtagen oder wenn wir etwas ausgefressen hatten. Um sie zu schonen, unsere Gastarbeitereltern, um sie vor Kränkungen zu bewahren. Zigfach ließen wir es unübersetzt, wenn jemand Spitzen gegen sie austeilte, wegen ihrer „mangelnden Anpassungsgabe“, ihrer „miserablen Sprachkenntnisse“ oder weil etwas „bei uns in Deutschland“ nun mal so war.

Als Gastarbeiterkinder sind wir aufgewachsen. Das hat uns geprägt, unseren Habitus, unser Tun, unsere Haltung. Gastarbeiterkinder, die nicht kamen, um zu bleiben, sondern kamen, um wieder zu gehen, wenn die Arbeit der Eltern zu Ende ist.

Der Mensch plant, Gott lacht, heißt es. In diesem Fall muss er schallend gelacht haben. Kaum einer von unseren Eltern ist gegangen. Die 10.000-Mark-Rückkehrprämie, von Kanzler Kohl Anfang der 80er-Jahre ausgelobt, hat kaum einen Gastarbeiter zum One-Way-Ticket in die alte Heimat verführt. Die meisten blieben. Und mit ihnen wir.

„Kofferkinder“ nannte man uns. Denn wir sind auf niemals ausgepackten Kisten groß geworden. „Wenn dein Vater in Rente geht, kehren wir zurück“, lautete die Legende, die uns unsere Eltern erzählten. Sie wurde nie wahr. Mein Vater, den ich vor Kurzem verloren habe, blieb nach seiner Rente noch über 20 Jahre in seiner neuen Heimat, in Deutschland. Jetzt erst, nach seinem Tod, kehrte er zurück. Er wollte dort begraben werden, wo er geboren wurde – ein Wunsch, den viele in seiner Generation hatten und haben. Ein Wunsch, der uns, die zweite Generation, stets daran erinnern wird, wo unsere Wurzel liegen.

Die Geschichte der Gastarbeiter ist eine Geschichte doppelten Nichtwollens. Die Deutschen wollten uns auf Dauer nicht haben. Die Türkinnen und Türken wollten auf Dauer nicht bleiben. So bemühte sich keine der beiden Seiten um ein gelingendes Ankommen. Die Ankunft in dieser Gesellschaft ergab sich irgendwann aus Zufall oder Notwendigkeit. Weil es irgendwann nicht anders ging, als dass man sich aufeinander einließ.

Zugleich wurde die alte Heimat fremder, ja es kam der Tag, an dem wir Deutschtürken uns Deutschland näher fühlten als der Türkei. Das Dorf, das die Eltern in den 60er-Jahren verlassen hatten, war immer weniger das Dorf, das sie bei ihren Besuchen vorfanden. Nicht nur geografisch hatten sie sich entfernt, auch innerlich. Und umgekehrt genauso: Verstanden einen noch die Dörfler? Wollten sie wirklich, dass man für immer heimkam? Sie profitierten schließlich davon, wenn man im „Gurbet" lebte, in der Fremde, Geld schickte, Häuser baute, die Wirtschaft im Ort antrieb.

Heute, 60 Jahre nach dem Anwerbeabkommen mit der Türkei, sind wir Gastarbeiterkinder für viele ein Vorbild, wir sind Ablas und Abis, Lotsinnen und Lotsen für jene, die nach uns kommen. Wir loben die Generationen nach uns, weil sie so viel stärker und mutiger sind, als wir es je waren. Wir schimpfen mit ihnen und über sie, weil sie ihre Chancen nicht ausreichend nutzen. Chancen, für die wir kämpfen mussten. Die Möglichkeit, ein Gymnasium zu besuchen. Wie schwer war das früher. Wie leicht ist es heute. Macht etwas draus!

Meine Generation – ich wurde 1980 geboren – ist eine Generation voller Konflikte. Wer sind wir? Wo gehören wir hin? In Deutschland waren wir die Türken, in der Heimat die „Almancis", die mit dem Ruf von neureichen Bauernlümmeln leben mussten. Das Bikulturelle gilt heute vielerorts als Bereicherung. In unserer Kindheit und Jugend war es eine Bürde.

Zwei Seiten zerrten an uns. Jede Seite forderte ihr Recht. Für keine der beiden Seiten wollten wir uns entscheiden. Wollten wir doch weder die Eltern enttäuschen noch jene Lehrer, Mentoren oder Nachbarn, die große Stücke auf uns setzten.

Unsere Rettung war die Zeit. Wir lernten, uns zu arrangieren, entdeckten jene verschlungenen Wege, auf denen wir den Erwartungen beider Seiten gerecht werden konnten. Auch der Zeitgeist kam uns entgegen: Beide Seiten wurden milder und empfänglicher für „das Fremde", das immer weniger fremd war.

Eines aber hat sich nicht geändert: Bis heute sprechen wir für unsere Eltern, erzählen von unseren Eltern, erklären ihr Leben. Wir müssen diese Auskunft geben, denn wenn wir es nicht machen, tut es niemand. Viel zu wenig ist unsere Einwanderungsgeschichte bekannt, viel zu selten wird darüber gesprochen.

Die Geschichte der Gastarbeiter findet kaum statt im Geschichtsunterricht, ihr wurde kein Museum gewidmet, nur eine unscheinbare Plakette an Gleis 11 am Münchener Hauptbahnhof, auf dem anfänglich die meisten Gastarbeiter ankamen. Zu erwähnen, dass das deutsche Wirtschaftswunder auch den Millionen Gastarbeitern zu verdanken ist, wäre eine Wertschätzung dieser Menschen und ihrer Leistung.

Womit wir uns als Gesellschaft lieber beschäftigen, angefangen beim ehemaligen Bundespräsidenten Gauck, ist die Frage: Wie kann es sein, dass die Menschen, die seit Jahrzehnten hier leben, immer noch kein Deutsch sprechen? Ein als Frage getarnter Vorwurf, aus dem Ignoranz, Desinteresse und Unkenntnis sprechen. Bei einem Otto Normalbürger ist ein solcher Fehltritt hinnehmbar, für einen Bundespräsidenten ist er peinlich.

Wie lebten sie denn damals, die Gastarbeiter? Vielleicht in Männer- und Frauenheimen, mit Fremden, die dieselbe Sprache sprachen, aber noch lange keine Familie ersetzten. Harte und lange Schichten am Band, auf dem Bau oder unter Tage, nach denen sie müde waren und zerschlagen. Wer nicht nur den eigenen Bauch, sondern auch andere Bäuche füllen muss, nicht nur seine Träume, sondern auch andere Träume erfüllen will, muss mehr arbeiten als nur für sich. Überstunden, Doppel- oder Wochenendschichten waren an der Tagesordnung.

Wann hätten diese Menschen Deutsch lernen sollen? Es waren keine Akademiker, die man sich ins Land holte, sondern junge, kräftige Männer mit geringem Bildungsstand, die nicht denken, sondern arbeiten sollten. Die wenigen Deutschkurse, die man ihnen anbot, bezogen sich auf ihren Job, man lernte dort die Namen von Werkzeugen, aber kein flüssiges Alltagsdeutsch. Ganz zu schweigen von den „Türkenklassen“ für uns Kinder – mit einem Lehrer, den das Türkische Generalkonsulat entsandt hatte, damit dieser „türkische Kinder“ auf Türkisch unterrichten und sie auf die „Resozialisation“ in der Türkei vorbereiten sollte.

Mein Vater kam 1963 aus einem Dorf an der Schwarzmeerküste. Er war damals 24 und gelernter Bergmann. Er kam nach Deutschland, um hier weiter Kohle zu scheffeln, für Deutschland und für sich. Als jüngstes von fünf Kindern und noch dazu als einziger Sohn hatte er seinem skeptischen Vater versprechen müssen, nach spätestens sechs Monaten zurückzukehren. Er nahm dieses Versprechen ernst. Und hat es nie halten können.

Seine Rechtfertigung, die einzig mögliche Erklärung: der Blick in die Lohntüten. Die Menschen verdienten in Deutschland viel mehr, als sie daheim je bekommen hätten. Das war der Grund, warum sie ihr Wort brachen und blieben. Und es war der Grund, warum man ihnen den Wortbruch verzieh. Schließlich verdienten sie das Geld nicht für sich allein, sondern für die Familie, die kein Geheimnis machte aus ihrer Erwartung, am Monatsende einen Teil des Geldes zu sehen.

Die Geschichte der Gastarbeiter ist neben all dem auch eine Geschichte der Dankbarkeit. Unsere Eltern hatten es so schwer – und sie waren so dankbar. Meine Generation ist viel kritischer, sie hält die Segnungen dieses Landes für selbstverständlich. Ganz anders unsere Eltern: Kritik an Deutschland wird in kaum einer anderen Generation so verurteilt wie von ihnen.

Wir Nachkommen, ganz gleich welcher Herkunft, stehen in ihrer Schuld. Wir schulden ihnen Wertschätzung und Anerkennung. Wir haben die Pflicht, ihre Geschichte zu erzählen. Unsere Mütter und Väter verdienen es, endlich eine Rolle zu spielen – gesellschaftlich, kulturell, politisch.

Die Geschichte meines Vaters beim Betriebsarzt macht deutlich: Wir können solcherlei wiedergutmachen, indem wir das Gesundheits- und Pflegesystem diesen Menschen kultursensibel öffnen. Nein, sie werden auch im Rentenalter nicht beginnen, die deutsche Sprache zu lernen. Und das ist in Ordnung. Lasst sie uns nehmen, wie sie sind, uns einlassen auf ihre Sprache und ihre Gepflogenheiten. Es gibt gute Ansätze und Modelle dafür, es müssen schnell mehr werden.

Unsere Eltern sind alt geworden. Sie werden immer weniger. Ihnen ihren Platz in der Geschichte zu geben, sie zu sehen, ihnen zu danken, das ist unser aller Aufgabe. Lasst uns reden über die jüngere Geschichte dieses Landes. Über die Geschichte des Einwanderungslandes Deutschland.

Serap Güler, geboren am 7. Juli 1980 in Marl, ist Staatssekretärin für Integration im Ministerium für Kinder, Familie, Flüchtlinge und Integration des Landes Nordrhein-Westfalen. Nach einer Ausbildung im Hotelwesen absolvierte sie ihr Studium der Kommunikationswissenschaft und Germanistik an der Universität Duisburg-Essen mit dem Abschluss Magistra Artium. 2012 wurde sie Mitglied des Landtags in Nordrhein-Westfalen. Im selben Jahr wurde sie in den CDU-Bundesvorstand gewählt und später mehrfach wiedergewählt. Sie war Referentin im Ministerbüro des damaligen Integrationsministers Armin Laschet, 2017 wurde sie Staatssekretärin für Integration in dessen Kabinett.

Widerstehen

YASEMIN KARAKAŞOĞLU

„Was die anderen wütend machte: Ich fügte mich nicht in das Schicksal des Underdogs“

In der Türkei brachte sie ein Fahrer zur Schule, in Bremerhaven erlebte sie schlimmes Mobbing. Ihre Befreiung: das Studium der Turkologie, das Erkunden ihrer Wurzeln. Heute ist Yasemin Karakaşoğlu eine Professorin, die sich einmischt – und war Gutachterin im Kopftuchstreit.

Je weiter wir Richtung Süden fuhren, desto türkischer wurde mein Vater. Und desto deutscher meine Mutter.

Damals, in den 70er-Jahren, gab es keine Autobahn durch Jugoslawien. Jeden Sommer, wenn in Deutschland die Ferien begannen und Zehntausende Familien aufbrachen in Richtung Türkei, setzte sich ein schier endloser Tross in Bewegung. Einspurig quälten sich die Autos durch die Serpentinen, entlang der Küste und durch die Berge. Wer überholte, ging ein Risiko ein, immer wieder wurden wir Zeuge von schrecklichen Unfällen, die sich rechts und links des Weges ereignet hatten. Es war ein Abenteuer, diese Reise in die Heimat, und alle, die sie antraten, wussten, wie gefährlich sie war.

Wir ließen uns Zeit für die Fahrt. Meine Mutter hatte eine Krebserkrankung überstanden, sie wog keine 40 Kilo und musste sich schonen, also gönnten wir uns den Luxus, unterwegs zwei- oder dreimal in Hotels zu übernachten.

Mein Vater Izzet war 1963 an die Universität Bonn gekommen, um dort Ökonomie zu studieren, meine Mutter Karin war dort Sekretärin. Die beiden verliebten sich ineinander und wurden ein Paar. Das war mutig: Binationale Partnerschaften waren zu jener Zeit selten und galten als zum Scheitern verurteilt. In der Familie meiner Mutter waren die Meinungen geteilt. Während ihre eigene Mutter fest an ihrer Seite stand, warnte sie meine Uroma vor den Türken: Das seien gute Leute, aber man dürfe sie nicht reizen, sonst zückten sie das Messer. Eine Cousine, ehemals begeistertes Mitglied beim Bund Deutscher Mädel, dem Pendant zur Hitlerjugend, weigerte sich, auch nur im selben Auto zu sitzen wie mein Vater.

Meine Mutter ließ sich davon nicht beirren. Für sie waren die 60er-Jahre ein Jahrzehnt des Aufbruchs. Sie unterhielt in ihrer Jugend Brieffreundschaften mit Franzosen und Japanern, machte in den Ferien Radtouren quer durch Deutschland und genoss es, Menschen aus aller Welt kennenzulernen. Und fand ihre große Liebe in meinen Vater.

Nun, auf der sommerlichen Fahrt in den Süden, blühte mein Vater auf. Österreich, Jugoslawien, Bulgarien, die Türkei: Mit jedem Kilometer wurde er lebendiger, souveräner. In Deutschland war er vorsichtig und zurückhaltend, nahezu überintegriert. Nun war er in seinem Element. Wusste, wie man mit den Grenzbeamten redet, wann Kumpelhaftigkeit, wann Demut, wann Stolz angebracht ist, kannte sich aus, schlüpfte in den Habitus des traditionellen türkischen Familienoberhaupts.

Derweil meine Mutter erst leise, dann immer lauter zu klagen begann, wie anstrengend die Fahrt sei. Zu heiß die Luft, zu lang der Weg. In Deutschland war sie oft diejenige, die das Heft in der Hand hatte. Nun wurde sie zur Zuschauerin. Ich saß derweil auf der Rückbank und beobachtete mit stillem Vergnügen, wie meine Eltern ihre Rollen tauschten.

Ja, die Fahrt war eine Strapaze. Aber sie führte zu einem Ort voller Sehnsucht – nach Safranbolu. Ich habe sie geliebt, die Sommer bei meiner türkischen Familie. Safranbolu ist eine Art Freilichtmuseum, ein UNESCO-Welterbe, einer der wenigen Orte in der ländlichen Türkei, die vermitteln, wie es zur Zeit des Osmanischen Reiches ausgesehen hat. Fast 700 Jahre lang war es Drehkreuz für die Handelskarawanen auf der Seidenstraße, vor allem der kostbare Safran wurde hier gehandelt. Die Häuser der Altstadt sind perfekt erhalten, viele wurden von der griechischen Minderheit gebaut, mit einem Erdgeschoss aus Stein und zwei Stockwerken aus Fachwerk.

Mein Vater entstammte einer jener Familien, die seit Jahrhunderten die Geschicke der Stadt mitgeprägt haben. Mein Urgroßvater war Schulmeister, mein Großvater war Rechtsanwalt, mein Onkel Bürgermeister und später Abgeordneter in der Nationalversammlung. Die Familie war wohlhabend, traditionsbewusst, modern und hing Atatürk an, dem Gründer der modernen, säkularen Türkei.

Als ich sieben war, musste mein Vater seinen Militärdienst absolvieren. Meine Mutter, in ihrer grenzenlosen Liebe, beschloss, mit ihm gemeinsam nach Safranbolu zu ziehen. Für mich begann ein märchenhaftes Jahr. Wir wohnten im großen Haus, das mein Dede, mein Großvater, für die Familie gebaut hatte. Es gab eine Haushälterin, die kochte, worauf wir Appetit hatten, ein Fahrer brachte mich zur Schule. Zu Weihnachten schlug Dede einen Tannenbaum, und wir dekorierten ihn mit Äpfeln.

Ich kam in die zweite Klasse jener Privatschule, die schon mein Vater besucht hatte. Nein, das war keine Reformschule mit Mengenlehre und langhaarigen 68er-Lehrern. Es herrschte militärischer Drill, wir trugen Schuluniform, und wer sich danebenbenahm, musste die Handflächen ausstrecken und bekam einige Schläge mit dem Rohrstock. Und doch gab es auch liebevolle Fürsorge. Als Neuankömmling nahm mich meine Lehrerin Mehpare Hanim sogleich unter ihre Fittiche, ich fand Freundinnen und lernte im Handumdrehen Türkisch.

Immer wieder diese Szene: Die Mädchen standen auf dem Schulhof zusammen, ich kam näher, da schlossen sich die Reihen, sie wandten sich ab und grenzten mich aus, buchstäblich. Das fühlte sich furchtbar an. Noch meine „beste" Freundin machte mit.

Besonders beeindruckt hat mich Hikmet Hala, die Cousine meines Vaters. Sie war Apothekerin, eine Grande Dame und zugleich eine verrückte Nudel. Mehrfach verwitwet und geschieden, pflegte sie ihren eigenen, unkonventionellen Lebensstil und scherte sich kein bisschen darum, was andere von ihr dachten. Sie fuhr einen grünen Mercedes, neben sich ihren Schäferhund mit Sonnenbrille. Baute eine Bibliothek in ihrem Garten, ließ die Apotheke ihres Vaters – ohnehin ein wahres Museum – in Klein nachbauen und legte einen überdachten japanischen Steingarten in ihrem Hinterhof an, original mit Brücke, Teich und Goldfischen. Bis sie 96 wurde, arbeitete sie als wohl älteste praktizierende Apothekerin der Türkei.

Safranbolu ist klein und lebt im Takt der Jahreszeiten. Bäuerinnen brachten Joghurt an die Haustür. Oft saß ein großer Kreis Frauen im Garten und arbeitete gemeinsam. Sie zogen getrocknete Okraschoten auf Bändern auf, nähten weiche, bunte Steppdecken oder bereiteten Abendgesellschaften vor, mit 30, 40 Gästen. Kochten türkische Tortellini in riesigen Kupferkesseln, buken gemeinsam Baklava und Börek. Wenn die Gäste kamen, reichte man ihnen erst ein feuchtes Tuch, dann Erfrischendes, dann Salziges und Süßes mit Tee, dann Kaffee. Und ich war mittendrin und heimste als Tochter des Hauses viel Aufmerksamkeit und Lob ein.

Doch dann gab es Streit. Mein Großvater und mein Vater verstanden sich immer weniger. Nach den Jahren im Ausland war mein Vater nicht länger bereit, die Strenge und Schroffheit seines Vaters zu ertragen. Und nutzte die Gelegenheit, sich wieder nach Europa abzusetzen, indem er seinen Militärdienst als Fahrer bei den türkischen NATO-Truppen in Belgien beendete.

Mein märchenhaftes Leben war jäh zu Ende. Mir fiel der Abschied schwer. Wir gingen nach Wilhelmshaven, wohnten in einer engen Wohnung mit Möbeln aus zweiter Hand und lebten von der Frührente meiner Mutter. Nach seiner Rückkehr vom Militär bekam mein Vater die 1974 bei der AWO neu eingerichtete Stelle als Sozialbetreuer für die Türken und Türkinnen in Bremerhaven.

Für mich begann eine schwere Zeit. Heute würde man es Mobbing nennen und hoffentlich einschreiten. Ich musste mich allein durchbeißen. Türken galten damals, zumal in einer Arbeiterstadt wie Bremerhaven, als das Allerletzte. Hinterwäldlerisch, fundamentalistisch, primitiv – Malocher, die ihre Frauen schlagen, ihren Töchtern Kopftücher aufzwingen und aufs Plumpsklo gehen. Kulturlos, hoffnungslos, man ignoriert sie besser.

Und nun hielt ich in der Schule dagegen. Denn ich hatte die Vielfalt und Geschichte türkischer Kultur ja aus eigener Anschauung erfahren. Davon erzählte ich, wenn jemand über „die Türken" lästerte. Doch niemand glaubte mir. In dieser Rolle fand ich mich bald wieder: Ich verteidigte die Türkei und den Islam und erklärte den anderen, wie es wirklich ist. Und musste mir anhören: „So ein Quatsch! Du lügst!"

Was die anderen richtig wütend machte: dass ich mich weigerte, mich in das Schicksal des gesellschaftlichen Underdogs qua kultureller Zugehörigkeit zu fügen. Ich war die Türkin, ich hatte diesen unaussprechlichen Nachnamen, und nun redete ich selbstbewusst irgendwelches Märchenzeug, anstatt mich demütig in meine Rolle als Außenseiterin zu fügen. Frechheit!

In meiner Erinnerung an diese Zeit kommt immer wieder diese Szene hoch: Die Mädchen standen auf dem Schulhof zusammen, ich kam näher, da schlossen sich die Reihen, sie wandten sich ab und grenzten mich aus, buchstäblich. Das fühlte sich furchtbar an. Noch meine „beste" Freundin machte mit. Nachmittags war sie loyal. Morgens verleugnete sie mich.

Ein pädagogisch hilfloser Versuch meines Klassenlehrers, mir zu helfen: Er ließ uns einen Stuhlkreis machen, mit mir in der Mitte, und dann sollte jede Mitschülerin und jeder Mitschüler sagen, was er oder sie über mich dachte. Noch einmal bekam ich alle Missetaten zu hören: Die lügt. Die bildet sich was ein. Die behauptet falsche Sachen über die Türkei. Die ist dick. Die ist unsportlich. Die ist hochnäsig.

Für mich ein Schlüsselmoment meiner Schulzeit, über den ich heute erzählen kann, der mir jedoch lange sehr zu schaffen gemacht hat. Dazu beigetragen hat, dass sich mein Klassenlehrer Jahre später bei einem Klassentreffen einsichtig zeigte und für seinen pädagogisch-methodischen Fehlgriff entschuldigte.

Ich hatte keine gute Zeit in Bremerhaven.

Aber die Aussicht auf den nächsten Sommer heiterte mich auf. Und ich liebte die Ausflüge mit meinen beiden fast gleichaltrigen deutschen Cousinen in Wilhelmshaven. Baden in der Nordsee, Brombeeren pflücken, Fliederbeersirup herstellen, sich um den Schlaf quatschen. Mit ihnen hatte ich ein herzliches, familiäres Verhältnis, und einmal sind sie sogar mit in die Türkei gekommen.

Mein Vater, der Sozialbetreuer, war eine Art Bürgermeister für die rund 5.000 Türken und Türkinnen, die in Werften, Fischfabriken und Putzkolonnen arbeiteten und oft in erbärmlichen Wohnungen leben mussten, schimmlig, dunkel, schlecht belüftet. Er war zuständig für alles, von der Arbeitslosen- und Rentenversicherung über Unfälle und Psychotherapie bis zum Dolmetschen beim Gynäkologen und zur Vermittlung von Kindergartenplätzen.

Seine Aufmerksamkeit war eine begehrte Ressource, jederzeit konnte bei uns das Telefon klingeln. Wenn wir einkaufen gingen, trafen wir garantiert unterwegs ein paar Ratsuchende, die wie zufällig ein Behördenschreiben aus der Jackentasche zogen und dazu eine Frage hatten. Mein Teenager-Ich war genervt, alles war mir peinlich. Ich wollte auf keinen Fall, dass mein Vater auf der Straße mit mir Türkisch sprach. Sosehr ich in der Schule die Türkei verteidigte, so unauffällig wollte ich jenseits der Schule sein.

Mein Vater fühlte sich Deutschland sehr verbunden – und kam doch nie heraus aus der Rolle des überkonformistischen Gastes. Er erlebte viele Kränkungen. Nach seiner Zeit bei der AWO wurde er Personaler. Nie vergesse ich den Tag, an dem er verstört nach Hause kam und erzählte, dass sich ein Arbeiter in seiner Firma geweigert hatte, ihn als Personalsachbearbeiter zu akzeptieren, mit den Worten: „Ich lasse mich doch nicht von einem Türken einstellen!"

Nach dem Abitur ging ich nach Hamburg, um dort Turkologie zu studieren. Das Türkische war in meiner Schulzeit derart entwertet worden, dass ich dem etwas entgegensetzen musste. Ich wollte diesen Wert erhalten, für mich fassbarer machen, mich auf die Suche machen nach meinen Wurzeln. Ich war vom ersten Tag an begeistert. Hamburg war bunt und weltoffen, das Studium eine Offenbarung. Ich traf viele Kommilitonen, die ähnliche Erfahrungen gemacht hatten wie ich, die binationale Eltern hatten und nun nach ihrem Weg suchten.

Wir gründeten eine Band und spielten selbst arrangierten türkischen Folk-Pop, ich als singende Frontfrau. Wir traten auf in Kneipen wie dem Knust, im AKA-Club, dem Treff für internationale Studierende, auf Fachbereichsfeiern. In lauen Sommernächten saßen wir bis zum Morgengrauen an der Außenalster. Wein, Gitarre, Freiheit. Bremerhaven war endlich weit weg.

Was macht man mit einem Turkologie-Studium? Führungen in Museen, Alphabetisierungskurse, Übersetzungen. Der Mann beim Arbeitsamt sah keine Perspektive für die Absolventin eines solchen Orchideenfachs. Unerwartet und zufällig fand ich dann doch eine befristete Stelle am Zentrum für Türkeistudien in Essen und wurde bald in eine Dauerstelle übernommen. Wir schrieben das Jahr 1991, es begann die Zeit der rechtsextremen Anschläge, der Informations- und Redebedarf war riesig. Bald fand ich mich auf großen Podien in West- und Ostdeutschland wieder und diskutierte über die Einwanderungsgesellschaft. Was mich dabei störte: dass ich häufig nicht als Wissenschaftlerin angesehen wurde, sondern als Repräsentantin der Türken. Ich wollte Expertise geben und wurde als Betroffene wahrgenommen. Das hat mir immer wieder viel abverlangt.

1999 schloss ich meine Promotion ab. Ich hatte Pädagogikstudentinnen türkischer Herkunft und muslimischer Religion zu ihren religiösen und moralischen Werten, ihren Vorstellungen von Erziehung und zum Kopftuch befragt. Und fand unter anderem heraus: Diejenigen unter ihnen, die es tragen, tun dies aus höchst unterschiedlichen Gründen. Mal wollen sie sich damit zu ihrer ethnischen Herkunft bekennen, sehen es als Zeichen ihrer Identität oder wollen ein Zeichen gegen Diskriminierung setzen. Mal steht das Kopftuch für einen aufklärerischen Islam. Mal für das genaue Gegenteil, für konservative Werte und ein traditionelles Rollenbild.

2003 war ich Gutachterin am Bundesverfassungsgericht. Die angehende Lehrerin Fereshta Ludin hatte geklagt gegen das Kopftuchverbot des Landes Baden-Württemberg. Aus meiner Forschung wusste ich, dass dieses kleine Stück Stoff für sehr, sehr vieles stehen kann – und plädierte für eine Betrachtung des Einzelfalls. Die Mehrheit der Verfassungsrichter folgte dieser Perspektive. Doch der praktische Streit ums Kopftuch zog sich in Schleifen über viele Jahre hin. Und endete vorerst 2015, als das Bundesverfassungsgericht entschied, dass Gesetze, die nur auf das Verbot des Kopftuches abstellen, nicht verfassungskonform sind.

2006 fand ich mich in den Schlagzeilen großer Printmedien wieder. Zusammen mit dem Publizisten Mark Terkessidis und 60 Unterzeichnenden hatte ich in der „Zeit" einen offenen Brief veröffentlicht. Damals stand Necla Keleks Buch „Die fremde Braut" in den Bestsellerlisten, in dem sie – verknüpft mit ihrer eigenen Familiengeschichte – kritisierte, dass „Import-Bräute" ein Hindernis für Integration seien. Wir widersprachen und sahen in ihrem Buch ein „reißerisches Pamphlet, in dem eigene Erlebnisse und Einzelfälle zu einem gesellschaftlichen Problem aufgepumpt werden".

Das gefiel der Feministin Alice Schwarzer gar nicht. Ihre Mediennetzwerke nutzend, startete sie eine konzertierte Aktion. Und so konnte ich an einem Tag in der „Emma" und „FAZ" nachlesen, dass ich „sehr, sehr weit von wissenschaftlicher Neutralität entfernt und sehr, sehr eng mit der islamistischen Szene in Deutschland verbandelt" sei. Nun ja.

2013 kontaktierte mich Sigmar Gabriel und fragte mich, ob ich es mir vorstellen könnte, in das Kompetenzteam des SPD-Kanzlerkandidaten Peer Steinbrück zu kommen, eine Art Schattenkabinett, um dort zuständig zu sein für Bildung und Wissenschaft. Ja, das wollte ich. So kam es, dass ich zum ersten Mal in meinem Leben Wahlkampf machte. Ich lernte, wie unterschiedlich Politik und Wissenschaft ticken. Gern hätte ich als Ministerin für Bildung und Wissenschaft die deutsche Migrationsgesellschaft mitgestaltet. Doch bekanntlich gewann Peer Steinbrück nicht die Wahl.

Seit 2004 bin ich Professorin für Interkulturelle Bildung an der Universität Bremen. Ein Glücksfall für mich: Ich liebe Bremen, das als kleine, bunte Großstadt mit wechselvoller, langer Geschichte viel zu bieten hat. In der Region bin ich aufgewachsen, hier lebt meine Mutter. Die Uni hat mir viel Entfaltungsraum für meine Ideen geboten, von Anfang an konnte ich meine Vorstellung von Bildung in der Migrationsgesellschaft theoretisch wie praktisch entwickeln und erproben, Lehrer und Lehrerinnen auszubilden. Von 2011 bis 2017 war ich

Konrektorin für Internationalität und Diversität und konnte diese Themen auf Leitungsebene als Merkmal der Universität etablieren.

In Gedanken bin ich noch häufig in Safranbolu, doch leben dort heute nur noch wenige mir aus meiner Kindheit vertraute Menschen. Meine tiefe Bindung zur Türkei bleibt, auch wenn ich mich für Deutschland als Lebensmittelpunkt entschieden habe. Immerhin verbringen mein Mann Ferit und ich zusammen mit unseren Kindern Alara und Sinan die Sommer in Istanbul, seiner Heimatstadt, und an der Ägäis; wir teilen die Liebe zum Meer.

Nach wie vor habe ich das Gefühl, eine Art Brückenfunktion zwischen den Ländern und ihren Menschen zu haben. Dabei sind es vor allem die politischen Entwicklungen hier wie dort, die mein Zugehörigkeitsgefühl immer wieder erschüttern. Lange war das in Deutschland die verstörende Leugnung, ein Einwanderungsland zu sein, und die Blindheit gegenüber Rassismus. Was die Türkei anbelangt, teile ich die Sehnsucht mit meinem Freundes- und Verwandtenkreis, dass eine stabile Demokratie und Freiheit für alle Bürger doch noch möglich sein könnten – zu unseren Lebzeiten.

Yasemin Karakaşoğlu, geboren am 22. Mai 1965 in Wilhelmshaven, ist Professorin für Interkulturelle Bildung am Fachbereich Erziehungs- und Bildungswissenschaften der Universität Bremen. Von 2011 bis 2017 war sie dort Konrektorin für Internationalität und Diversität. Sie hat Turkologie, Internationale Politik und Germanistik an der Universität Hamburg und an der Hacettepe-Universität Istanbul studiert. Ihre Promotion folgte an der Universität Essen. Erste berufliche Erfahrungen erwarb sie am Zentrum für Türkeistudien in Essen. Sie ist Kuratoriumsmitglied der Freudenberg-Stiftung und Vizepräsidentin der Stiftung Niedersachsen. Sie gehört dem Vorstand des DAAD und dem wissenschaftlichen Beirat des Deutschen Islamkollegs an. Für ihre Dissertation erhielt sie den Augsburger Wissenschaftspreis für Interkulturelle Studien. 2009 verlieh ihr die Türkische Gemeinde in Deutschland den Integrationspreis.

SERAP OCAK

„Uns trennte nur eine Straße, aber sie war wie eine Mauer"

Endlich schafft auch mal eine Türkin das Abitur, sagte der Direktor. Bringen Sie Ihren Hauptschulabschluss mit, sagte die Sachbearbeiterin. Das schmerzte. Serap Ocak hat sich davon nicht beirren lassen – und machte Karriere im Auswärtigen Amt.

Ich kann gut zuhören. Vielleicht hat das dazu beigetragen, dass ich Diplomatin geworden bin.

In meiner Klasse auf dem Gymnasium gab es zwei Neonazis, einer von ihnen war Skinhead. Die Haare abrasiert, weiße Schnürsenkel in den Springerstiefeln, immer einen menschenverachtenden Witz auf den Lippen.

Einmal ließ ich eine Exkursion ins KZ Dachau seinetwegen ausfallen. Dabei wäre ich gern mitgefahren. Aber ich ertrug den Gedanken nicht, dass er eine dieser menschenverachtenden Bemerkungen machen würde, die – wie oft der Fall – ohne Reaktion bleiben würde.

Trotzdem hatte ich einen Draht zu ihm. Manchmal unterhielten wir uns. Er erzählte mir von den Problemen, die er zu Hause hatte, von einer Schlägerei mit türkischen Jungs, nach der er sich die Haare abrasiert hatte. Ich versuchte, ihn zu verstehen. Er war frustriert, komplexbeladen und bemitleidenswert. Warum dieser Hass?

Ich bin vielen Skinheads begegnet in meiner Jugend, und jedes Mal, wenn ich sie sah, hatte ich ein flaues Gefühl. Wir lebten in einem 20.000-Seelen-Ort in Bayern, in einer winzigen Sozialwohnung. Es war ein Hotspot, wie man heute vielleicht sagen würde, ein sozialer Brennpunkt mit vielen türkischen Gastarbeiterfamilien. Auf der anderen Straßenseite standen Einfamilienhäuser, gutbürgerliche Vorstadt, da wohnten die deutsche Familien.

Uns trennte nur eine Straße, aber sie war wie eine Mauer. Sie waren nicht sehr offen, unsere Nachbarn, einige von ihnen waren, im damaligen Jargon, offen ausländerfeindlich. Dass wir Türken nicht willkommen waren, ließen sie uns ständig spüren. Am deutlichsten, als ein besonders mutiger Nachbar, eine besonders mutige Nachbarin im Eingang unseres Wohnblocks ein Stück Karton mit der Parole „NPD an die Macht“ anbrachte.

Meine Eltern wären gern weggezogen aus dieser Gegend, aber viele Wohnungen waren „nur für Deutsche“ inseriert, und wenn doch mal jemand antwortete, war die Wohnung wie zufällig schon vergeben.

Eigentlich wollten meine Eltern, so wie die meisten, einige Jahre lang in Deutschland arbeiten, etwas Geld sparen und dann heimkehren in die Türkei. Sie waren im Zuge des Anwerbeabkommens 1969 als Gastarbeiter:innen nach Deutschland gekommen. Kein Wunder, dass wir gefühlt stets auf gepackten Koffern saßen. Oder saßen wir buchstäblich auf gepackten Koffern? Ich meine, mich an Kartons in unserer Wohnung erinnern zu können.

Ich holte die Formulare für einen Einbürgerungsantrag im Landratsamt Neu-Ulm ab. Da wurde mir unmissverständlich deutlich gemacht, in welche Schublade ich gehörte: „Bringen Sie eine Kopie Ihres Hauptschulabschlusses mit“, rief mir die Sachbearbeiterin hinterher.

Doch es kam anders. Je weiter meine und die Schulzeit meiner Schwestern fortschritten, desto ferner rückte der Gedanke an eine Rückkehr. Wir sollten es einmal besser haben, wir sollten lernen und studieren, dieser Wunsch überstrahlte alles, uns zuliebe blieben die Eltern dann doch. Das Ergebnis: eine Architektin, eine Germanistin und eine Diplomatin.

Mit einer Schwester besuchte ich den katholischen Kindergarten, geführt von liebenswerten Nonnen. Der Pfarrer, ein guter Mensch, tat alles, damit wir beiden trotz Überfüllung aufgenommen wurden. Er versprach es meinen Eltern, als sie einmal verzweifelt bei ihm vorsprachen; beide arbeiteten Schichtdienst bei Telefunken. Wir fühlten uns wohl im Kindergarten, bald sprachen wir fließend Deutsch.

Trotzdem gingen wir zunächst in die damals in Bayern nicht ungewöhnliche „türkische Klasse“ der Grundschule – mit türkischem Schulcurriculum. Schließlich sollten wir Gastarbeiterfamilien ja in die Türkei zurückkehren und dort wieder Anschluss finden. Das Wort Integration existierte nicht.

Meine Mutter begriff schnell, dass das eine Sackgasse war und wir die reguläre deutsche Schullaufbahn einschlagen mussten, um voranzukommen. Also trat ich mit neun Jahren in die „deutsche Klasse“ ein. Jeden Morgen standen wir von unseren Plätzen auf und es wurde in Richtung des an der Wand hängenden Kruzifixes das „Vaterunser“ gebetet. Ich stand mit dabei und stellte irgendwann erstaunt fest, dass ich das Gebet auswendig konnte.

Meine Klassenlehrerin war engagiert und tat viel, damit ich mich wohlfühlte. Zwar hatte ich nicht den Luxus, dass meine Eltern mich bei meinen Schulaufgaben unterstützen konnten, aber es lief sehr gut. Ich bekam die Gymnasialempfehlung.

Meine Mutter hatte nicht studiert, aber ihr war klar, dass Bildung der Schlüssel zu allem ist. Sie hat sich für viele Kinder eingesetzt. Mehrere hat sie vor der Sonderschule bewahrt. Sie sollten dorthin abgeschoben werden, weil ihr Deutsch nicht so gut war. Einige von ihnen studieren heute oder sind Ingenieure.

Meine Mutter half anderen Eltern, sich zurechtzufinden im Bildungswirrwarr in Bayern, sie schärfte ihnen ein, dass sie präsent sein, zur Elternsprechstunde gehen müssen, zeigen sollen, dass sie hinter ihren Kindern stehen.

Auch auf dem Gymnasium auf dem bayerischen Land war ich zunächst die einzige Türkischstämmige. Für das Lehrerkollegium und meine Mitschüler:innen war das gewöhnungsbedürftig. Immer wieder musste ich mir anhören: „Du bist anders als andere Türken." Was sollte denn an mir anders sein? „Wie viele kennt ihr denn? Nein, ich bin nicht anders, ich bin wie alle anderen", widersprach ich. Hat es etwas genutzt?

Viele Lehrer:innen meinten es gut. Aber auch die ließen mich spüren, dass ich nicht dazugehörte. Bei meiner Abiturfeier konnte sich unser Direktor die flapsige Aussage nicht verkneifen: „Endlich schafft auch mal eine Türkin das Abitur."

Kurz zuvor hatte ich mich entschieden, einen Einbürgerungsantrag zu stellen. Ich hatte einen türkischen Pass wie meine Eltern, obwohl ich in Deutschland geboren, hier aufgewachsen, zur Schule gegangen war. So sah es das damalige Staatsbürgerschaftsrecht vor. Bald würde ich Abitur machen und Politik studieren – und trotzdem wurde mir das Grundrecht zu wählen verwehrt? War das Demokratie? Das war für mich nicht akzeptabel.

Also holte ich die Formulare für einen Einbürgerungsantrag im Landratsamt Neu-Ulm ab. Da wurde mir unmissverständlich deutlich gemacht, in welche Schublade ich gehörte: „Bringen Sie eine Kopie Ihres Hauptschulabschlusses mit", rief mir die Sachbearbeiterin hinterher.

Ich stand kurz vor dem Abitur, ich fühlte mich angekommen, und dann so ein Kommentar. Na gut, dachte ich, dann lässt du dich eben nicht einbürgern.

Einige Jahre später machte ich es doch, aus rein praktischen Erwägungen: Ich hatte mit meinem türkischen Pass kein Visum für mein Praktikum in den USA bekommen. Noch einmal sollte mir das nicht passieren. Also durchlief ich das Verfahren. Am Tag meiner Einbürgerung freute sich der ältere Sachbearbeiter (ich erinnere mich genau an seinen Namen), die Zigarre im Mund: „Sie bekommen ja an einem ganz besonderen Tag Ihre Einbürgerung."

Es war der 20. April. Ich dachte, ich hätte mich verhört. Aber die mich begleitende Person hatte es auch gehört. Damals war mir „Dienstaufsichtsbeschwerde" kein Begriff. Leider.

Solange ich mich erinnere, habe ich mich für internationale Politik, globale Zusammenhänge, andere Kulturen, Länder und Religionen interessiert. Ich wollte unbedingt etwas Internationales machen, mich mit internationaler Politik, Völkerrecht, Menschenrechten beschäftigen. Das stand fest. Da geschah, wenige Tage vor Abgabe meiner Politik-Diplomarbeit, der 11. September. Mein erster Gedanke: Wer würde jetzt noch eine Muslimin einstellen?

Doch es kam anders. Ich hatte mich bei der Studienstiftung des deutschen Volkes für ein Promotionsstipendium beworben – und erhielt eine Zusage. Und am selben Tag erhielt ich ein Schreiben vom Auswärtigen Amt – mit einer zweiten Zusage. Ich hatte mich dort auf Drängen meiner Schwester beworben. Dass jemand mit Migrationshintergrund im öffentlichen Dienst eingestellt würde und dann auch noch im Auswärtigen Amt, erschien mir als völlig unrealistisch. Es gab ja auch niemanden, der mir als Vorbild hätte dienen können.

Ich wurde eingestellt. Und begann meine Berufslaufbahn im Auswärtigen Dienst. Nach meinem ersten Posten im Arbeitsstab Afghanistan/Pakistan ging es ins Team des außen- und sicherheitspolitischen Beraters der Bundeskanzlerin im Bundeskanzleramt. Dort beschäftigte ich mich mit der Golfregion und Afrika. Zuletzt war ich war an der Ständigen Vertretung Deutschlands bei den Vereinten Nationen in New York zuständig für den Nahen und Mittleren Osten. Heute bin ich im Auswärtigen Amt stellvertretende Referatsleiterin für Syrien und Libanon.

2011 schloss ich die diplomatische Akademie ab. Auf der Abschlussfeier fragte der Vater einer Crewkollegin meinen Vater: „Und, wann planen Sie, in Ihre Heimat zurückzukehren?“

Es hat sich viel geändert. Als ich vor zehn Jahren im Auswärtigen Amt begann, gab es im höheren Dienst keine Diplomat:innen mit türkischen Wurzeln. Heute ist der Auswärtige Dienst diverser. Nicht allen gefällt das, wie mir ein junger Kollege deutlich zu verstehen gab. Andererseits hatte ich das Glück, mit wirklich beeindruckenden Diplomat:innen zu arbeiten – sowohl fachlich als auch menschlich brillant, die mir Mut gemacht und mich unterstützt haben.

Serap Ocak, geboren 1976 in Illertissen, ist stellvertretende Referatsleiterin Syrien/Libanon im Auswärtigen Amt. Von 2015 bis 2019 arbeitete sie in der Deutschen Ständigen Vertretung bei den Vereinten Nationen in New York, von 2012 bis 2015 im Bundeskanzleramt, von 2010 bis 2012 im Arbeitsstab Afghanistan-Pakistan. Zuvor war sie politische Referentin der EU-Delegation in Ankara. Ocak hat Politik- und Verwaltungswissenschaft an der Universität Konstanz und Middle East Studies an der Central Connecticut State University in den USA studiert. Sie war Stipendiatin des Landes Baden-Württemberg und Alumna der Munich Young Leaders (Körber Stiftung/Münchner Sicherheitskonferenz). Von 2013 bis 2015 war sie Mentorin der Deutschlandstiftung Integration.

EKIN DELIGÖZ

„Auf Festen tanzte man nicht mit mir. Ich gehörte nicht dazu"

Kaum fühlte sie sich in der Welt der Deutschen angekommen, fiel sie in der türkischen Community in Ungnade. Ihr Ausweg: die Politik. Seit vielen Jahren ist Ekin Deligöz für Bündnis 90/Die Grünen im Bundestag und tritt ein für den Zusammenhalt einer Gesellschaft, in die sie sich selbst hineinkämpfen musste.

Im Herbst 1979 kam ich mit meiner Mutter zu unserem Vater nach Deutschland. Bald wurde ich eingeschult in einer Grundschule in Senden, südlich von Ulm. Allerdings ging ich in die „türkische Klasse". Unsere türkischen Lehrer unterrichteten uns in einem Seitenflügel der Schule nach dem türkischen Lehrplan – auf Türkisch. Selbst die Pausenhöfe waren getrennt: Die deutschen Schüler spielten im Innen-, die türkischen Schüler im Hinterhof.

Manchmal hingen wir am eisernen Gittertor, das uns trennte, um einen Blick in die deutsche Welt zu erspähen. Irgendwie schien dort alles glänzender und interessanter zu sein. Die Fenster der Klassenzimmer waren bunt geschmückt, während in unseren Klassenzimmern Fahnen und vergilbte Unterrichtsmaterialien hingen, die unsere Lehrer in ihrem Handgepäck nach Deutschland mitgebracht hatten. Alles bei uns schien veraltet, alles signalisierte uns: Ihr gehört nicht dazu.

Die anderen waren drinnen. Wir waren draußen.

Das Einzige, was uns mit Deutschland verband, waren zwei Schulstunden in der Woche, unterrichtet von einer deutschen Lehrerin. Wobei sie uns fortwährend daran erinnerte, dass wir eigentlich „hoffnungslose Fälle" seien – schließlich seien unsere Eltern „Analphabeten". Das stimmte so nicht, schließlich gab es seit Atatürk sehr wohl eine Schulpflicht auch in der Türkei. Aber unsere Eltern hatten uns gelehrt, Erwachsenen nicht zu widersprechen, das sei unhöflich. So widersprachen wir der Lehrerin nicht, ließen sie in ihrem Glauben und blieben die hoffnungslosen Fälle. Immerhin lernte ich so das Wort „Hoffnung".

Doch ich fand mich damit nicht ab. Ich wollte dazugehören und nicht außen vor bleiben. Ich wollte teilhaben an der bunten, deutschen Welt. Meine Mutter erklärte mir, das gehe nur, wenn ich gut Deutsch spreche. Also lernte ich Deutsch, mithilfe von Wörterbüchern und der „Sendung mit der Maus". Es waren viele Stunden des Paukens, Stunden voller Tränen, Frust und Anstrengung. Aber dann öffnete sich die Tür: Nach einem halben Jahr wechselte ich in eine deutsche Klasse.

Ich wurde zu einem Innenhofkind. Ich begann, deutsch zu reden, zu denken und zu leben. Das eröffnete mir neue Perspektiven und entfremdete mich von meinen türkischen Freundinnen. Es war die Zeit von Entweder-oder. Meine Freundinnen waren immer noch draußen, während ich drinnen war. Ein Zaun und ein Gittertor trennten uns. Ich fühlte mich einsam.

Zum Glück änderte sich das, als ich aufs Gymnasium wechselte. Ich war zwar die einzige Türkin in der Klasse, aber das war irgendwie egal. Ich war jetzt eine ganz normale Schülerin. Ich gehörte dazu und glaubte, endlich angekommen zu sein. Eine schöne Schulzeit begann.

Ich erinnere mich an unseren Deutschlehrer. Er war unser Lieblingslehrer. Jeden Morgen begrüßten wir ihn mit tollen Tafelbildern, mit auswendig gelernten und selbst geschriebenen Geschichten.

Bei der alljährlichen Froschwanderung wollten wir von der Umwelt-AG Frösche davor bewahren, bei der Überquerung einer Schnellstraße hinter der Schule unter die Räder zu kommen. Also statteten wir uns mit Gummistiefeln, Eimern, Plastikhandschuhen und Taschenlampen aus. In der Dunkelheit machten wir uns auf den Weg, um Frösche einzusammeln. Bald fanden wir einen Frosch, der sich allein auf den Weg gemacht hatte. Zu dritt bugsierten wir ihn in unseren Eimer, trugen diesen – natürlich mit einer Armlänge Distanz – auf die andere Straßenseite und entließen ihn in die Freiheit. Voller Freude leuchteten wir unserem Biolehrer mit drei Taschenlampen ins Gesicht, um uns Lob abzuholen für die gute Tat. „Das habt ihr ganz toll gemacht, Mädels“, lobte er. „Es war allerdings die falsche Straßenseite.“

Klinge ich wie eine typische Grüne, die von der Rettung der Frösche schwärmt? Ja genau, aber so fand ich zu meinem ökologischen Bewusstsein. Nicht als Migrantin oder Ausländerin, sondern als Schülerin, die sich um die Tiere und Pflanzen in ihrer Nachbarschaft sorgte.

In der Theater-AG inszenierten wir „Die Chinesische Mauer“ von Max Frisch. Ich spielte Kleopatra und war außerdem zuständig für die Kostüme. Mein Lehrer und ich gingen in einen Stoffmarkt. Zu gestalten waren fünf Bühnenbilder und an die 20 Kostüme. Unser Budget: 100 D-Mark. Das war knapp bemessen. Aber es gibt immer eine Lösung, wenn auch die Vorhänge meiner Mutter daran glauben mussten.

Für meine Mutter war Kultur immer ein Inbegriff von Freiheit. Die Freiheit, die in unserem Herkunftsland nicht allen selbstverständlich zur Verfügung stand. Kultur, die Menschen miteinander verband und einander nahebrachte.

Warum erzähle ich das alles? Weil es auch für mich eine normale Kindheit gab. Sie war nur deshalb möglich, weil es Menschen gab, für die meine Herkunft keine Rolle spielte, nur meine Person.

Aber ich lebte in zwei Welten. Es gab die geschützte, lebendige, freie Welt der Schule. Und es gab die türkische Gemeinschaft. Dort galt ich als „Verlorene“. Es gab wenig Verständnis dafür, dass ich in die Schule ging, anstatt als Putzhilfe Geld zu verdienen. In den Augen dieser Leute war ich der türkischen „Heimat“ entfremdet. Ich war keine, die mit 15 Bewerbungen für Hilfsjobs schrieb, mit 16 anfing, an ihrer Aussteuer zu arbeiten, mit 17 an ihre Hochzeit dachte. Sondern eine, die perfekt Deutsch sprach, die mit den „Schweinefressern“ zusammensaß, wie manche lästerten, eine, die womöglich selbst Schweinefleisch aß, wer weiß das schon? Auf Festen tanzte man nicht mit mir, auf der Straße grüßte man mich nicht. Ich gehörte nicht dazu. Es tat weh, aber ich kam damit zurecht.

Andererseits brauchte die türkische Community meine Fähigkeiten. Meine Aufgaben waren vielfältig: Nachhilfe geben, Hausaufgaben betreuen, in Ämtern und Arztpraxen übersetzen, Unterlagen ausfüllen. Ich kam und half. Im Gegenzug nahm ich mir die Freiheit, aufs Gymnasium zu gehen. Ich musste nicht dazugehören. Denn ich gehörte ja zu meiner deutschen Schule.

Stolz gab ich die Arbeit ab – und bekam eine Fünf. Ich ging zum Lehrer und beschwerte mich. Seine Antwort traf mich wie ein Blitz. „Türken gehören nicht auf das Gymnasium, und du gehörst auch nicht hierher. Ich will dir nur einen Gefallen tun.“

Wobei. Gehörte ich dazu?

Ich schrieb eine Erörterung als Hausarbeit. Selbst gewähltes Thema: „Argumente für und gegen den Bau einer Müllverbrennungsanlage“. Ich holte Informationen von der Bürgerinitiative vor Ort ein, ließ die Arbeit von meinem deutschen Stiefvater gegenlesen und korrigieren. Stolz gab ich die Arbeit ab – und bekam eine Fünf.

Warum? Das war nicht fair. So schlecht konnte die Arbeit nicht sein. Ich ging zum Lehrer und beschwerte mich. Seine Antwort traf mich wie ein Blitz. „Weißt du, Ekin, wenn man Behinderte bei der Olympiade mitlaufen lassen will, ist es doch klar, dass sie nicht mithalten können und auf der Strecke bleiben“, sagte er. „Türken gehören nicht auf das Gymnasium, und du gehörst auch nicht hierher. Ich will dir nur einen Gefallen tun.“

Ich beschloss, mich zu wehren, und lief zu unserem Vertrauenslehrer. Er hörte sich alles an, auch mein Klassenlehrer und der Rektor hörten mich an. Sie nickten. An der Note änderte sich allerdings nichts. Die Ungerechtigkeit blieb und verwandelte sich in Wut.

Erst viel später erfuhr ich, dass der Rektor besagten Lehrer auf der Lehrerkonferenz öffentlich ermahnt hatte. Ich bekam davon nichts mit. Niemand sagte mir damals, dass mein Handeln etwas bewirkt, vielleicht sogar verändert hatte.

Da war er wieder, der Zaun. Die anderen waren drinnen, und ich war draußen. Ich gehörte nicht dazu, weder zu der einen noch zu der anderen Seite. Dabei war ich nur eine Schülerin, ein Teenager. Ich wollte lernen, ich war neugierig.

Und schon schlug wieder jemand eine Tür vor mir zu. Gab es keinen Platz für mich? Wo gehörte ich hin?

Dieser Lehrer, der mir „einen Gefallen" hatte tun wollen, hat mich auf brutal-zynische Weise tatsächlich auf das Leben vorbereitet. Auf die Härten, die noch kommen sollten.

Ich war vorbereitet, als ich mich während meines Studiums auf Wohnungssuche begab und bei einer Besichtigung zu hören bekam „Wie, ich dachte, da kommt eine Studentin, und jetzt kommt eine Türkin?"

Ich war vorbereitet, als mich ein Schaffner im Zug fragte: „Sie haben doch einen türkischen Namen, wie kommen Sie an ein Erste-Klasse-Ticket?"

Ich war vorbereitet, als mich bei meiner Einbürgerung kurz vor meinem Diplomabschluss als Verwaltungswissenschaftlerin die Sachbearbeiterin fragte: „Wissen Sie als Ausländerin eigentlich, was Pflichten in einem Land sind? Haben Sie schon mal was von einer Verfassung gehört?"

Ich war vorbereitet, als zahlreiche Morddrohungen und Fatwas, islamische Urteilssprüche, mich erreichten, weil ich mich für Frauenrechte im Islam einsetzte und mich gegen Kopftücher positionierte.

Ich war vorbereitet auf die vielfältigen Formen eines Mikrorassismus, den viele „nicht so meinen", aber irgendwie dann doch. Denken Sie nicht, dass wir Migrantinnen und Migranten uns jemals daran gewöhnen werden! An diese kleinen Stiche, die jedes Mal aufs Neue wehtun. Die uns nicht entgehen, die uns das Leben schwer machen, die uns mürbe machen und kraftlos.

Ich werde nicht aufhören, dem mit all meinem Mut entgegenzutreten. Für alle Generationen von Migrantenkindern, die nach mir kommen. Denn sie sollen als mündige, selbstbewusste Bürgerinnen und Bürger dieses Landes aufwachsen: als Demokratinnen und Demokraten in einem Rechtsstaat, optimistisch und zuversichtlich. Sie sollen die Chance bekommen, selber zu bestimmen, wer sie sind und wohin sie gehören.

Heute dreht sich mein Alltag als grüne Bundestagsabgeordnete nach dem Rhythmus von Sitzungs- und Wahlkreiswochen. Im Haushaltsausschuss bin ich unter anderem Hauptberichterstatterin für den Etat des Bundesministeriums für Arbeit und Soziales. Haushaltspolitik gilt im Bundestag als die Königsdisziplin, denn sie setzt viel politisches Wissen und Erfahrung voraus.

Ausschüsse, Parteiarbeit, Interviews, Reden, Empfänge, Bürgersprechstunden: Meine Arbeit erfordert Fleiß, Zeit und Anstrengung und hat einen Preis. All die langen Stunden des Unterwegsseins, die Debatten, in die sich immer wieder Hass und Aversion mischen. Und immer wieder muss ich mich dafür rechtfertigen, in diesem Land Verantwortung zu übernehmen.

Aber ich mache es aus Überzeugung. Und weil ich ein Ziel habe: Brücken zu bauen, Zäune niederzureißen, Türen zu öffnen. Ich kämpfe für den Zusammenhalt einer Gesellschaft, in die ich mich selbst einst hineinkämpfen musste. Ich will diese Gesellschaft mitgestalten und verändern, und ich will meinen Beitrag dazu leisten, dass wir aus Fehlern lernen. Niemand soll mehr um die eigenen Kinder weinen müssen, die Opfer von Rassismus und Hass geworden sind. Ich werde alles tun, damit Zäune und Gittertore verschwinden.

Mein damaliger Deutschlehrer schrieb mir einst ein Gedicht in mein Poesiealbum. Vielleicht ahnte er, dass mein Weg steiniger sein würde als der meiner Mitschülerinnen und Mitschüler. Es ist von Bertolt Brecht und heißt „Der Pflaumenbaum“.

Im Hofe steht ein Pflaumenbaum,
Der ist so klein, man glaubt es kaum.
Er hat ein Gitter drum,
So tritt ihn keiner um.
Der Kleine kann nicht größer wer'n,
Ja – größer wer'n, das möcht' er gern!
's ist keine Red davon:
Er hat zu wenig Sonn'.
Dem Pflaumenbaum, man glaubt ihm kaum,
Weil er nie eine Pflaume hat.
Doch er ist ein Pflaumenbaum:
Man kennt es an dem Blatt.

Danke an all diejenigen, die den Baum in mir erkannt haben und in ihren Schülerinnen und Schülern immer wieder erkennen. Lassen Sie uns allen eine Chance zu mehr Miteinander und Zusammenhalt geben. Lassen Sie uns gemeinsam Zäune überwinden.

Ekin Deligöz, geboren am 21. April 1971 in Tokat, Türkei, ist seit 1998 Mitglied des Deutschen Bundestags für Bündnis 90/Die Grünen. Sie ist Mitglied im Haushaltsausschuss, Obfrau im Rechnungsprüfungsausschuss und Sprecherin für Kinder- und Familienpolitik ihrer Fraktion. Sie hat in Konstanz und Wien studiert und ist Diplom-Verwaltungswissenschaftlerin. Berufliche Erfahrungen erwarb sie bei Arbeitsaufenthalten im In- und Ausland. Sie ist Vizepräsidentin des Deutschen Kinderschutzbundes, Mitglied des Komitees bei UNICEF Deutschland, und seit Februar 1997 ist sie deutsche Staatsbürgerin. Deligöz ist Trägerin der Bayerischen Verfassungsmedaille in Silber.

KADER GÜMÜŞ

„Meine Kindheit und Jugend in Deutschland waren ein Albtraum"

Drogen und Gewalt. Mäuse und Kakerlaken. Kader Gümüş wuchs auf im Hochhausghetto von Köln-Chorweiler. Gleich nach dem Abitur verließ sie Deutschland und fand in den USA eine offenere, bessere Heimat. Jetzt schaut sie zurück, voll Zorn und Bitterkeit.

Ich war acht und spielte Hüpfekästchen mit einer meiner wenigen deutschen Freundinnen. Sie war etwas älter als ich, vielleicht elf oder zwölf. Wir hatten mit bunter Kreide Quadrate und Zahlen auf den Boden gemalt und hüpften darauf herum, da sagte sie plötzlich: „Ich bin schwanger."

Wie bitte?

War das nicht etwas, was nur Erwachsenen passiert? Ich wusste nicht, was ich tun sollte. Erst mal habe ich nichts gemacht und bin weitergehüpft. Und dann bin ich losgerannt, immer weiter, bis ich meinen einzigen Zufluchtsort erreichte, die Bücherei.

Ja, sie war schwanger und bekam ein Kind, von wem, weiß ich auch nicht, von einem Verwandten, einem Nachbarn, ihrem Freund? Ich weiß nur: Ab da ging ich nicht mehr nachmittags raus. Ich blieb in der Bibliothek. Dort war es warm und ruhig und trocken, das Chaos der Außenwelt war ausgeblendet. Und ging erst heim, wenn meine Eltern von der Arbeit kamen. Das hielt mich von den Straßen fern und lenkte mich davon ab, wie einsam und hungrig ich war.

In der Bücherei musste ich im Erdgeschoss bleiben, hatte mir die Bibliothekarin befohlen. Der erste Stock mit seinen Sachbüchern und Romanen blieb mir versperrt. Nur das Erdgeschoss und die Kinderbücher darin standen mir offen. Bis ich in die fünfte Klasse kam, hatte ich jedes Kinderbuch gefühlt zweimal gelesen. Immer wieder wanderten meine Gedanken nach oben, in die erste Etage, zu den Büchern über Chemie und Geografie und Geschichte. Aber dorthin durfte ich nicht. Ich spürte, wie die Bibliothekarin mich beobachtete.

Ich bin in Köln-Chorweiler aufgewachsen, damals wie heute ein „sozialer Brennpunkt". Ein Hochhausghetto, in das man die Habenichtse, die Asozialen und die Gastarbeiter abschob. Ich bin das jüngste von sechs Kindern, wir hatten drei Schlafzimmer und zahlten viel Miete. Immer wieder fiel die Heizung aus, wir hatten Mäuse, aber so oft sich meine Eltern auch darüber beschwerten, fast nie hat sich jemand gekümmert.

Am schlimmsten waren die Kakerlaken. Nachts, wenn ich in die Küche ging, um etwas zu trinken, hörte ich ihr Rascheln, und wenn ich das Licht anmachte, waren die Wände voller Schaben. Was habe ich mich davor geekelt.

Rückblickend frage ich mich, wie ich das alles überlebt habe. Ich habe gelitten, ich wurde ausgegrenzt, ich wurde Zeuge von Schmerz und Mitgefühl, Trauma und Anteilnahme. Ich habe erlebt, was Kriminalität, Armut, Gewalt, Drogen, Alkohol, Ausgrenzung und ständige Negativität bei Kindern und Jugendlichen anrichten.

Der Sohn unseres Nachbarn war drogenabhängig. Der Vater zwang ihn in einen kalten Entzug. Sie hatten Matratzen an die Wände gestellt, aber es nützte nichts, tagelang hörten wir den Jungen bis auf die Straße schreien. Wie verzweifelt muss eine Familie sein, die ihren Sohn zu so etwas zwingt und sich keine Hilfe von außen suchen kann? Er war so ein lieber Kerl. Ein paar Monate lang war er clean, dann ist er wieder in die Drogenabhängigkeit gerutscht. Später ist er bei einem Autounfall gestorben.

Viele unserer Nachbarn, Verwandten, Freunde sprachen kein Deutsch. Sobald ich es im Kindergarten gelernt hatte, begleitete ich sie zu Arztterminen, zur Post, half ihnen mit Rechnungen und Briefen. Es tat weh, die Erwachsenen so hilflos zu sehen. Heute frage ich mich: Warum unterstützte man sie nicht, warum tat man nicht alles, ihr Leben zu erleichtern? Stattdessen wurden sie niedergemacht, verspottet, beschämt, beschuldigt, weil sie nicht wussten, wie man Deutsch spricht.

Welch grauenhaft schlechte Planung eines Einwanderungsprogramms. Millionen Menschen wurden angeworben, in Deutschland zu arbeiten, doch ihre elementarsten Bedürfnisse wurden ignoriert. Sie sind vielfältig traumatisiert, und dieses Trauma wirkt bis heute, es setzt sich fort in die nächste Generation, auch die leidet darunter – unter dem Einwanderungstrauma ihrer Eltern.

Nach dem Abitur bin ich in die USA ausgewandert. Dort habe ich mein Glück gefunden. Dort habe ich erlebt, was eine offene Gesellschaft ist, wie freundlich und wohlwollend Neuankömmlinge unterstützt werden. Dort gab es keine Gouvernante, die sich vor die Treppe der Bücherei stellte und sagte: „Hier darfst du nicht hinauf."

Ich muss es so deutlich sagen: Jenseits meiner Familie waren meine Kindheit und Jugend in Deutschland ein Albtraum. Eine Zeit voller Traumata, Ausgrenzung und Unterdrückung.

Als ich Deutschland verließ, hatte ich das Gefühl, an der Negativität der Mitmenschen und am deutschen Weltbild zu ersticken. Ich hasste es, ständig gesagt zu bekommen, wer ich zu sein habe. Dass ich ein Gast sei und „geduldet" werde. Man ist aber nicht Gast in einem Land, in dem man geboren und aufgewachsen ist.

Der deutsche Rassismus war allgegenwärtig. Ich fuhr mit der U-Bahn, da kam eine türkische Frau mit einem Kinderwagen herein, bedeckt gekleidet und an der Hand ein kleines Kind. Eine stressige Situation, aber anstatt ihr zu helfen, fingen zwei ältere Frauen an, über sie zu lästern. Sinngemäß: Guck sie dir an, erst greifen sie hier Sozialhilfe ab, und dann machen sie ein Kind nach dem nächsten.

Ich ertrug es nicht länger, drehte mich um und mischte mich ein. „Hallo? Ich bin auch Türkin. Wie reden Sie über diese Frau?"

Sie schauten erschrocken. Und sagten: „Aber Sie sind doch anders."

Welch grauenhaft schlechte Planung eines Einwanderungsprogramms. Millionen Menschen wurden angeworben, in Deutschland zu arbeiten, doch ihre elementarsten Bedürfnisse wurden ignoriert. Sie sind vielfältig traumatisiert, und dieses Trauma wirkt bis heute.

Weil ich eine gute Schülerin war, durfte ich nach der Grundschule ein Gymnasium in einem „besseren" Teil Kölns besuchen. Auch das war keine leichte Zeit. Die Lehrer wussten wenig über die Lernbedürfnisse eines Migrantenkindes aus einer marginalisierten Gemeinschaft. Ich war eine der Ersten in meiner Gemeinschaft, die ein Gymnasium besuchten, ich hatte eine Barriere durchbrochen. Doch erst viel später – als Erwachsene, die in einer dritten Kultur lebte – lernte ich, diese Leistung wertzuschätzen und mich dafür zu lieben. Welch einen Unterschied hätten damals Lob, Ermutigung, eine besondere Förderung gemacht.

Mit 13 fing ich an, Reklame zu verteilen. Wobei ich den Job nur bekam, weil sich eine deutsche Freundin beworben hatte und wir uns die Arbeit teilten; ich selbst hatte von dort keine Antwort bekommen. Mit 16 half ich im Schuhladen aus, mit 18 fing ich an, neben der Schule in einem Cateringservice zu jobben. Fleißig zu sein ist etwas, worauf meine Eltern immer stolz waren, auch ich habe es verinnerlicht.

Ich habe mich oft gefragt, wie es meine Eltern geschafft haben, in Deutschland ohne Sprachkenntnisse und ohne Ausbildung zu überleben, während sie eine Familie großzogen. Ich bewundere ihre Geduld, Belastbarkeit und Stärke, denn sie haben trotz allem nie ihre Freundlichkeit aufgegeben. Sie hörten nie auf, andere zu lieben, ihnen zu helfen und ihnen etwas zurückzugeben.

Mein Vater arbeitete bei Ford, er war großherzig und hilfsbereit, er hat mir das Rechnen mit Schrauben beigebracht. Meine Mutter arbeitete in einer Großküche. Unsere einzige Freizeitbeschäftigung waren Ausflüge zum Flohmarkt. Aber nicht, um herumzuschlendern und schöne Sachen zu kaufen, sondern um möglichst günstig Gastgeschenke für unsere Verwandtschaft zu besorgen. Für die Fahrt in die Heimat im Sommer. Darauf lebten wir hin.

Wenn die großen Ferien begannen, packten meine Eltern unseren Minibus voll, und wir machten uns auf den Weg in die Türkei. In Deutschland waren meine Eltern unsichtbar, wieder in ihrem Dorf bei Istanbul verwandelten sie sich in Helden. Von weit her kamen die Leute, um mit ihnen zu reden, um Neues zu erfahren, um zu hören, wie es zugehe in Deutschland. Meine Eltern verteilten ihre Geschenke: Kleider, die sie bei kirchlichen Stellen gesammelt hatten, Shampoo, Schokolade, Hygieneartikel für Frauen. Ja, die gab es damals nicht in den Dörfern, meine Mutter verteilte sie paketweise.

Über Kindererziehung hat sie mit den Frauen im Dorf geredet, über weibliche Hygiene, die Vorteile von Muttermilch. Einmal stand eine Bettlerfamilie bei uns an der Tür, fahrendes Volk, die Kinder hungrig und verdreckt. Kurzerhand hat meine Mutter sie in die Badewanne gesteckt, abgeschrubbt, frisch angezogen und ihnen eine Tafel Schokolade in die Hand gedrückt. Sie kamen als Habenichtse und gingen als polierte Kinder. Das war typisch für meine Eltern: Sie versuchten immer, alles zum Besseren zu wenden.

Viele Jahre später, ich besuchte mein Dorf, zog eine Nachbarin eine orangefarbene Schere aus der Schublade. Meine Eltern hatten sie ihr geschenkt. Das war Jahrzehnte her. Sie ehrte und achtete die Schere. Denn es war mehr als nur eine Schere.

Schon während der Schulzeit war ich durch Europa gereist und hatte das als Befreiung erlebt: Die Frage, wer ich sei, wurde bedeutungslos. Nach dem Abitur ging ich als Au-Pair nach Washington, D.C. Meine Gasteltern arbeiteten bei der Armee, er im Pentagon, sie im Weißen Haus. Wir wohnten in einem großen Haus in der Vorstadt, die Nachbarn grüßten mich vom ersten Tag an. In Chorweiler musste man misstrauisch sein, wenn einen jemand grüßte – was weiß diese Person über mich, was will sie von mir? Hier wussten im Handumdrehen alle, wer ich war, und interessierten sich für mich. Voraussetzungslos, ohne Stereotype und Misstrauen.

Konnte ich in den USA studieren? Ich fuhr zu einer Uni, um mich zu erkundigen, und wurde von einer Mitarbeiterin des Student Counseling Center an die Hand genommen. Schritt für Schritt führte sie mich herum und erklärte mir die Programme für „underprivileged youth".

Einige Monate später, zurück in Deutschland, fuhr ich zur Uni Bonn. Es war exakt dieselbe Situation: Ich war fremd in der Uni, ich brauchte Unterstützung. Mit dem Unterschied, dass ich hier keine bekam. Die Mitarbeiterin der Studienberatung sagte nur schnippisch: „Sie haben doch Abitur", ich müsse schon selbst herausfinden, wie ich mich einschreibe. Und wandte sich ab. Nach einem Jahr Amerika war das wie eine Ohrfeige.

Meine Reaktion: Ihr könnt mich mal! Ich gehe in ein Land, in dem ich mehr geschätzt werde. Noch am selben Tag begann ich, mich bei der amerikanischen Botschaft für ein Studentenvisum zu bewerben.

Die Auswanderung war die beste Entscheidung meines Lebens: mich von Deutschland und der Türkei zu distanzieren und eine dritte Kultur zu wählen. Nie hätte ich in Deutschland den Erfolg gehabt, den ich in den USA habe. Ich wäre gescheitert an den deutschen Vorurteilen. Anders gesagt: I was set up for failure, not for success. Mir scheint, in Deutschland erhalten die Migranten in großer Mehrheit einen Stempel: ja nicht erfolgreich zu sein.

Während des Studiums jobbte ich in Restaurants und Hotels, nach dem Bachelorabschluss heuerte ich bei Oracle Micros an und reiste durch die USA und Kanada, um Datenbanken in Luxushotels zu implementieren. Später war ich Projektmanagerin bei Lockheed Martin, danach arbeitete ich für den amerikanischen Kongress und unterstützte die Abgeordneten, ihre Arbeitsabläufe zu digitalisieren.

Parallel dazu machte ich meinen Master in Wirtschaftspsychologie an der George Mason University, den ich mit summa cum laude abschloss. Heute arbeite ich in einer IT-Firma für Program & Project Management und leite ein Team von 80 Mitarbeiterinnen und Mitarbeitern. Daneben treibe ich meine Promotion an der Antioch University in „Leadership and Change" voran.

Als ich gefragt wurde, für dieses Buch einen Beitrag zu schreiben, habe ich mich erstmals mit dem deutschen Grundgesetz beschäftigt. Die amerikanische Verfassung kannte ich gut, das Grundgesetz hatte ich nie gelesen. Erst mal war ich beeindruckt: Verglichen mit der US-Verfassung, die sich explizit auf weiße Männer konzentriert, ist das Grundgesetz moderner. Doch auch hier: Es richtet sich an das „Deutsche Volk". Wer bitte ist damit gemeint? Was ist mit den vielen in Deutschland lebenden Gemeinschaften?

Und so schön all die Grundrechte auch klingen: Sie haben nichts gemein mit den Erfahrungen meiner Kindheit.

Während meiner Reisen bin ich immer wieder Menschen begegnet, die nie in Deutschland gelebt haben, aber die deutsche Staatsbürgerschaft besitzen – weil ihre Vorfahren Deutsche waren und sie somit auch. Für ein in Deutschland geborenes Gastarbeiterkind ist das ein Schlag ins Gesicht. Es hat mich daran erinnert, dass wir Deutschtürken immer Fremde bleiben werden, egal, wie gut ausgebildet, sprachlich versiert oder integriert wir sind. Die Abstammung liegt den Deutschen im Blut. Bis heute. Wird sich das jemals ändern?

Ich hingegen verlor meine „unbefristete Aufenthaltserlaubnis", weil ich zu lange außerhalb Deutschlands gewesen war, und konnte somit nach dem Studium nicht mehr zurück nach Deutschland. Na und? Ohnehin blieb ich lieber in Amerika und baute mir hier mein neues Leben auf.

Germany's loss, America's gain. Ich schaute nie wieder zurück.

Kader Gümüş, geboren am 14. Juli 1979 in Köln, lebt seit 1999 als „third-culture immigrant" in Washington, D.C. Sie ist Direktorin bei der Reli Group Inc., wo sie als Programm-Managerin Firmen im Federal-Government-Contract-Bereich betreut. Von 2008 bis 2012 war sie Beraterin für Lockheed Martin im US-Kongress in Washington, D.C. 2012 schloss sie ihren Master in Organization Development and Knowledge Management an der George Mason University mit summa cum laude ab. Zuvor hatte sie an der Oxford University in England European Policy studiert. Derzeit arbeitet sie an ihrer Promotion in „Leadership and Change" an der Antioch University, Ohio. Sie gehört dem Justice Advisory Council in Fairfax, Virginia, und dem Council to End Domestic Violence an.

MEHMET DILEK

„Mein Weg war lang und steinig“

Er war der Erste in seiner Familie, der studierte. Und musste danach fast 15 Jahre kämpfen für einen vollen, fair bezahlten Job. Heute ist Mehmet Dilek Gruppenleiter in einem Berliner Bezirksamt und stolz darauf, dass er der nächsten Generation ein Vorbild ist.

Ich bin Bauingenieur und leite die Gruppe für Straßenunterhaltung und -aufsicht in Friedrichshain-Kreuzberg. Im Augenblick planen und errichten wir vor allem Pop-up-Radwege, die wir später in dauerhafte Radwege umwandeln – eine Idee, für die wir im April 2021 den Deutschen Fahrradpreis erhalten haben.

Mein Team und ich kümmern uns um Ausschreibungen, wir machen Schulwege sicherer, sorgen gemeinsam mit den Bürgerinnen und Bürgern dafür, dass die Straßenbäume im Sommer genug Wasser kriegen, bauen und sanieren Straßen und vieles mehr.

Ich bin angekommen. Und ich kann sagen: Der Weg war lang und steinig. Längst nicht so eben und gleichmäßig wie eine Kreuzberger Straße, die ich verantworte. Ich musste mich durchbeißen, durch Schule und Studium und prekäre Jobs. Aber jetzt läuft es. Und dafür bin ich dankbar.

Meine Eltern lebten als Bauern in einem Dorf in Anatolien, sie besaßen ein Lehmhaus und drei Felder, womit sie den Lebensunterhalt für sich, meine zwei Schwestern und meine Großeltern bestritten. Da sie von der Landwirtschaft nicht leben konnten und es keine Jobs in unserem Heimatort gab, brach mein Vater bald auf ins 1.100 Kilometer entfernte Istanbul, um dort auf Baustellen zu arbeiten und so die Familie zu ernähren.

1970 gingen meine Eltern zuerst nach Bayern, dann nach Berlin und fanden schnell Arbeit. Das einzige Ziel: Geld zu verdienen und nach einigen Jahren in die Türkei zurückzukehren. Natürlich sprachen sie kein Wort Deutsch, aber danach fragte damals niemand – Sprachkenntnisse waren keine Voraussetzung für einen Job in Deutschland.

1971 wurde ich in Berlin geboren. Um voll arbeiten zu können, haben viele türkische Familien ihre Kinder in der Heimat aufwachsen lassen. Auch ich lebte als kleiner Junge für ungefähr ein Jahr bei meiner Großmutter in der Türkei. Als mein Bruder 1976 zur Welt kam, wurde ich erneut zu meiner Großmutter gebracht und besuchte die Grundschule im Dorf. Meine einzige Erinnerung an diese Zeit: dass ich neidisch auf die schönen Federtaschen und Radiergummis meiner Klassenkameraden war. Und dass mich Lernen kein bisschen interessierte.

Als ich 1977 wieder in Berlin war, kam ich in die Silberstein-Grundschule in Neukölln. Meine Mutter konnte nicht lesen und schreiben, mein Vater hatte zwar die Grundschule besucht, aber weil er im Schichtdienst in einer Kaffeefabrik arbeitete, sah ich ihn kaum. So war ich von Anfang an auf mich gestellt. Keine Hilfe bei den Hausaufgaben, keine Elternabende. Einmal im Jahr wurde auf das Zeugnis geschaut, das war es.

Aber in meinem Fall hat es nicht geschadet. Ich lernte, mich allein durchzubeißen.

Ich war nun ausgebildet, ich hatte eine junge Familie, ich wollte arbeiten, schrieb mir die Finger wund mit Bewerbungen – und kassierte eine Absage nach der nächsten. Bis nach Österreich und Südtirol bewarb ich mich. Es nützte nichts.

Als Kind sollte ich einmal zum nahen Bäcker gehen und Brot kaufen. Meine Mutter gab mir einen Zehn-Mark-Schein, aber als ich in der Bäckerei ankam, hatte ich das Geld verloren. Heulend lief ich die Straße auf und ab und suchte den Schein. Da sprach mich ein deutscher Herr an. Ich erzählte ihm von meinem Missgeschick. „Und du bekommst Ärger?“, fragte er. „Ja“, heulte ich. Da steckte er mir zehn Mark zu, einfach so, aus Mitmenschlichkeit, und ich konnte das Brot kaufen. So waren damals die Zeiten. Würde das heute noch jemand machen? Ich bin mir nicht sicher.

Später, auf der Realschule, bekam ich immer nur Turnschuhe von Aldi, für zwölf Mark. Wer die trug, wurde gehänselt. Ich wollte Adidas haben, Puma oder Nike, genau wie die anderen. Also suchten mein Cousin und ich mit 14 einen Job. Wir kellnerten in einem Restaurant am Bahnhof Zoo, fast an jedem Wochenende und in den Ferien. Bald hatte ich genug Geld für teure Turnschuhe, echte Adidas für 119 Mark.

Ich bekam ordentlich Ärger, als ich sie zu Hause vorführte. Die Folge: Ab da musste ich meinen Verdienst abgeben. Wobei, niemand wusste ja, wie viel genau ich verdiente. Also behielt ich ein Drittel für mich und hatte weiter ein schönes Leben.

In der neunten Klasse der Realschule machten wir ein Praktikum. Ich wollte Kfz-Mechaniker werden und suchte mir eine Werkstatt. Vielleicht hatte ich Pech, aber dort wurde ich nur rumkommandiert und ausgenutzt. Keiner hat mir irgend etwas erklärt. Es war trotzdem eine wichtige Erfahrung: Ich beschloss zu studieren – und wechselte auf das Sophie-Charlotte-Gymnasium in Charlottenburg.

Der Unterschied zu meiner Neuköllner Realschule war riesig. Ich fühlte mich wie ein Amateurspieler, der plötzlich beim FC Bayern auflaufen muss. Ich wählte Mathe und Physik als Leistungskurse, drehte zwei Ehrenrunden, und wieder habe ich mich durchgekämpft und bestand mein Abitur.

Die Zeit in der Oberstufe war schön – überschattet von einem schrecklichen Ereignis. Mete Ekşi, ich kannte ihn aus dem Gymnasium, ein freundlicher, lebensfroher Kerl, starb bei einer Schlägerei auf dem Ku'damm. Mehrere türkischstämmige Jugendliche prügelten sich mit drei Brüdern aus Marzahn. Die hatten einen Baseballschläger dabei und schlugen Mete Ekşi damit nieder. Nach 17 Tagen im Koma starb er am 13. November 1991. Viele vermuten, dass es ein rechtsextremer Angriff war.

Nach seinem Tod gab es einen riesigen Gedenkmarsch, später stellte man auf dem Adenauerplatz einen Gedenkstein auf mit den Worten: „Gegenseitiger Respekt und der Wille zur Gewaltfreiheit hätten sein Leben schützen können." Worte, die sich im Grundgesetz widerspiegeln. Worte, die jeder Bürger sich zu Herzen nehmen sollte.

Nach dem Abitur immatrikulierte ich mich im Fach Bauingenieurwesen. Im selben Jahr kam mein Sohn Deniz auf die Welt. Und später kam Asena. Ich musste meine Familie ernähren und habe in den ersten Jahren mehr gearbeitet als studiert, aber schließlich machte ich meinen Abschluss als Diplom-Bauingenieur.

Ich war nun ausgebildet, ich hatte eine junge Familie, ich wollte arbeiten, schrieb mir die Finger wund mit Bewerbungen – und kassierte eine Absage nach der nächsten. Bis nach Österreich und Südtirol bewarb ich mich. Es nützte nichts. Es gab in jenen Jahren einfach keine Jobs für Bauingenieure. Auf eine Stelle kamen bisweilen 300, 400 Bewerbungen. Einmal fand ich eine Stelle bei der DB-Bauüberwachung, verlor sie aber im letzten Moment wieder, weil bei der ärztlichen Untersuchung eine Rot-Grün-Sehschwäche zutage trat.

Wir rutschten in die Sozialhilfe.

Wie gut, dass man mir eine Arbeitsbeschaffungsmaßnahme anbot, im Tiefbauamt von Treptow-Köpenick. Ich verdiente zwar nur 1.200 Euro brutto, aber das war mir egal. Hauptsache, in den Job hineinfinden, mein Können unter Beweis stellen, Kontakte knüpfen.

Es gelang: Von da aus ging ich als Straßenbauleiter zur Strabag AG. 50 bis 60 Stunden arbeitete ich und verdiente trotzdem so wenig, dass das Sozialamt mein Gehalt weiterhin aufstocken musste.

Danach wieder für zwei Jahre eine Stelle auf dem Bezirksamt Treptow-Köpenick, befristet.

Danach wieder Bewerbungen schreiben. Absagen kassieren. Weitermachen.

Schließlich fand ich eine Teilzeitstelle als Bezirksingenieur im Bezirksamt Friedrichshain-Kreuzberg. Ich stellte mich gut an, ich verstand mich mit den Kollegen. Die Stelle wurde entfristet. Sie wurde aufgestockt.

Endlich! Mit 39 Jahren hatte ich eine volle, fair bezahlte Arbeitsstelle.

Und es ging weiter. Mein damaliger Gruppenleiter sah mehr in mir und hat mich gefördert. Ich durchlief das Kompetenz-Plus-Programm, in dem

Mitarbeiter zu Führungskräften geschult werden, und nahm an etlichen weiteren Seminaren teil.

2017 wurde ich selbst Gruppenleiter – und bin es bis heute. Ich darf 14 Mitarbeiterinnen und Mitarbeiter anleiten und kann bei vielen Entscheidungen mitwirken. Ich mag meine Arbeit, ich bin stolz auf die vielen Dankesschreiben von Bürgerinnen und Bürgern für mein Engagement.

Ich war der Erste aus unserer Familie, der studiert hat. Wenn ich mich jetzt umschaue in meiner Verwandtschaft, werden es immer mehr. Die meisten meiner Neffen und Nichten haben heute einen Uni-Abschluss. Deniz und Asena, meine beiden Kinder, sind auf ein exzellentes Gymnasium gegangen, haben Klavier und Bratsche gelernt und machen eine tolle Ausbildung.

Eines weiß ich sicher: In der Türkei wäre mein Leben ganz anders verlaufen. Ich bin glücklich, dass ich in diesem Land Bildung erwerben konnte. Dass ich ein Vorbild bin für die nächste Generation.

Mehmet Dilek, geboren am 18. Januar 1971 in Berlin-Neukölln, machte sein Abitur 1993 am Sophie-Charlotte-Gymnasium in Charlottenburg, studierte Bauingenieurwesen und wurde Diplom-Bauingenieur. Dileks erster Job führte ihn zum Tiefbauamt von Treptow-Köpenick, danach wurde er Straßenbauleiter bei der Strabag AG. Später wechselte er als Bezirksingenieur in das Bezirksamt Friedrichshain-Kreuzberg. Durch die Unterstützung seines damaligen Gruppenleiters nahm er an mehreren Führungskräfteseminaren teil und wurde 2017 selbst Gruppenleiter für Straßenunterhaltung und -aufsicht in Kreuzberg und Friedrichshain. Im Bezirk Friedrichshain-Kreuzberg arbeitet er aktiv an der Mobilitätswende mit – und initiiert Radwege und Fußgängerzonen.

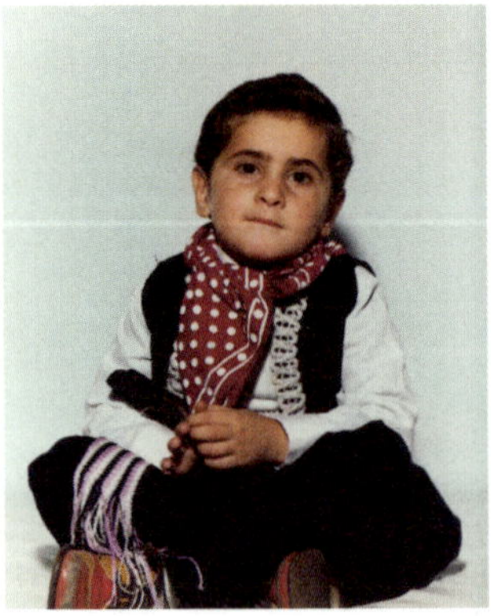

Ankommen

MUSTAFA AKÇA

„Manchmal endeten die Fußballspiele in handfesten Prügeleien“

Klempner, Schauspieler, Quartiersmanager: Mustafa Akça war vieles. Und fand seine Berufung darin, Hochkultur für alle zu öffnen. Etwa mit dem Operndolmuş, dem Sammeltaxi der Komischen Oper, das Sängerinnen und Sänger zu Auftritten in Berliner Hinterhöfe bringt.

Eines Tages kam meine Großmutter strahlend von der Arbeit nach Hause und erzählte, dass ihr Vorgesetzter Türkisch spreche. Als wir Kinder und Enkelkinder fragten, was er denn könne, sagte sie: „Çabuk çabuk!“ – „Schnell, schnell!“ Die Aufforderung, sie solle zügiger arbeiten, war allerdings alles, was er konnte. So wenig brauchte es damals als „Willkommensgeste“, um die Einwanderer aus Anatolien zu begeistern.

Meine Großmutter war die Erste aus unserer Familie, die nach Berlin kam. Als junge Frau fing sie 1969 an, in einer Wurstfabrik zu arbeiten. Ohne Sprachkenntnisse, ohne nähere geografische Vorstellung kam sie nur mit dem Nötigsten aus einem Dorf namens Aşağıtekke in Zentralanatolien. Anfangs ließ sie ihren Mann mit den Kindern zurück und war auf sich allein gestellt. Ich frage mich heute, wie viel Mut oder Verzweiflung man braucht, um einen solchen Schritt zu wagen.

Später kam ihr Mann mit den fünf Söhnen nach, und sie zogen in einen dieser typischen heruntergekommenen Altbauten in Berlin-Kreuzberg mit Klo auf halber Treppe. Einer der Söhne war mein Vater.

Ich wurde in Berlin-Kreuzberg geboren und fühle mich bis heute als ein typischer Junge dieses Kiezes. Dort war damals ein türkisch-deutsches Leben unter Nachbarn mit viel Wildwuchs, aber ohne große Reibungen möglich..

Wir waren eine internationale Truppe, die durch die Hinterhöfe in der Nähe des Viktoriaparks tobte. Steffen, Peer, Oliver, Jan und Damir hießen meine

Freunde, und auch ihre Eltern haben mich geprägt, ja behandelten mich, als sei ich ein Teil ihrer Familien. Noch heute bin ich an Heiligabend manchmal bei Oliver und seiner Mutter zu Gast, und nie werde ich es Carola vergessen, der Mutter meines Freundes Oliver, dass sie zu uns nach Hause kam und mit Händen und Füßen meinen Eltern erklärte, wie eine Klassenfahrt abläuft oder auf welche Schule ich gehen sollte.

Meine Klassenkameraden waren öfter bei uns als ich bei ihnen. Sie liebten das Börek meiner Mutter, die fein ausgerollten Blätterteigschichten, gefüllt mit Käse, Spinat, Hackfleisch. So vernarrt waren sie darin, dass sie mir so manches Mal mein Pausenbrot wegschnappten, mein Pausen-Börek, und weil ich ihr Schinkenbrot nicht mochte, ging ich leer aus.

Ich hatte als Kind und Jugendlicher in Kreuzberg immer die Gewissheit, behütet und geschützt zu sein. Nicht zuletzt wegen meiner Lehrerinnen, die mir nie das Gefühl gaben, ich könne etwas nicht erreichen. Egal, mit welchen Zukunftsvorstellungen und Ideen ich auch ankam, immer unterstützten sie mich und gaben mir den nötigen Wind unter die Flügel.

Erfinder wollte ich werden – mein Physiklehrer fand, das sei eine prima Idee. Bücher wollte ich schreiben – meine Deutschlehrerin Frau Schrickel ermutigte mich, mir Geschichten auszudenken und sie in einem Schulheft aufzuschreiben, märchenhafte Storys, in denen kleine Jungen die Hauptrolle spielen. Fußballer wollte ich werden, Theater spielen, interessierte mich für Geschichte, und immer wurde ich ernst genommen, egal, was ich vorhatte. Kein Augenrollen, kein: „Lass es doch!"

Gleichzeitig behandelten sie mich nie mit falscher Nachsicht. Wenn ich etwas vermasselt oder ausgefressen hatte und den „Migrantenbonus" ziehen wollte, wurde mir schnell eine klare Linie gezeigt. Ich schrieb eine Fünf im Diktat und wollte mich damit rausreden, dass bei uns daheim ja kein Deutsch gesprochen werde. „Nein", bekam ich zu hören, „du bist hier geboren, du lernst das Gleiche wie die anderen, übernimm Verantwortung!" Oder wenn mein Temperament mit mir beim Fußball durchging und ich es mit meinem südländischen Blut rechtfertigte – schüttelte mein Sportlehrer den Kopf: „Nein, Freundchen, das ist dein Problem."

Ganz anders Herr Knuth. Er war streng und kompromisslos. In einem fort ermahnte er uns. „Mustafa, hör auf zu kippeln!" „Serdar, hör auf, Cola zu trinken!" Aber wenn uns jemand auf Wandertagen blöd kam und Sprüche über uns „Türkenkinder" machte, warf er sich mit Leib und Seele dazwischen und verteidigte uns. Wir mochten ihn sehr, trotz seiner Strenge.

Ich hatte das Glück, dass meine Eltern volles Vertrauen in die Schule ihrer Kinder hatten und alles unterstützten, was wir dort an Entwicklungsmöglichkeiten geboten bekamen, um in der deutschen Gesellschaft Fuß zu fassen.

Es war der Vater meines Freundes Christian, der mich zum Fußballspielen in einen Verein mitnahm. Von da an sah man mich regelmäßig beim Training bei Blau-Weiß 90 Berlin, und das Leben in dieser Fußballwelt hat mich geprägt. Es herrschte ein toller Teamgeist, und die Mitglieder unserer Mannschaft verbanden intensive Erlebnisse. Die Herrenmannschaft spielte damals in der 1. Bundesliga, und wir durften als Balljungen unseren Fußballidolen die Bälle zuwerfen. Es war unglaublich aufregend, im Berliner Olympiastadion den Ball direkt in die Hände von Rudi Völler zu werfen.

Die Trainer und Betreuer behandelten uns Jungen alle gleich. Es gab keine Deutschen, Jugos, Italiener oder Türken. Wir waren Spieler einer Mannschaft und entsprechend unseren Fähigkeiten und unserer Leistung aufgestellt. Wobei, bei Auswärtsspielen war es anders. Wenn wir gegen Mannschaften im Berliner Osten spielten, die wenig Vielfalt in ihren Teams kannten, war die Stimmung schon mal angeheizt. Und manchmal endete das in handfesten Prügeleien.

Sie wussten genau, wie sie uns provozieren mussten. „Ihr blöden Kanaken“, riefen sie uns zu, schon stieg der Pegel auf dem Platz, und es gab die ersten bösen Fouls und roten Karten. Ich kann Ungerechtigkeiten schlecht ertragen, ich sprang als Letzter an, aber war der Erste, der dann richtig explodierte. Die Eltern am Spielfeldrand beschimpften einander, der Schiri pfiff, Rangelei, das Spiel wurde abgebrochen. Oft ging es erst richtig los nach dem Abpfiff, sie warteten auf uns, wenn wir aus der Umkleide kamen, oder wir auf sie, und dann gab es aufs Maul, verstauchte Knöchel, geplatzte Lippen, gebrochene Nasen. Und natürlich war allen klar, wie es beim Rückspiel aussehen würde. Wir hielten zusammen, ganz gleich, woher wir kamen.

Das Lebensgefühl des Provisorischen beeinflusste meine Berufswahl. Wenn man bei jeder Gelegenheit hört, dass man mit dem gewählten Beruf auch in der „Heimat“ etwas anfangen können muss, kann es passieren, dass man Klempner wird.

Ja, das war abenteuerlich. Das schult fürs Leben. Und war nichts im Vergleich zu den Grobheiten, die einem vonseiten der Politik und aus den Medien entgegenschallten. Als junger Erwachsener wurde mir bewusst, dass man uns, die hier über Jahre Wurzeln schlugen, permanent das Gefühl gab, nur auf Zeit geduldet zu sein.

Ich erinnere mich genau an den Brandanschlag im Mai 1993 auf eine türkischstämmige Familie in Solingen, bei dem zwei junge Frauen und drei Mädchen ums Leben kamen. Darauf folgten Anschläge in Rostock, Mölln, Hoyerswerda und die NSU-Morde. Auch in neuester Zeit reißt mit Halle und Hanau die Reihe von ausländerfeindlichen Attacken nicht ab. Der Anschlag in Solingen ist jedenfalls in seiner Signalwirkung nach wie vor bei mir präsent. Er hat mich zum Nachdenken gebracht und skeptisch werden lassen.

Ich konnte noch so wohlbehütet aufwachsen, meinen Lehrerinnen und Lehrern vertrauen und erleben, wie sie auf Demonstrationen gegen Rechtsextremismus und für meine Rechte und die meiner Eltern kämpften. Dennoch blieb und bleibt unter der ersten Generation der Gastarbeiter das verunsichernde Gefühl, nicht willkommen zu sein. Bewusst oder unbewusst wird dieser Eindruck an die folgenden Generationen weitergegeben und prägt, wie ich auch an mir wahrnehmen kann, ihr Lebensgefühl.

Dieses Lebensgefühl des Provisorischen beeinflusste zunächst auch meine Berufswahl. Ich wurde zwar von meinen Eltern zu nichts gezwungen. Wenn man jedoch bei jeder Gelegenheit hört, dass man mit dem gewählten Beruf auch in der „Heimat" etwas anfangen können muss, kann es passieren, als Azubi bei den Klempnern und Gas-Wasser-Installateuren zu landen. Das bedeutet, sommers wie winters morgens um sieben Uhr auf der Baustelle zu sein, abends einen rußigen Heizkessel zu säubern, Dachrinnen in schwindelerregender Höhe zu löten, Fliesen zu schleppen und zu legen, Rohre zu installieren, zu schweißen, Abflüsse zu reinigen und Verstopfungen zu beseitigen.

Als Lohn winkten nach drei Jahren neben dem Gesellenbrief Demut und Respekt vor dem Handwerk und die Fähigkeit, für den Rest meines Lebens alle meine sanitären Probleme selbst regeln zu können. Außerdem gewann ich prägende Lebenserfahrungen in einem sehr bodenständigen deutschen Milieu. Zum Abschied sagte mir mein Meister, egal, was auf der Welt passiere und in welcher Krise die Menschheit auch stecke: „Aufs Klo müssen alle!"

Im Anschluss an meine Ausbildung begann ich zunächst zu studieren. Mit dem Gedanken im Hinterkopf, eines Tages zurück nach Anatolien gehen zu müssen, entschied sich meine türkische Stimme für Energie- und Versorgungstechnik. Außerdem rieten mir meine Eltern und Verwandten, für den Fall der Rückkehr meinen türkischen Pass zu behalten. Obwohl es für mich, der ich in Berlin geboren wurde und immer in Ausbildung oder Arbeit war, kein Problem gewesen wäre, die deutsche Staatsangehörigkeit zu bekommen, behielt ich tatsächlich meinen türkischen Pass. Ironischerweise bin ich heute damit allein in meiner Familie, alle anderen sind inzwischen eingebürgerte Deutsche.

Nach einer Weile merkte ich, dass mir das Ingenieurstudium nicht lag. Und ich beschloss, eine Ausbildung zum Schauspieler zu machen.

Kurz danach wollte es der Zufall, dass mich die Managerin einer Reederei fragte, ob ich nicht auf einem Kreuzfahrtschiff als Entertainer arbeiten wolle. Jung und abenteuerlustig, wie ich war, heuerte ich auf der Aida an und war einige Jahre auf den Weltmeeren unterwegs. Ich entertainte die Urlauber und sah nebenbei Häfen in allen möglichen Teilen der Erde. Wenn ich meine Kabine verließ, ging sofort der Job los. Das war hart, aber ich lernte viel. Vor allem kam es darauf an, sich flexibel auf Menschen und neue Situationen und Gegebenheiten einzustellen.

Obwohl ich das Meer lieber vom Strand aus betrachtete, schipperte ich für viele Monate darauf herum. Von Menschen aus Anatolien abstammend, lag mir das Schwimmenlernen in meiner Kindheit und Jugend nicht am Herzen. Und so kam es, dass ich zwar einer Seetauglichkeitsprüfung unterzogen wurde, niemand jedoch nach meinen ganz und gar kümmerlichen Schwimmkenntnissen fragte. Wie viele meiner Kolleginnen und Kollegen machte ich den Job gerne, aber nach einiger Zeit kam das Heimweh. Mir fehlten Berlin, die Berlinerinnen und Berliner, die Freunde und die Familie.

Nach meiner Zeit auf dem Schiff arbeitete ich zum Teil als Warm-Upper und stand für verschiedene Fernsehformate auf der Bühne. Nebenher konzipierte ich Stadtführungen und heuerte schließlich bei S.T.E.R.N an, einer Gesellschaft für behutsame Stadterneuerung. Ich wurde Teil des Quartiersmanagements für die Gropiusstadt, ein Hochhausviertel in Neukölln.

Heinz Buschkowsky, damals Bürgermeister Neuköllns, ließ es sich nicht nehmen, bei den Bewerbungsgesprächen dabei zu sein. Ihm gefielen meine Biografie und mein Werdegang, diese Mischung aus Künstlerischem und Handwerklich-Praktischem. Er fragte mich, wie ich die Bewohnerinnen erreichen wolle. Ohne groß zu überlegen, antwortete ich, man könne ja – unter dem Titel „Häkeln und Mäkeln" – Zusammenkünfte von Frauen organisieren und dabei Austausch, Gespräche und kulturelle Bildung fördern.

Die Idee gefiel Buschkowsky so gut, dass er selbst auf ihre Umsetzung achtete. Und so wurde tatsächlich unter dem Titel „Häkeln und Mäkeln" erfolgreich meine erste Frauengruppe initiiert. Sie begann mit viel Eifer und Ernsthaftigkeit und hatte lange Zeit Bestand, obwohl mir eine der Frauen nach einem Jahr gestand, dass von Häkeln ja keine Rede sein könne, denn alle würden nur stricken. Ich kannte den Unterschied gar nicht!

Acht Jahre blieb ich im Quartiersmanagement. Dann machte mich eine Kollegin auf eine Ausschreibung der Komischen Oper aufmerksam. Auch dort brachen neue Zeiten an, man suchte nach einem Verantwortlichen für die Konzeption und Durchführung einer Öffnungsstrategie hin zu einer immer vielfältigeren Stadtgesellschaft.

Ich mochte Musiktheater und Oper, hatte aber keine Ahnung von klassischer Musik. Dennoch juckte es mir sprichwörtlich in den Fingern, als ich die Ausschreibung las: Musiktheater zu „opernfernen" Menschen bringen und sie für diese Art Musik begeistern. Wider alle Wahrscheinlichkeit bekam ich den Job und begann 2011 als erster fest angestellter türkischstämmiger Projektleiter mit meiner Arbeit an der Komischen Oper Berlin.

Ich machte mich an die Entwicklung eines Konzepts. Als Erstes waren mir die Kinder wichtig. Ich drängte darauf, Jungen und Mädchen mit migrantischem Hintergrund im Alter von sechs bis zwölf Jahren in den Kinderchor der Komischen Oper aufzunehmen. Ich sprach Eltern an, war unentwegt in Kiezen, Quartieren, Stadtteilen unterwegs und erzählte von der kostenlosen Ausbildung, den Proben, den Auftritten. Ich erzählte nichts von Milieus, Bildungsnähe oder -ferne, Türkisch, Arabisch, einheimischen Deutschen, geschweige denn von Migrationshintergründen. Die Mund-zu-Mund-Werbung gelang, und innerhalb kürzester Zeit spiegelte sich die Vielfalt der Stadt im Kinderchor der Komischen Oper Berlin wider.

Später wurde der „Operndolmuş“ geboren, eine Art Sammeltaxi mit Musiker:innen und Sänger:innen des Opernhauses. Vollgepackt besuchen wir in der ganzen Stadt Einrichtungen, Vereine, Stadtbibliotheken. Wir treten in Berliner Hinterhöfen auf – in Pandemiezeiten mit Abstandsregeln – und bekommen Beifall aus Fenstern und von Balkonen. Kein Weg war und ist uns zu weit, kein Raum zu klein, und egal, ob drei oder 100 Zuschauer:innen vor uns sitzen, wir treten auf und bieten das an, was wir am besten können: Geschichten erzählen, die in Musik gegossen sind und Gefühle hervorrufen, die universell verstanden werden. Einmal haben wir es mit dem „Operndolmuş“ auf der sogenannten Gastarbeiterroute sogar bis nach Istanbul geschafft.

An den Orten, zu denen der „Operndolmuş“ fährt, gibt es kein trennendes Podium, die Grenze zwischen Künstlerinnen und Publikum ist durchlässig, alle befinden sich im selben Raum ganz nah beieinander. Das baut Hürden ab. Nach jedem Auftritt haben die Zuschauer nämlich die Möglichkeit, mit den Künstlerinnen und Künstlern zu sprechen. Das nutzt auch der Komischen Oper: Die interkulturelle Kompetenz wächst, man bekommt ein Gefühl dafür, was ein Berliner Publikum heutzutage braucht.

Ich sehe mich in der Rolle des Brückenbauers, Möglichmachers, der allen, die wollen, das Musiktheater öffnet. Dafür müssen wir eingefahrene Wege verlassen, Neugier wecken, Neues wagen. Dafür bekomme ich nicht immer Beifall, ich brauche Mut, das Risiko des Falschmachens nicht zu scheuen. Ich habe aus meinen Fehlern viel gelernt, und es macht mir noch immer Spaß, mich zu engagieren – für Kunst, die Menschen aus anderen Milieus nicht bedrängt oder ihnen gegenüber den erhobenen, Überlegenheit signalisierenden Finger der Kulturvermittlung erhebt.

In meiner Kindheit, wenn die Schulferien kamen, packten meine Eltern das Auto bis obenhin voll und nahmen die Strapazen auf sich, mit ihrer sechsköpfigen Familie in die Türkei zu fahren. Dort angekommen, begrüßte mein Opa Muzaffer mich immer mit einem Klaps auf den Nacken und dem Wort „kerata“. Ich mochte dieses Wort sehr, weil ich die liebevolle Zuwendung spürte. Lange wusste ich nicht, was es bedeutet, fragte auch nie danach, ahnte aber, was es bedeuten könnte. Irgendwann, schon fast erwachsen, erfuhr ich, dass „kerata“ Schlingel oder Strolch heißt – aber auch „Schuhanzieher“.

Ich finde, der Name passt zu mir, denn genauso fühlte und fühle ich mich oft. Nämlich wie jemand, der etwas wie ein Schuhanzieher zusammenfügt oder, übertragen ausgedrückt, Begegnungen ermöglicht und Menschen zusammenzubringt.

Ich liebe die Neue Deutsche Welle und anatolisch-türkischen Rock, ich esse Köfte, Pizza und Berliner Kartoffelsuppe, es macht mir Spaß, die Werkzeugkiste des Klempners hervorzuholen und auf Opernbällen Small Talk zu pflegen.

Und ich haben einen Wunsch! Ich wünsche mir von Herzen, dass die Lebensleistung der Türkeistämmigen anerkannt wird, die sich vor 60 Jahren auf den Weg nach Deutschland gemacht haben. Dass sie als eine Bereicherung gesehen werden. Dass sie endlich aus vollem Herzen willkommen geheißen werden. Dass die Zeiten von „Çabuk çabuk!" hoffentlich für immer vorbei sind.

Mustafa Akça, geboren am 7. August 1973 in Berlin, ist Handwerker, Schauspieler und Moderator. Von 2004 bis 2011 war er Quartiersmanager für interkulturelle und generationenübergreifende Projekte in Berlin. Seit 2011 konzipiert er als Leiter von „Selam Opera!" innovative Formate und Konzepte an der Komischen Oper Berlin, um Menschen für Musiktheater und Oper zu begeistern. Er war interkultureller Coach zur Beratung von Kultureinrichtungen und gemeinnützigen Organisationen, Beiratsvorsitzender der Bundesakademie für Kulturelle Bildung und Experte im Rat für Kulturelle Bildung. 2017 hat Akça mit „Selam Opera!" den BKM-Preis Kulturelle Bildung gewonnen.

ALI ASLAN

„In den Gängen des Bundesinnenministeriums war ich eine Rarität"

Er studierte gemeinsam mit König Felipe, moderiert Diskussionen mit Bill Clinton oder Emmanuel Macron und ist eines der Gesichter der Deutschen Welle im Ausland. Vor allem aber ist Ali Aslan ein Weltbürger – und genießt es, drei Kulturen im Herzen zu tragen.

Ich bin zweimal nach Deutschland eingewandert: mit knapp einem Jahr, im Schlepptau meiner Eltern. Und mit Mitte 30, nach anderthalb Jahrzehnten in den USA. Doch der Reihe nach.

Meine Eltern stammen aus der Südtürkei und lernten sich 1965 während ihres Studiums an der Universität Istanbul kennen. Mein Vater Hifzirrahman, Medizinstudent aus Hatay und Ältester von elf Geschwistern, und meine Mutter Nezihe, Jurastudentin aus Mersin und älteste Tochter von acht Kindern, kamen beide aus bescheidenen anatolischen Verhältnissen.

Dass meine Großväter dennoch – oder gerade deswegen – großen Wert auf Bildung legten, ermöglichte meinen Eltern den Weg zum sozialen Aufstieg und legte den Grundstein für meine eigene Migrationsbiografie.

Mein Vater machte sich nach seinem Studium einen Namen als begabter Arzt, während sich meine Mutter zeitgleich eine Reputation als Anwältin erarbeitete. Zwei junge, ambitionierte Menschen, die zu diesem Zeitpunkt noch nicht ahnten, dass ihre berufliche und private Zukunft in einem 3.000 Kilometer entfernten Land liegen sollte.

Meine ein Jahr ältere Schwester Ilknur und ich kamen Anfang der 70er-Jahre in der Türkei zur Welt und hätten Deutschland unter normalen Umständen wohl allenfalls als Urlaubsland kennengelernt. Doch das Schicksal und mein Vater, inspiriert durch seine weltoffene Heimatprovinz, hatten andere Pläne.

Hatay ist mit seinen christlichen, jüdischen und muslimischen Einwohnern ein direkt an Syrien grenzender multiethnischer Schmelztiegel, geprägt von mehreren Kulturen und Sprachen. In diesem kosmopolitischen Umfeld entwickelte mein Vater bereits in jungen Jahren ein ewig währendes Fernweh und den damit verbundenen Drang, die Welt zu entdecken.

Konsequenterweise folgte er trotz einer vielversprechenden Perspektive in der Türkei mit gerade einmal 30 Jahren einer beruflichen Offerte aus Deutschland. Meine Mutter legte infolgedessen ihre junge Anwaltskarriere eher widerwillig und nur unter der Bedingung auf Eis, sie nach einer zeitnahen Rückkehr in die Türkei wieder aufzunehmen. Es sollte anders kommen.

Beruflich etablierte sich mein Vater in Deutschland trotz sprachlicher und kultureller Barrieren schnell und schrieb, nur zehn Jahre nach seiner Ankunft, als erster türkischstämmiger Chefarzt an einem deutschen Krankenhaus deutsche Migrationsgeschichte. Wenig später eröffnete er, auch da war er Pionier, seine Praxis in Hamburg.

Spätestens zu dem damaligen Zeitpunkt und dem familiären Erwerb der deutschen Staatsbürgerschaft war eine imminente Rückkehr in die Türkei kein aktuelles Thema mehr. Wir sprachen zu Hause zwar Türkisch und verbrachten die Sommerferien stets in der Türkei, doch Deutschland war mittlerweile Lebensmittelpunkt und Heimat, allen voran für mich und meine Schwester.

Sie absolvierte ihr Abitur in Schleswig-Holstein, während ich zeitgleich als Jugendspieler beim FC St. Pauli mein Abitur in Hamburg machte. Als torgefährlicher Mittelstürmer in der A-Junioren-Bundesliga kam ich meinem Ziel, Profifußballer zu werden, zwar recht nah, doch eine Karriere à la Özil oder Gündoğan blieb mir letztlich verwehrt, sodass sich mein Fokus auf das anstehende Studium richtete.

Fürs Studium zog es uns auf ausdrücklichen Wunsch meines Vaters ins Ausland. Als Einwanderer mit internationalem Mindset war es ihm ein großes Anliegen, dass wir neue Sprachen und Kulturen kennenlernten und unseren geografischen Horizont erweiterten. So, wie er und meine Mutter es zwei Jahrzehnte zuvor vorgelebt hatten. Meine Schwester begann daraufhin ihr Wirtschaftsstudium in Paris und ich wenig später mein Politikstudium an der amerikanischen Boston University.

Der Wechsel vom deutschen Norden an die US-Ostküste fiel mir mit knapp 20 Jahren alles andere als leicht. In Hamburg hatte ich ein intaktes familiäres und gesellschaftliches Umfeld. Aber das Leben beginnt, wie es so schön heißt, am Ende einer Komfortzone. Der Schritt in die USA lehrte mich, von einem Tag auf den anderen ein gewohntes, vertrautes Umfeld aufzugeben und einen Neuanfang zu starten. Eine Erfahrung, die sich noch einige Male in meinem Leben wiederholen sollte und bis heute mein vielfältiges, komplexes Verständnis von Heimat prägt.

Zwischen Hamburg und Boston liegen knapp 6.000 Kilometer, und entsprechend viele neue Eindrücke prasselten tagtäglich auf mich ein. Doch das

Bachelorstudium ließ keine längere Eingewöhnungsphase zu, zumal ich neben dem anspruchsvollen Studium auch noch für die Uni-Mannschaft kickte.

Die charmante Studentenstadt Boston im US-Bundesstaat Massachusetts war ein beliebtes Ziel für internationale Studenten und führte zu großartigen Freundschaften und denkwürdigen Begegnungen, wie zum Beispiel mit dem Friedensnobelpreisträger und Holocaust-Überlebenden Elie Wiesel, der an meiner Universität Philosophie und Religion lehrte.

Nach vier erlebnisreichen Semestern in Boston und einer gewachsenen Verbundenheit mit der Stadt (Stichwort Komfortzone) wechselte ich an die renommierte Georgetown University in Washington, D.C., die weltweit als Kaderschmiede für amerikanische und internationale Politikgrößen bekannt ist. Der ehemalige US-Präsident Bill Clinton zählt ebenso zu den Absolventen wie mein ehemaliger Kommilitone König Felipe von Spanien. Die amerikanische Hauptstadt konnte mit dem intimen Charme Bostons zwar nicht mithalten, doch mit seiner Nähe zum Politikbetrieb war Washington der richtige nächste Schritt für mich und letztlich auch richtungsweisend für meine spätere Berufswahl.

Noch während meines Politikstudiums begann ich, die Basis für meine spätere Journalistenkarriere zu legen. Zunächst als Praktikant beim TV-Sender NBC News und, unmittelbar nach meinem Bachelorabschluss, als einer der wenigen nicht amerikanischen Volontäre bei CNN. Während meines Volontariats hatte ich das Glück, internationalen TV-Größen wie Talkshow-Legende Larry King über die Schulter zu gucken und von ihnen zu lernen. CNN war zu jenem Zeitpunkt der global führende Nachrichtensender, und die tägliche Arbeit in einem dynamischen, anspruchsvollen Umfeld auf höchstem Niveau war eine sehr gute Schule für meine spätere Karriere.

Der Abschluss meines lehrreichen Volontariats markierte auch das Ende meiner Zeit in der US-Hauptstadt. Als junger UNO-Korrespondent für den prominenten amerikanischen TV-Sender ABC News begann in New York eine neue, sehr prägende und spannende Phase meines Lebens. Nach Boston und Washington war New York meine dritte, längste und auch letzte Station in den USA.

In New York kreuzten sich auch wieder die Wege mit meiner Schwester, die nach ihrem Wirtschaftsstudium in Paris und an der New York University eine Karriere beim internationalen Wirtschaftsprüfungsunternehmen PwC begann. Bei ABC News hatte ich das große Vergnügen und Privileg, mit der amerikanischen Nachrichtensprecherlegende Peter Jennings zusammenzuarbeiten. Peter war das Aushängeschild des Senders und eine weltweit bekannte Journalistenikone, von ihm konnte ich mir viel für meine spätere Moderatorenkarriere abschauen.

New York gilt bekanntlich als Stadt, die niemals schläft, und getreu diesem Motto begann ich parallel zu meiner Tätigkeit als Reporter am ABC-Hauptsitz in Manhattan ein Masterstudium in Internationaler Politik und Journalismus an der Columbia University, die zu den zehn besten Hochschulen der Welt zählt und an der bereits schon der ehemalige US-Präsident Barack Obama sowie Alexander Hamilton, einer der Gründungsväter der Vereinigten Staaten, studierten.

In meine New Yorker Zeit fiel auch der 11. September 2001. Ein Tag, der die Welt veränderte und bis heute eine Zeitenwende markiert. Am Abend zuvor war ich auf dem Michael-Jackson-Konzert im Madison Square Garden und an diesem historischen Dienstagmorgen noch entsprechend übermüdet. Es war 8:46 Uhr Ortszeit, als das erste Flugzeug in das World Trade Center stürzte und ich mich nichts ahnend zeitgleich auf den Weg zur zehn Kilometer entfernten Columbia University an der Upper West Side machte. Mein Journalisteninstinkt trieb mich direkt nach den ersten Fernsehbildern Richtung World Trade Center, und so stand ich kurz nach dem Einsturz der beiden Türme in dem nur wenige Hundert Meter entfernten und komplett abgeriegelten Stadtteil SoHo. Der beißende Metallgeruch der sich vor mir auftürmenden Staubwolke ist mir bis heute gegenwärtig. Dass meine Heimatstadt Hamburg bei den Anschlägen eine nicht unwesentliche Rolle gespielt hat, gab dem Ganzen noch eine weitere persönliche Note.

Mir fiel es nicht leicht, mich wieder an das Leben in Deutschland zu gewöhnen. Nach zehn Jahren New York hatte ich das Gefühl, das Leben finde in Zeitlupe statt. Auch vermisste ich die Freundlichkeit und Zugänglichkeit der Amerikaner.

Von meiner Zeit in New York mit allen Höhen und Tiefen und den zahlreichen Begegnungen mit inspirierenden Menschen aus aller Welt profitiere und zehre ich bis heute. Doch die Intensität und das hohe Tempo dieser einzigartigen Weltstadt fordern nach einer gewissen Zeit auch ihren Tribut. Es gibt ein berühmtes Sprichwort im Zusammenhang mit Amerikas größter Metropole: „Live in New York City once, but leave before it makes you hard."

Also schlug ich, nach knapp zehn Jahren im Big Apple, ein neues Kapitel als freiberuflicher Europakorrespondent auf. Mit viel neuer Lebens- und Arbeitserfahrung und zwei Masterabschlüssen im Gepäck ging es nach über einer Dekade in den USA wieder zurück auf die andere Seite des Atlantiks. Nach beruflichen Aufenthalten in Barcelona und Istanbul berichtete ich während der Fußballweltmeisterschaft 2006 in Deutschland für diverse internationale Sender aus Berlin. Es war während dieser Zeit, dass ich den damaligen Bundesinnenminister Wolfgang Schäuble kennen- und schätzen lernte. Gemeinsam mit seinem Abteilungsleiter Markus Kerber überzeugte er mich, zumindest vorübergehend die beruflichen Seiten zu wechseln und als Politik- und Medienberater im Bundesinnenministerium (BMI) anzuheuern.

Meinen Wechsel von einem amerikanischen TV-Sender in New York zu einem deutschen Bundesministerium in Berlin als Kulturschock zu bezeichnen wäre eine Untertreibung. Die Arbeitswelten hätten vom Ablauf und Temperament her nicht gegensätzlicher sein können. Und auch in punkto Diversität lagen zwischen beiden Erfahrungen Welten. Von einem multikulturellen Umfeld kommend, war ich in den Gängen des Ministeriums als Person mit Migrationshintergrund eine Rarität.

Inhaltlich war ich im BMI primär für den Bereich „Integration" mitverantwortlich. Dies entbehrte nicht einer gewissen Ironie. Denn obwohl ich in Deutschland aufgewachsen war, war ich mit dem Thema schon länger nicht mehr konfrontiert worden. In den USA war ich ohne größeres Hinterfragen „German" oder „from Germany". Wenn überhaupt, musste ich mich nach so vielen Jahren in Amerika selber erst wieder in Deutschland „integrieren".

Und auch abseits vom beruflichen Umfeld fiel es mir nicht immer leicht, mich wieder an das Leben in Deutschland zu gewöhnen. Nach zehn Jahren New York hatte ich oftmals das Gefühl, das Leben finde in Zeitlupe statt. Auch vermisste ich die in Deutschland aus meiner Sicht oft zu Unrecht als oberflächlich bezeichnete Freundlichkeit und Zugänglichkeit der Amerikaner.

Auf meine Zeit im BMI folgten noch ein paar Jahre als Berater im Bundespresseamt und im Auswärtigen Amt, bevor ich zu meinen beruflichen Wurzeln als TV-Journalist zurückkehrte. Meine Tätigkeit für die Bundesregierung und der Blick hinter die Kulissen waren trotz anfänglicher Anpassungsschwierigkeiten sehr lehrreich und haben mein Verständnis von deutscher und europäischer Politik nachhaltig vertieft. Bei meinen gelegentlichen Auslandsvorträgen über Deutschland und Europa kommt mir diese Erfahrung bis heute zugute.

Interessanterweise lernt man sein Heimatland im Ausland von Neuem, vielleicht sogar besser kennen. Durch die Distanz erkennt man Stärken und Defizite des eigenen Herkunftslandes noch sehr viel klarer. Durch meine Zeit in den USA habe ich eine Insider-Outsider-Perspektive auf Deutschland entwickelt, die meinen Blick auf das hiesige Geschehen bis heute beeinflusst.

Auch die Beantwortung der beliebten Frage, woher ich komme beziehungsweise wo ich mich zugehörig fühle, ist für mich als Kosmopolit mit internationalem, multikulturellem Werdegang nicht einfacher geworden. Ich bin in Deutschland aufgewachsen und deutscher Staatsbürger, habe türkische Wurzeln und habe meine gesamten 20er- und frühen 30er-Jahre in den USA verbracht. Es ist die Kombination und Summe dieser drei sehr unterschiedlichen Länder und Kulturen, die mich als Person und Moderator ausmachen.

Nach meinem zwischenzeitlichen Ausflug in die deutsche Politik folgte ich dem Ruf von Deutschlands internationalem Sender, der Deutschen Welle, die Moderation der weltweit ausgestrahlten englischsprachigen TV-Talkshow „Quadriga" zu übernehmen. Die Sendung wurde in gut 200 Ländern ausgestrahlt und hatte eine globale Reichweite von über 100 Millionen Zuschauern.

Parallel zur TV-Moderation etablierte ich mich zunehmend als international gefragter Moderator hochrangiger Konferenzen, unter anderem diverser UNO-, EU- und G20-Gipfel. Die regelmäßige Moderation renommierter globaler Veranstaltungen mit Größen wie Bill Clinton, Emmanuel Macron, Justin Trudeau, Christine Lagarde und Melinda Gates trug, neben meiner TV-Show, maßgeblich zur Erhöhung meines internationalen Bekanntheitsgrades und kosmopolitischen Selbstverständnisses bei.

Dass ich als einer der wenigen international bekannten deutschen Moderatoren auch stets ein Repräsentant eines weltoffenen, diversen Deutschlands bin, hätte meinem Vater, auf dessen Initiative hin mein globaler Werdegang begann, zweifellos Freude bereitet.

Er starb 2010, nur ein Jahr nachdem er seine lange, erfolgreiche Karriere als Arzt in Hamburg beendet hatte. Er war eine Quelle des Stolzes und Vorbild für viele Migranten in Deutschland und berührte mit seinem Lebenswerk viele Menschen. Bis heute erzählen mir wildfremde Personen, wie mein Vater sie inspiriert, unterstützt, ermutigt und gefördert habe.

Es waren und sind Einwanderer wie meine Eltern, die Deutschland bereichert haben. Ihre Geschichte, ihr Mut und ihr Beitrag sind für mich und zukünftige Generationen Verpflichtung und Ansporn, ihren Weg bestmöglich fortzuführen und ihrer außergewöhnlichen und großartigen Lebensleistung gerecht zu werden.

Ali Aslan, geboren am 9. April 1972 in Istanbul, ist TV-Moderator und Journalist. Nach seinem Abitur in Hamburg zog er in die USA und absolvierte ein Bachelorstudium der Politikwissenschaft und internationalen Beziehungen an der Boston University und der Georgetown University in Washington, D.C. Sein Masterstudium der Politikwissenschaft und der Journalistik absolvierte er an der Columbia University in New York. Der international bekannte TV-Moderator und Journalist war für Sender wie CNN in Washington, D.C., ABC News in New York, Channel News Asia in Istanbul und Deutsche Welle TV in Berlin tätig. Zudem ist er weltweit als Moderator hochkarätiger Veranstaltungen gefragt.

SINA AFRA

„Die beiden Damen hatten gerade eine Wette auf mich abgeschlossen“

Sein Vater war Diplomat, aufgewachsen ist er unter Deutschen. Erst während des Studiums entdeckte er seine türkischen Wurzeln und gründete ein türkisch-europäisches Netzwerk. Heute investiert Sina Afra in Start-ups – und will Jüngeren Ansporn sein.

Im Sommer 1976 kam mein Vater nach Hause und erzählte, dass er als Generalkonsul nach Essen gehe. Große Aufregung bei uns daheim. Ich, damals acht Jahre alt, schaute gleich in meinem Kinderatlas nach, wo Essen eigentlich lag. Und fand heraus: in Deutschland.

Als ich das wusste, hatte ich viele Fragen: Wann geht es los, wie sieht unser neues Haus aus, ist Deutsch eine schwere Sprache? Die ersten sechs Jahre meines Lebens hatten wir in den Niederlanden gewohnt, danach ging ich auf eine englischsprachige Schule in Ankara. Als Diplomatenkind war ich von klein auf darauf vorbereitet, zusammen mit meinen Eltern alle paar Jahre umziehen zu müssen. Was ich nicht ahnte: dass Deutschland nicht irgendeine Zwischenstation werden, sondern mein Leben prägen würde.

Im August 1976 trafen wir in Essen ein. Ich wurde in die dritte Klasse der Meisenburg-Grundschule im Ortsteil Bredeney eingeschult – ohne ein Wort Deutsch zu sprechen.

Ich erinnere mich an den Tag, an dem mich meine Mutter zur ersten Besprechung mit der Schulleiterin mitnahm. Sie unterhielten sich auf Englisch, so konnte ich mithören. Die Direktorin legte meiner Mutter nahe, mich von der dritten in die zweite Klasse zurückzustufen. Denn: „Der Junge spricht doch kein Wort Deutsch.“

Meine Mutter war damit gar nicht einverstanden. Nein, ich solle auf keinen Fall zurückgestuft werden. Ihr Argument: Kinder unter neun Jahren lernten rasch die neue Sprache. Ich würde gewiss binnen sechs Monaten fließend Deutsch sprechen.

So ging es hin und her, keine wollte nachgeben. Die Positionen waren verfahren. Meine Mutter, wild entschlossen, mich nicht zurückstufen zu lassen, schlug der Direktorin ein Arrangement vor: Sollte ich nicht in sechs Monaten fließend Deutsch sprechen, wäre sie mit meiner Zurückstufung einverstanden. Darauf schlug die Direktorin ein und mir war klar: Die beiden Damen hatten gerade eine Wette auf mich abgeschlossen.

Zum Glück hatte meine Mutter recht. Nach sechs Monaten bescheinigte mir die Direktorin sehr gute Deutschkenntnisse, ich durfte in der dritten Klasse bleiben. Und diese wilde Wette ist meine erste Erinnerung an Deutschland.

Ich entdeckte, dass ich nicht nur einer deutschen, sondern auch einer türkischen Welt angehörte. Ich verstand, dass es in Deutschland ein Türkenbild gab, das mir bis dahin nicht bewusst gewesen war. Das beschäftigte mich sehr.

Eine zweite Geschichte, an die ich mich gern erinnere: 1976 konnte man in ganz Essen keine Auberginen kaufen. Also bat mein Vater einen Diplomatenkollegen, das Gemüse aus der Türkei mitzubringen. Als sie bei uns ankamen, freuten wir uns wie an Weihnachten und Ostern zusammen und meine Eltern organisierten bei uns im Garten eine Grillparty. Unser Nachbar war ein gewisser Herr Dr. Haferkamp, schon in Rente, aber noch recht rüstig. Er tauchte am Gartenzaun auf und beobachtete uns. Mein Vater, typisch türkische Gastfreundschaft, lud ihn sofort ein, doch herüberzukommen, aber Dr. Haferkamp schlug aus. Sein Interesse galt den Auberginen.

Er fragte meinen Vater, warum er „verfaulte Gurken“ grille. Wir lachten. Dr. Haferkamp hatte keine andere Wahl, als herüberzukommen und zu probieren. Und siehe da, die verfaulten Gurken schmeckten köstlich. Bis heute muss ich jedes Mal beim Anblick einer Aubergine daran denken.

Vier Jahre später: die nächste Versetzung. Mein Vater erklärte mir, wir würden bald zurückgehen nach Ankara. Ich fing gleich an zu weinen. Ich wollte Essen nicht verlassen – es war für mich der schönste Platz auf der Welt. Meine Freunde waren hier, ich konnte mit dem Fahrrad in die Schule fahren, ich kannte jede Ecke in Bredeney und Rüttenscheid. Aber es half nichts.

So verließen wir 1980 Essen, um nach Ankara zurückzukehren. Ich wurde auf der deutschen Botschaftsschule eingeschult und vergaß Essen langsam. Bis zu dem Tag zwei Jahre später, an dem mein Vater seine nächste Versetzung verkündete: Er würde als Generalkonsul nach Düsseldorf gehen. Jubel brach aus. Ich brauchte diesmal keinen Kinderatlas, ich wusste, wo Düsseldorf war – keine 30 Kilometer von Essen entfernt.

Auch meine Mutter freute sich, da wir viele Freunde in der Gegend hatten, die wir jetzt wiedersehen würden. So kam ich in die neunte Klasse des Clara-Schumann-Gymnasiums in Düsseldorf. Und als mein Vater 1986 wieder versetzt wurde, beschloss ich, allein in Deutschland zu bleiben.

Ich war in der zwölften Klasse und hatte kein Interesse daran, meine Freunde aufzugeben, in ein Internat zu gehen oder meinen geliebten Tennisclub in Düsseldorf zu verlassen, den TC 50 im Rheinstadion. Meine Eltern akzeptierten diese Entscheidung und mieteten mir eine Wohnung in Düsseldorf an.

So war ich der Einzige in meiner Stufe, der in der zwölften und dreizehnten Klasse allein wohnte. Es waren aufregende Jahre. Ich musste alles selbst erledigen und lernen, all die alltäglichen Probleme selbst zu lösen. Mein größtes Problem: das Geld. Meine Eltern hatten mir so viel hinterlegt, dass ich damit bis zum Abitur auskommen sollte. Nur leider hatte sich das Geld nach der Hälfte der Zeit pulverisiert; ich weiß bis heute nicht wie. Da ich mich nicht traute, meine Eltern nach mehr zu fragen, musste ich einen Job finden. Aber als was hätte ich arbeiten sollen? Und wann? Ich hatte doch so schon kaum Zeit neben dem Sport und dem Lernen.

Ich gab den Gedanken bald wieder auf. Was macht ein junger Mensch, der knapp bei Kasse ist? Er schüttet der Oma sein Herz aus. Und – welch Glück! – sie hatte vollstes Verständnis. Und unterstützte mich diskret und zuverlässig bis zum Abitur.

Während meines BWL-Studiums in Münster begann ich, mich für Politik zu interessieren. Bis dahin hatte ich kaum Kontakt zu Türken gehabt, abgesehen von den Bekannten oder Freunden meiner Eltern. Auf meinem Gymnasium, im Tennisclub? Begegnete ich ihnen kaum.

Das änderte sich nun. Gleich im ersten Semester traf ich die ersten Türken, wir verbrachten viel Zeit miteinander. Ich entdeckte, dass ich nicht nur einer deutschen, sondern auch einer türkischen Welt angehörte. Ich selbst hatte mich stets als Weltbürger verstanden, als jemand, der überall zu Hause ist. Nun wurde mir klar, dass die Deutschen in mir stets „den Türken" sahen, verstand, dass es in Deutschland ein Türkenbild gab, das mir bis dahin nicht bewusst gewesen war. Das beschäftigte mich sehr.

Ich wollte etwas tun. Ich wollte, dass wir Türken uns vernetzen und austauschen und gemeinsam dafür sorgen, Vorurteile abzubauen. Und gründete zusammen mit meinen Freunden einen Verein, die European Association of Turkish Academics (EATA). Der englische Name war bewusst gewählt, um unseren internationalen Anspruch zu unterstreichen. Binnen zwei Jahren hatte der Verein über 800 Mitglieder in sechs Ländern und entwickelte eine geradezu magische Anziehungskraft für junge Türkinnen und Türken der zweiten Generation.

Sie wollten sich mit Gleichgesinnten vernetzen, sie hatten die gleichen Fragen: Wer bin ich? Ein Türke? Eine Schwäbin? Ein Europäer? Und was folgt daraus?

Der zweite Verein, den ich mitgründen durfte, war die Liberale Türkisch-Deutsche Vereinigung (LTD). Die Idee dahinter: Viele Türkinnen und Türken – gerade jene, die eingebürgert und stolze Besitzer eines deutschen Passes sind

– fühlen sich liberalen Ideen verbunden. Wir fragten uns: Wie können Deutsche mit türkischen Wurzeln aktiv an der Politik mitwirken? Braucht die deutsche Politik überhaupt Menschen mit Migrationshintergrund? Wie ermutigen wir Migrantinnen dazu, mitzumachen?

Unter der Führung von Arif Babür Ordu und Mehmet Gürcan Daimagüler begründeten wir in Bonn die LTD. Auch viele Deutsche waren unter den Gründungsmitgliedern, darunter Klaus Kinkel, Guido Westerwelle, Wolfgang Kubicki und viele weitere führende FDP-Politiker.

Meine Studienjahre waren geprägt vom Engagement in diesen beiden Vereinen, der EATA und der LTD. Es war für mich eine Zeit der Selbstfindung. Und ohne es zu ahnen, habe ich in diesen Jahren die freundschaftliche Basis für ein Netzwerk gelegt. Es ist ein loses Netzwerk von sehr unterschiedlichen Menschen. Sie kommen aus allen Schichten, aus vielen Gegenden in der Türkei, wählen unterschiedliche Parteien und haben heute alle möglichen Berufe – vereint in der Überzeugung, die deutsche Einwanderungsgesellschaft mitgestalten zu wollen.

Heute bin ich Unternehmer, manche sagen: Start-up-Entrepreneur. Ich habe 15 Jahre in einer Unternehmensberatung und danach bei führenden E-Commerce-Firmen gearbeitet. In beiden Jobs fühlte ich mich wohl, doch dann bin ich einem schwedischen Unternehmer begegnet, der mein Leben noch einmal auf den Kopf gestellt hat.

Ich war fasziniert von seiner Persönlichkeit und seinen Ansichten, seiner Verantwortungsbereitschaft und seinem Mut, ganz neu in die Zukunft zu schauen. Freiheit statt Villa, Start-up statt Status – das war sein Motto, es hat auch mich inspiriert. Bislang habe ich an die 20 Unternehmen gegründet und in mehr als 40 Start-ups investiert.

Mein Vater war Berufsdiplomat, meine Mutter Kunsthistorikerin. Das Unternehmertum wurde mir also nicht in die Wiege gelegt. Es bedurfte einer Inspiration – in meinem Fall durch den schwedischen Unternehmer –, um in diese neue Welt einzutauchen. Und jetzt ist es an mir, Jüngere anzuleiten und ihnen ein Vorbild zu sein.

Ich habe die Hoffnung, dass wir in der Zukunft nicht mehr über Herkunft und Integration sprechen müssen, sondern uns wichtigeren Fragen widmen können. Klimawandel, Digitalisierung, Ungleichheit – das sind Themen, die uns bewegen sollten. Hoffentlich werden meine Kinder und ihre Generation eines Tages zurückschauen und sich wundern, warum „das andere“ so lange dämonisiert wurde.

60 Jahre sind seit dem deutsch-türkischen Anwerbeabkommen vergangen und ich durfte ein Teil dieser Reise sein. Nein, ich bin kein Gastarbeiterkind. Aber so vielfältig, wie die deutsche Gesellschaft ist, so vielfältig ist die Geschichte der Türkinnen und Türken in Deutschland.

Sina Afra, geboren am 21. Oktober 1968 in Ankara, ist Unternehmer und hat 20 Tech-Unternehmen gegründet, von denen er zwölf verkauft hat. Er ist zudem Angel-Investor mit rund 40 Investments in Start-ups. Afra hat über 20 Auszeichnungen oder Ehrungen erhalten, unter anderem zählt er zu den „Top 100 most influential tech people in the World" („Wired Magazine") und zu den „Brightest Minds Alive" („Forbes Magazine"). Er hat einen Abschluss als Diplom-Kaufmann der Universität Münster und die Harvard Business School besucht. Er war im Board von Endeavor und ist Vorsitzender der Entrepreneurship Foundation. Seine Leidenschaft gehört seiner Familie sowie dem E-Sport, in dem er als Präsident von Fenerbahçe Esports Verantwortung übernimmt.

DEFNE ŞAHIN

„In New York fiel mir auf, wie sehr ich in Berlin in Schubladen gedacht hatte“

Als Kind nahm sie sich eine Haarbürste als Mikrofon, stand damit vor dem Spiegel und probte Songs von Whitney Houston. Später studierte Defne Şahin Jazzgesang, bald trat sie mit ihren Kompositionen auf Bühnen in aller Welt auf, schwebend zwischen vielen Kulturen.

Als ich elf Jahre alt war, zogen wir um nach Berlin-Wilmersdorf. Nun ging ich dort aufs Gymnasium. Was für ein Kontrast! Während meiner Grundschulzeit in Kreuzberg war ich umgeben von Kindern mit Migrationshintergrund und eine von vielen gewesen. Nun gehörte ich zu einer Minderheit und wurde mit Auszeichnungen bedacht wie: „Du sprichst aber gut Deutsch“, oder: „Du bist ja ganz anders als die Türken, die ich sonst kenne.“

Während meiner Grundschulzeit in Kreuzberg war ich umgeben von Kindern mit Migrationshintergrund und eine von vielen gewesen. Nun gehörte ich zu einer Minderheit und wurde mit Auszeichnungen bedacht wie: „Du sprichst aber gut Deutsch“, oder: „Du bist ja ganz anders als die Türken, die ich sonst kenne.“

Auch ignorante Fragen kamen vor: warum ich kein Kopftuch trage oder ob mir meine großen Brüder nicht das Ausgehen verbieten würden. Klischees über Klischees musste ich mir anhören. Und war dennoch heimlich froh, dass man mich als einen Ausnahmefall betrachtete.

Heute schäme ich mich dafür. Ich ärgere mich, damals nicht die passenden Worte parat gehabt zu haben, um mich stellvertretend für alle Migrant:innen zu verteidigen. Wie gern hätte ich den Leuten ohne Umschweife erklärt, wie verletzend es ist, sich permanent erklären zu müssen. Aber diese Worte fehlten mir damals.

Heute ertrage ich es nicht, exotisiert zu werden. Ich bin eine Berlinerin, die sich zu Hause fühlen möchte, ohne sich täglich für ihre Existenz rechtfertigen zu müssen.

Ich singe, seit ich denken kann. Schon als Kind träumte ich davon, Sängerin zu werden. Stundenlang probte ich vor dem Spiegel und sang in eine Haarbürste, mein imaginäres Mikrofon. Songs von Whitney Houston, Lauryn Hill und Sezen Aksu – kraftvolle Frauenstimmen, die mich schon damals in ihren Bann schlugen.

Meine Großeltern waren 1971 nach Deutschland gekommen. Einige Jahre lang schufteten sie unter großen Entbehrungen in Firmen, ehe sie eine kleine Bäckerei in der Friesenstraße in Berlin-Kreuzberg eröffneten. Ich sehe sie genau vor mir, diese Bäckerei. Erinnere mich, wie meine Oma Baklava machte und ich probieren durfte. Und ahnte nicht, wie sehr sie sich hatten anstrengen müssen, um sich selbstständig machen zu können.

Meine Eltern waren Lehrer:innen an Neuköllner Schulen. Dort wuchs ich auf. Mit drei Jahren fing ich an, Ballett zu tanzen, und ging zur musikalischen Früherziehung. Ich lernte, Klavier zu spielen, und sang in Chören. Musik und Theater standen ganz selbstverständlich auf dem Stundenplan, und mit jedem Auftritt wuchs meine Leidenschaft für Gesang. Die Schule vermittelte uns, dass wir Menschen einer Welt sind. Ich lernte mit großer Selbstverständlichkeit, dass ich eine Berlinerin mit türkischer Herkunft und einem griechischen Namen bin und dass mich diese Herkunft zu einem Mosaikstein der Gemeinschaft macht, in der ich lebe. Ich lernte, offen und neugierig auf andere Menschen zuzugehen, ganz gleich welcher Herkunft.

Mit 14 bekam ich Gesangsunterricht und hatte meine ersten größeren Auftritte. Mit 16 Jahren ging ich für ein Jahr als Austauschschülerin in die USA, nach Philadelphia, und kam als Sängerin der Big Band meiner Highschool mit Jazz in Berührung. Die Musik schlug mich gleich in ihren Bann, ich war begeistert, wie natürlich meine Mitmusiker:innen diese bewegte und bewegende Musik interpretierten.

Zurück in Berlin, wusste ich, dass ich Jazz studieren musste, und bereitete mich darauf vor, einen der begehrten Plätze für Jazzgesang an den deutschen Hochschulen zu bekommen. Welche Freude: Ich wurde an vier der fünf Hochschulen angenommen und entschied mich für ein Studium an der Universität der Künste, später unterstützt von einem Stipendium der Heinrich-Böll-Stiftung.

Als einzige türkischstämmige Studentin wurde ich in der Aufnahmeprüfung gefragt, ob ich spontan etwas auf Türkisch singen könne. In einer Aufnahmeprüfung für eine Jazzhochschule gibt man sich so spontan und aufgeschlossen wie möglich – ich sang tatsächlich ein paar Takte auf Türkisch. Auch darüber ärgere ich mich im Nachhinein. Heute würde ich nur noch den Kopf schütteln.

Zugleich haben mir meine Wurzeln geholfen, meinen musikalischen Horizont zu erweitern. Bewegte ich mich vorher stilistisch im amerikanischen Jazz und brasilianischen Bossa nova, fing ich nun an, traditionelle türkische Musik mit Jazzelementen zu fusionieren, und entdeckte ganz neue Ausdrucksformen.

Für meine erste Komposition vertonte ich ein Gedicht von Nâzım Hikmet, dem berühmten türkischen Dichter:

Lasst uns die Erde den Kindern übergeben,
wenigstens für einen Tag
wie einen bunt geschmückten Luftballon
zum Spielen, zum Spielen,
Lieder singend zwischen den Sternen.
Lasst uns die Erde den Kindern übergeben,
wie einen riesigen Apfel, wie ein warmes Brot,
wenigstens für einen Tag sollen sie satt werden.
Lasst uns die Erde den Kindern übergeben,
wenn auch nur für einen Tag soll die Welt die
Freundschaft kennenlernen.
Die Kinder werden uns die Erde wegnehmen,
werden unsterbliche Bäume pflanzen.

Dieses Gedicht hatte mich seit meiner Kindheit fasziniert. Nun legte ich tiefe und spielerische Melodien darauf, offene und modale Harmonien und eine Rhythmik, die einem meditativen Drum-'n'-Bass-Groove ähnelt. Ich betrat eine Klangwelt, in der ich noch so viel entdecken würde – und machte mich daran, weitere Hikmet-Gedichte zu vertonen. Ich identifizierte mich mit seiner Naturverbundenheit, seinem Streben nach Freiheit, der Sehnsucht in seinen Gedichten.

Zeitweise kam mir die Kompositionsphase wie eine Kollaboration mit Nâzım Hikmet vor. Wenn man komponiert, ist man so viele Stunden alleine mit seinem Instrument. Aber ich konnte die Worte Hikmets hören und seine Gedanken nachempfinden, so, als hätten wir zusammen am Klavier gesessen und die Musik kreiert.

Ein Großteil der Stücke ist während meines Erasmus-Aufenthaltes in Barcelona entstanden. Dort war ich umgeben vom Meer und von den Bergen und konnte mich sehr gut auf die Naturbeschreibungen Hikmets einlassen.

Leben wie ein Baum, einzeln und frei
und brüderlich wie ein Wald,
das ist unsere Sehnsucht.

So entstanden viele der Kompositionen meines Debütalbums „Yaşamak – to live with the words of Nâzım Hikmet“. Es erschien 2011 in der Reihe „Jazz thing Next Generation“, die Debütalben deutscher Jazzmusiker:innen präsentiert, und zugleich bei der Plattenfirma Kalan Müzik in der Türkei, die viele legendäre Aufnahmen türkischer Musiker veröffentlicht hat. Mir lag viel daran, dass das Album auch in der Türkei erscheint.

Mit dem Album war ich schlagartig bekannt, tourte mit meiner Band deutschlandweit auf Konzertreisen und auf Einladung des Goethe-Instituts auch in der Türkei. Ein Jahr lang pendelte ich zwischen Istanbul und Berlin und merkte allmählich, dass ich hungrig war, noch tiefer in die Jazzmusik einzutauchen und dorthin zu gehen, wo ein Großteil der Jazzgeschichte geschrieben wurde: nach New York.

2012 zog ich nach Harlem, um an der Manhattan School of Music meinen Master zu absolvieren. Dort traf ich auf meine Idole Theo Bleckmann und Gretchen Parlato, die wichtige Mentor:innen für mich wurden. Es fühlte sich wahnsinnig aufregend und absolut richtig an, mir ein neues Zuhause am Big Apple aufzubauen. Die Musikszene war unglaublich vielfältig und inspirierend, die Stadt war groß genug, um jeden Tag etwas Neues zu entdecken, die Menschen waren sehr aufgeschlossen und herzlich.

Dieses Ambiente hat mich künstlerisch inspiriert und führte zu meinem zweiten Album „Unravel“, 2016 beim Label Fresh Sound New Talent in Spanien erschienen. Dieses Mal vertonte ich Gedichte von William Shakespeare und Emily Dickinson und sang auch Texte von mir. Das Album entstand in den Sear-Sound-Studios in Manhattan, wo legendäre Jazzplatten aufgenommen werden. Schnell lernte ich viele namhafte Jazzmusiker:innen kennen und spielte auf großen Bühnen wie der Carnegie Hall und in vielen Jazzclubs.

Eine echte „New York Lesson“ war für mich: zu bemerken, wie sehr ich in Deutschland in Schubladen gedacht hatte. Bei meinen ersten Begegnungen wollte ich immer gleich wissen, woher mein Gegenüber kam. Bis mir auffiel, dass es unüblich ist, diese Frage in New York sofort nach der Vorstellung zu stellen. Vielleicht fragt ein New Yorker auch nie danach, denn es gibt genug andere Themen, ein nettes Gespräch zu füllen und miteinander in Kontakt zu treten. In den ersten Wochen brannte mir diese Frage noch unter den Fingernägeln. Bis ich sie aus meinem Small-Talk-Katalog strich.

Drei Jahre später ging ich in die Türkei, sechs Monate lang war ich Artist in Residence in der Kulturakademie Tarabya. Tarabya ist ein gehobener Außenbezirk Istanbuls, die Künstlerresidenz liegt am Bosporus auf der europäischen Seite auf einem riesigen Gelände mit einem schönen Garten und einem kleinen Wald. Ich kannte Istanbul – und lernte es noch einmal neu kennen. Die Stadt hatte sich nach den Gezi-Protesten verändert, es herrschte eine beklemmende Stimmung. Ich war froh, ein bisschen weiter außerhalb des Geschehens zu sein und Tag und Nacht am Flügel singen und komponieren zu können.

Ich probte dort mit meinem Pianisten Guy Mintus. Wir kannten uns aus New York, inzwischen lebt er wieder in Israel. Gemeinsam gründeten wir das Aşık Duo und interpretierten türkische Volkslieder der Aşık. Diese anatolischen Troubadours sangen ihre Lieder mit der Bağlama, aber wir übertrugen sie auf unsere Instrumente: die Stimme und das Klavier. Zum Abschluss dieser Arbeitsphase traten wir im Pera-Museum auf. Inzwischen tourten wir auch durch Israel und hatten zahlreiche Auftritte in New York und Berlin.

Zurzeit lebe ich wieder in Berlin und komponiere für meine Band. Gemeinsam treten wir auf Bühnen auf, auf Festivals, im Fernsehen. Seit vier Jahren bin ich Dozentin für Jazzgesang an der Universität der Künste und an einer Musikschule in Schöneberg. Ich liebe es, meine Erfahrung an meine Student:innen weiterzugeben, in aller Welt. Und leidenschaftlich gern arbeitete ich als Beraterin im Lots:innen-Programm für ankommende Künstler:innen in Berlin.

So nervenaufreibend es auch sein kann, als freiberufliche Musikerin zu arbeiten, bin ich dankbar, die Musik als eine Konstante in meinem Leben zu haben. Und ich bin dankbar für all die Reisen und Konzerte und Menschen, die mein Leben bunt schillern lassen.

Defne Şahin ist eine deutsch-türkische Jazzsängerin und Komponistin. Sie hat eine musikalische Sprache entwickelt, die ihr Leben in verschiedenen Kulturen und Ländern widerspiegelt. 1984 in Berlin geboren und dort aufgewachsen, lebte sie in New York, Istanbul, Barcelona und Salvador da Bahia. Ihre Auftritte führten sie in Jazzclubs und Konzerthäuser wie die Carnegie Hall in New York, zu Jazzfestivals in Südafrika, nach Laos, Israel und in die Türkei. Sie wurde mit dem Jazzstipendium des Berliner Senats, als Teilnehmerin des Popcamps des Deutschen Musikrats und als Elsa-Neumann-Stipendiatin ausgezeichnet und war mehrere Monate lang Artist in Residence in der Kulturakademie Tarabya. Şahin lebt in Berlin, wo sie als Dozentin für Jazzgesang an der Universität der Künste lehrt.

C. BÜLENT BILÂLOĞLU

„Meine Frau und ich sind multiple religious citizens of the global village“

In der türkischen Community kennen viele seinen Nachnamen: Sein Vater half, das erste deutsch-türkische Sozialversicherungsabkommen auf den Weg zu bringen. C. Bülent Bilâloğlu wurde Rechtsanwalt, heiratete eine Chinesin, gemeinsam mit ihrem Sohn feiern sie Weihnachten. Denn Religion bedeute Offenheit, Toleranz, Humanismus.

Mein Vater war Architekt des deutsch-türkischen Sozialversicherungsabkommens von 1964. Das vielleicht nur deshalb zustande kam, weil er Willy Brandt eine Weihnachtskarte geschrieben hatte.

1961 hatte man das Anwerbeabkommen zwischen der Türkei und der Bundesrepublik unterzeichnet. Nun hörte man im türkischen Arbeitsministerium unter der Leitung von Bülent Ecevit zunehmend von den Problemen der Gastarbeiter.

Mehmet Bekâm Bilâloğlu, mein Vater, hatte in Bonn in Jura promoviert, war danach in die Türkei zurückgekehrt und war nun Richter am Arbeitsgericht in Bartın-Zonguldak. Er kannte sich aus im deutschen Rechtssystem, kannte das Land, die Sprache. Arbeitsminister Ecevit fand, er sei der Richtige – und fragte ihn, ob er die Rechte der türkischen Gastarbeiter in Deutschland vertreten wolle.

Mein Vater wollte. Er mochte Deutschland, hatte einen ausgeprägten Sinn für Gerechtigkeit und würde zudem das Dreifache eines türkischen Richtergehalts verdienen. Kurzerhand heiratete er meine Mutter, zog mit ihr in die Hauptstadt Bonn und wurde der erste Arbeits- und Sozialattaché der Türkei in Deutschland. Er musste nicht die zig Prüfungen durchmachen, die einer Diplomatenkarriere normalerweise vorangehen, sondern wurde von höchster Stelle berufen – von Arbeitsminister Ecevit, Premierminister Demirel und Präsident Gürsel.

Als Doktorand war mein Vater in den 50er-Jahren mit offenen Armen in Deutschland empfangen worden. Die Lira war damals härter als die Mark, die türkischen Auslandsstudenten waren wohlhabend, mein Vater schwärmte oft von jener Zeit, als er mit seiner Freundin im weißen Anzug durch Heidelberg spazierte – und sie sich über ihren Nazivater lustig machten.

Die Zeiten hatten sich geändert. Nun schaute man herab auf die türkischen Einwanderer, einfache Leute zumeist, die natürlich kein Deutsch sprachen. Mein Vater hörte aus erster Hand von den vielen Ungerechtigkeiten: Die türkischen Gastarbeiter wurden schlechter bezahlt und mussten länger arbeiten, manche waren eingepfercht in überfüllte Wohnheime und zahlten für ein Bett so viel wie andere für eine Zweizimmerwohnung. Sie hatten keine Rentenansprüche, keinen Anspruch auf Kindergeld oder auf Krankenkassenleistungen für ihre Kinder, obwohl ihnen die deutschen Kassen und Behörden all diese Beiträge vom Lohn abzogen. Er musste etwas tun.

Mein Vater war zunächst nicht dem Arbeitsministerium, sondern dem Außenministerium unterstellt und damit der türkischen Botschaft in Bonn. Dort hatte er wenige Freunde. Man akzeptierte ihn nicht als vollwertigen Diplomaten und behinderte seine Arbeit nach Kräften.

Mein Vater sprach seine Vorgesetzten auf die Missstände an, stieß aber auf taube Ohren. Was wollte dieser Sonderling? Er erhielt keine Unterstützung, wurde abgewimmelt, ja man empfahl ihm, von diesen Themen abzulassen, weil er sich ohnehin nicht durchsetzen und das Beharren darauf seiner Karriere schaden würde.

Aber so schnell gab mein Vater nicht auf. Er war ein Pragmatiker und überlegte, wie er vorankommen könnte.

Da fiel ihm eine Begegnung aus seiner Zeit als Promotionsstudent mit dem damaligen Regierenden Bürgermeister von Berlin ein, mit Willy Brandt. Gemeinsam mit anderen Doktoranden war er von ihm zu einem Kennenlerntreffen bei Kaffee und Kuchen eingeladen worden.

Also schrieb mein Vater seinem Bekannten Willy Brandt an Weihnachten 1963 eine Weihnachtskarte und vergaß nicht, vom harten Los der Gastarbeiter zu erzählen.

Danach bekam er zwei Anrufe. Den ersten von Willy Brandt, der ihm versicherte, er wolle sich der Angelegenheit annehmen. Den zweiten vom türkischen

Botschafter, der ihn zu sich zitierte und ihn abmahnte: Es verletze das Protokoll, wenn einzelne Attachés Kontakt zu Regierungsangehörigen aufnehmen würden. Kontakt zu Mitgliedern der Bundesregierung dürfe ausschließlich über die Botschaft erfolgen.

Woraufhin mein Vater unschuldig antwortete: Er habe doch nur seinem Bekannten Willy Brandt eine Weihnachtskarte geschrieben.

Der Stein jedenfalls kam ins Rollen. Die Verhandlungen begannen und mündeten in das Sozialsicherheitsabkommen von 1964. Hierin wurden den türkischen Gastarbeitern jene Rechte eingeräumt, welche die italienischen und griechischen Gastarbeiter schon lange hatten. Die türkischen Gastarbeiter waren nicht mehr Gastarbeiter zweiter Klasse.

Am Tag der Unterzeichnung stand mein Vater hinter dem Arbeitsminister. Er war stolz, sein Ziel erreicht zu haben.

Auch später setzte er sich für die Interessen der türkischen Gastarbeiter ein, ganz gleich, ob es seine Zuständigkeit überschritt. So war er Mitinitiator von „Anadolu", einer türkischen Zeitung in Deutschland, und half bei der Umsetzung der ersten türkischsprachigen Radiosendung in Köln.

Bülent Ecevit und mein Vater wurden ob der Zusammenarbeit Freunde – was so weit ging, dass ich nach dem Arbeitsminister benannt wurde und den Namen Bülent erhielt.

Mein Vater ist später noch mehrfach nach Deutschland entsandt worden. So auch im strengen Winter 1979. Inzwischen war ich vier Jahre alt. Meine erste Erinnerung an Deutschland: Schnee und ein gebrochener Absatz.

Mein Vater war einige Wochen zuvor vorausgefahren, um eine Bleibe für uns zu suchen, hatte aber nur eine winzige Wohnung in Berlin-Reinickendorf gefunden. Selbst für türkische Diplomaten war es damals schwer, eine gute Wohnung zu finden. Der türkische Nachname reichte, damit viele Vermieter wieder auflegten.

Jedenfalls standen wir nun ohne ihn am Flughafen Schönefeld, im Osten der Stadt, ein dunkler Winterabend mit Unmengen Schnee. Meine Mutter hatte ihren schwarzen Mantel mit Leopardenfellkragen an und versuchte sich zu orientieren, wie man vom Flughafen Schönefeld nach West-Berlin kam. Auf dem Weg zum Wagen, der uns zu einem Grenzübergang fahren sollte, brach ihr im Schnee der Absatz, und sie musste den Rest des Weges humpelnd zurücklegen. Ich sehe es bis heute vor mir.

Ich war anfangs gar nicht glücklich in Berlin. In Ankara hatten wir in einer 230 Quadratmeter großen Wohnung unweit des Präsidentenpalastes in Çankaya mit herrlicher Aussicht auf die Stadt gewohnt. Auf unserem Balkon hatte sich eine Taube eingenistet, die kurz vor unserer Abreise ihre Küken ausgebrütet hatte. Ich schaute jeden Tag nach ihr.

Jetzt wohnten wir in einer Zweizimmerwohnung in Reinickendorf, gefühlt am Ende der Stadt, und schauten auf Acker und Plattenbauten. Es war dunkel und kalt, die Menschen wirkten unfreundlich und schienen nicht sehr nett zu sein. Jeder wollte mir erzählen, dass ich nichts wisse und nichts wissen könne, weil ich aus der Türkei stamme. Alle möglichen Leute wollten mich belehren.

Erst nach einigen Jahren zogen wir um. Meine Mutter hatte endlich eine schöne, große Wohnung am Ku'damm gefunden. Trotzdem gingen meine beiden älteren Brüder in Kreuzberg aufs Gymnasium, am anderen Ende von West-Berlin. Man hatte meinen Eltern dazu geraten – mit der Begründung, dass türkische Schüler auf einem Kreuzberger Gymnasium weniger auffallen würden als auf einem Wilmersdorfer Gymnasium.

Religion heißt für mich Toleranz. Das Verhältnis zu Gott ist etwas Privates. Das gehört in die eigenen vier Wände, nicht auf die Straße. Wir feiern Weihnachten, das chinesische Neujahrsfest, das Fastenbrechen nach dem Ramadan.

In der Grundschule glaubten viele Mitschüler nicht, dass ich am Ku'damm wohnte. „Die Türken wohnen doch alle in Kreuzberg“, hieß es. Sie sagten: „Du sprichst aber gut Deutsch“, oder: „Du bist nicht wie die anderen Türken, du bist ein Guter. Du weißt wie ich das meine, oder?“ Damals verstand ich die Bedeutung dieser Sprüche nicht wirklich. Aber sie blieben hängen.

Nach der Grundschule ging ich auf die Havel School der britischen Besatzungskräfte in Gatow. Allerdings konnte ich dort nur den englischen Abschluss machen. So entstand der Plan, dass ich an die John-F.-Kennedy-Schule in Zehlendorf wechseln sollte, die Schule der Amerikaner, auf der man Abitur und Highschool-Abschluss zugleich machen konnte.

Doch als Türke, Diplomatenfamilie hin oder her, durfte man nicht auf diese Schule gehen. Das war nicht vorgesehen. Mein Vater war erbost über diese Ungerechtigkeit und beschwerte sich bei der amerikanischen Botschaft. Er bekam recht. Ich musste nur noch eine Sprachprüfung in Englisch machen, schon konnte ich die Schule wechseln – als erster Schüler mit ausschließlich türkischer Staatsangehörigkeit auf der John F. Kennedy High School.

Auf der britischen Schule hatte militärische Disziplin geherrscht. Wir trugen Schuluniform, begannen den Tag mit Chorälen, hatten einen Heidenrespekt vor unseren Lehrern. Und nun: Schlabber-T-Shirts, Füße auf dem Tisch, flapsige Sprüche. Und merkwürdige Maßstäbe vonseiten der Lehrer.

Kurz nachdem ich aufgenommen worden war, bestellte mein Deutschlehrer meine Eltern in die Schule. Seine Klage: Ich könne unmöglich die Muttersprachenklassen Englisch und Deutsch besuchen, Spanisch als Wahlfach und Französisch im Abitur haben und daheim noch Türkisch sprechen. „So viel machen noch nicht einmal die deutschen Schüler“, sagte er.

Ich musste die Klasse wechseln und fand mich – als Muttersprachler – zwischen Schülern wieder, die gerade anfingen, Deutsch zu lernen und kaum einen Satz zusammenbekamen. Ich kann gar nicht beschreiben, wie sehr ich mich gelangweilt habe. So sehr, dass ich bockig wurde, nicht aufpasste und in Deutsch bald eine Drei auf dem Zeugnis hatte.

Es war mir eine Lehre. Es war das letzte Mal, dass ich mich so vorführen ließ. Ich beschloss, mich von da an zu wehren, wenn mir oder jemand anderem ein Unrecht widerfährt. Und ich lernte, dass man am besten gleich zum Vorgesetzten geht. Wenn ich mich ungerecht von einem Lehrer behandelt fühlte – zum Glück kam das selten vor –, bat ich meine Mutter, das Gespräch mit dem Fachabteilungsleiter oder dem Rektor zu suchen. Und begleitete sie dann, um meine Sicht der Dinge darzulegen. Warum sich lange mit Lehrer herumärgern? Das brachte wenig. Wobei, wie gesagt: Insgesamt war die Lehrerschaft auf der John F. Kennedy High School außerordentlich gut.

Ich habe diesen Gerechtigkeitssinn früh entwickelt. Vielleicht habe ich ihn geerbt von meinem Vater, jedenfalls habe ich mich auch an der Universität für Kommilitonen eingesetzt, wenn ich der Meinung war, dass sie ungerecht behandelt wurden – und ging dafür bis zum Dekan. Einmal wurde ich von einem Professor gefragt, wieso ich das mache, ich sei doch nicht der Anwalt der Betroffenen. Woraufhin ich entgegnete, wenn ich so etwas miterlebe, brauche ich kein Mandat, um etwas richtigzustellen.

Für meine Eltern war es das Wichtigste, dass ihre drei Söhne eine gute Ausbildung erhielten. Sie wussten, dass häufiges Umziehen den Schulerfolg nicht befördert. Mein Vater verlängerte seinen Aufenthalt in Berlin so lange wie möglich, aber Ende der 80er-Jahre stand er vor der Wahl: entweder zurück in die Türkei oder aus dem diplomatischen Dienst austreten. Er entschied sich für Letzteres, um meine Brüder und mich nicht aus Universität oder Schule nehmen zu müssen.

Als Sozialdemokrat, der er war, wollte er weiter für die türkischen Gastarbeiter in Deutschland da sein. Zuerst arbeitete er für die Arbeiterwohlfahrt, danach ließ er sich als erster Anwalt für türkisches Recht in Deutschland zulassen und betreute zig Verfahren von Gastarbeitern, etwa wenn es um ihre Ansprüche nach dem Sozialrecht ging oder auch Erbfälle.

Nach dem Abitur trat ich in seine Fußstapfen und studierte in Berlin Jura und Medienwissenschaften. Während des Studiums arbeitete ich immer wieder in Frankreich und der Türkei für Fernsehsender und Produktionsfirmen. Lange wusste ich nicht, welchen Weg ich einschlagen sollte – Fernsehen oder Recht?

Ich ging länger nach Istanbul und arbeitete zunächst für einen Musikfernsehsender und später für eine Kommunikationsagentur, begründete und organisierte eine internationale Automobilmesse. Und stellte ein weiteres Mal fest, dass ich inzwischen ziemlich „deutsch" war. In der Türkei haben viele Menschen eine andere Arbeitseinstellung, die so gar nicht zu meiner passt. Mir schien, dass man dort vor allem auf den kurzfristigen Gewinn aus ist, nicht auf lange Geschäftsbeziehungen. Das entsprach mir gar nicht. Ich wollte meinen Job bestmöglich erledigen und mit meinen Kunden langfristig zusammenarbeiten. So glücklich ich in der Türkei war, so sehr nervte mich das Arbeitsumfeld. Also ging ich zurück nach Berlin – und brachte mein Jurastudium voran.

Als mir eines Tages ein Kommilitone erzählte, er mache sein Referendariat in Vietnam, wurde ich hellhörig. Seit meiner Kindheit träumte ich von Asien. Ich hatte „Shogun“, „Tai Pan“, „Noble House Hongkong“ und all die anderen Romane von James Clavell gelesen. Mich faszinierte die asiatische Kultur. Ich bemühte mich meinerseits um ein Referendariat in Asien – und landete in einer der größten chinesischen Kanzleien in Shanghai.

So fern ich meiner Heimat auch war: Zum ersten Mal fühlte ich mich nicht deplatziert. In Deutschland war ich, obwohl inzwischen eingebürgert, der Türke. In der Türkei war ich der Deutsche. In China aber war ich einfach nur Ausländer, einer unter vielen. Es war herzlich egal, woher ich kam und was genau meine Wurzeln waren. Ein großartiges Gefühl.

Ein Jahr lang war ich Shanghai. Ich wohnte in der französischen Konzession, lernte ein wenig Chinesisch und traf viele spannende Menschen. Bis heute nützen mir diese Kontakte. Wiederholt habe ich Mediationsverfahren für chinesische Firmen in Europa geleitet und bin Mitglied im Aufsichtsrat einer Aktiengesellschaft aus Hongkong.

Aber hauptsächlich bin ich heute Jurist. Ich bin Partner einer Rechtsanwaltskanzlei am Ku’damm und aktiv in der Berliner Kommunalpolitik.

Dass meine Frau Chinesin ist, hat nichts mit meinem Auslandsjahr zu tun – ich traf sie ganz zufällig in Berlin. Wir sind weder chinesisch noch türkisch noch deutsch, sondern Berliner. Auf die Frage nach unseren Wurzeln sagen wir gern, wir seien „multiple religious citizens of the global village“.

Als Kind habe ich meine Mutter einmal gefragt, ob wir katholisch oder evangelisch seien. Worauf sie antwortete: „Wir sind Moslems.“ Ich habe es genauso unschuldig gefragt wie eine Weile zuvor: „Sind wir Hertha-BSC- oder Bayer-Leverkusen-Anhänger?“ Ihre Antwort: „Wir sind Fenerbahçe Istanbul.“

Religion heißt für mich Toleranz. Das Verhältnis zu Gott ist etwas Privates. Das gehört in die eigenen vier Wände, nicht auf die Straße. Ich bin Moslem und mag keinen „Ismus“, ganz gleich welcher Richtung. Meine Frau ist Buddhistin. Wir feiern Weihnachten, das chinesische Neujahrsfest, das Fastenbrechen nach dem Ramadan. Wenn wir eine fremde Stadt besuchen, besichtigen wir Kathedralen, ich mag die Architektur. Genauso werden wir unseren Sohn erziehen: völlig frei in seinem Glauben. Islam, Buddhismus, Christentum, er wird alles sehen und kennenlernen und sich eines Tages vielleicht entscheiden oder auch nicht. Es geht uns um den humanistischen Kern, der allen Weltreligionen gemeinsam ist. Das wollen wir unserem Sohn mitgeben.

Einer meiner Brüder ist mit einer Deutschen verheiratet, der andere mit einer Moldawierin, ich mit einer Chinesin. Meine Mutter hat einmal gesagt: „Ich habe mich bemüht, euch zu weltoffenen Bürgern zu erziehen, aber hätte nicht gedacht, dass ich so erfolgreich bin.“

Mein Vater, der Architekt des deutsch-türkischen Sozialabkommens, ist vielen noch in bester Erinnerung. Das erlebe ich oft. Zunächst kommt ihnen mein Nachname bekannt vor, sie überlegen eine Weile, dann fragen sie nach, wer denn mein Vater sei.

Und wenn ich dann sage: Bekâm Bilâloğlu, beginnen sie zu strahlen und erzählen von ihm, wo sie ihm begegnet sind, was er für sie oder eine befreundete Familie getan hat. Sie erinnern sich gern an ihn, den ersten Arbeitsattaché, der immer ein offenes Ohr für sie hatte und sich stets bemühte, ihre Probleme zu lösen.

Nicht nur die türkische, auch die deutsche Regierung würdigte ihn: Für seinen Einsatz für die Rechte der türkischen Gastarbeiter verlieh ihm Bundespräsident Walter Scheel das Bundesverdienstkreuz.

C. Bülent Bilâloğlu, geboren am 13. August 1974 in Bonn, ist Rechtsanwalt. Er ist verheiratet und hat ein Kind. Nach seinem Schulabschluss studierte er zunächst an der Freien Universität Berlin Wirtschaftswissenschaften und Recht und wechselte später zur juristischen Fakultät an die Humboldt-Universität zu Berlin. Parallel studierte er an der TU Berlin Medienberatung. Nach beruflichen Stationen in Istanbul, Paris und Shanghai machte er sich als Rechtsanwalt in Berlin selbstständig und ist heute Partner der Gúwén Rechtsanwälte Dr. Alt Part mbB. Zudem ist er Aufsichtsratsmitglied einer Aktiengesellschaft in Hongkong und engagiert sich in der Berliner Kommunalpolitik. Sein Vater, Dr. M. Bekam Bilâloğlu, war maßgeblich am Zustandekommen des Sozialversicherungsabkommens von 1964 beteiligt.

BILKAY ÖNEY

„By the way: Mein schwuler türkischer Friseur ist großartig“

2011, das erste rot-grüne Kabinett in Baden-Württemberg. Integrationsministerin wird eine junge, selbstbewusste Berlinerin mit geradem Rücken und klarer Kante. Die CDU überzieht sie mit parlamentarischen Anfragen. Doch davon lässt sich Bilkay Öney nicht beirren.

Als ich im April 1973 mit zweieinhalb Jahren weinend im Flieger von Istanbul nach Berlin saß, konnte ich nicht ahnen, dass ich im April 2011 erste türkischstämmige Ministerin in einem wohlhabenden Flächenland werden würde.

Ich kann nicht behaupten, dass der Weg dahin sehr einfach war. Und geweint habe ich danach auch oft. Die Geschichte der deutsch-türkischen Beziehungen war nie einfach, nie linear. Immer gab es Höhen und Tiefen, gute und schlechte Zeiten. So auch in meiner wundersamen Geschichte. Dass ich Ministerin wurde, war dennoch keineswegs selbstverständlich. Dafür bin ich all denen, die das ermöglichten, zu aufrichtigem Dank verpflichtet.

Meine Geschichte beginnt mit meinen Eltern, einem sozialdemokratisch-kemalistisch geprägten Lehrerpaar aus Ostanatolien, das uns drei Kinder (Mädchen) zu Fleiß, Anstand und Ehrlichkeit anhielt. Als Kind fand ich es sehr anstrengend, anständiger, ehrlicher und fleißiger als alle anderen Kinder sein zu müssen. Aber vermutlich wollten meine Eltern einfach nur, dass wir gute Menschen und Bürgerinnen werden – ganz egal wo. Ihre Erziehung hat mich maßgeblich geprägt.

In Spandau, der britischen Besatzungszone, damals letzte Ausfahrt vor Hannover, wo ich aufwuchs, gab es in den 70ern eine heile Welt. Auch das prägte. Frau Nitsch, unsere Nachbarin, war eine alte Dame aus Hannover. Sie lebte allein als Witwe und schenkte mir ab und zu Süßigkeiten. Wichtiger war aber, dass sie mit mir hochdeutsch sprach. Niemand soll beleidigt sein, wenn ich das so ungeschützt sage, aber ich glaube, dass die Niedersachsen Hochdeutsch am besten beherrschen.

Meine Grundschullehrerin hieß Ellie Begoihn. Sie war als Flüchtlingskind aus Pommern gekommen und hatte sehr darunter gelitten, Flüchtlingskind zu sein. Es mag sein, dass ihre Erlebnisse aus dieser Zeit sie dazu bewogen, lieb zu uns „Türkenkindern" zu sein. Vielleicht war sie aber auch nur ein guter Mensch und eine gute Lehrerin. Vermutlich beides.

Hin und wieder erlebten wir Dinge mit anderen Lehrer:innen, die wir als unangenehm oder ungerecht empfanden. Heute sprechen wir offen über Diskriminierung. Damals war es ein negatives Erlebnis oder Gefühl. Etwas, was man nicht erklären konnte, aber sehen und fühlen. Das waren die Momente, die Tränen erzeugten.

Unsere Musiklehrerin wiederum, Renate Kiwi, war eine herzliche Fränkin, die Diskriminierung erlebt hatte, weil sie damals einen „Russen" geheiratet hatte. Ich weiß nicht, ob es ein stilles Abkommen zwischen den Diskriminierten dieser Welt gibt oder ob es Solidarität ist, aus eigener Erfahrung heraus. All diese tollen Frauen und Menschen förderten und unterstützten mich.

Als Kinder waren wir völlig unpolitisch. Unsere Lehrer:innen hingegen waren sehr politisch. So auch meine Eltern und ihre Lehrerkolleg:innen. Viele gehörten der 68er-Bewegung an. Es war eine politische Errungenschaft, dass Arbeiterkinder auf Gymnasien gehen und studieren konnten. Als ich auf das Gymnasium in Siemensstadt kam, war ich die einzige Türkin in der Klasse. Für mich war das traumatisch. Aber es fachte meinen Ehrgeiz besonders an, denn ich wollte kein Loser sein.

Als ich anfing zu studieren, gab es eine Statistik, die darlegte, dass circa drei Prozent aller Türken studierten; nur ein Prozent schloss das Studium mit Erfolg ab. Ich will nichts Falsches sagen, aber ich gehörte wohl zu dieser kleinen Gruppe von Türken.

Intelligenz hilft natürlich immer, aber es ist nicht nur das. Ich denke an die vielen intelligenten Kinder, die keine Förderung erfahren. Ich denke auch an all die negativen Erlebnisse, die man als Türke zwangsläufig macht.

Mein guter Bekannter, der Anwalt der NSU-Opferfamilien Mehmet Daimagüler, sagte mal: „Türke sein ist nichts für Leute mit schwachen Nerven." Mehmet Daimagüler hat recht. Für zarte Seelen sind Vorurteile, Beschimpfungen, schlechte Nachrichten und schlechte Erlebnisse ungleich härter. Und über „Türken" gab es immer negative Aufmacher.

Britische Geheimdienstdokumente belegten wohl, dass Kanzler Helmut Kohl die Hälfte der damals in Deutschland lebenden Türken (insgesamt zwei Millionen), also eine Million, wieder in die Heimat zurückschicken wollte. Die Rückkehrprämie sollte die Rückkehr attraktiv machen.

Der Nationalsozialistische Untergrund (NSU) hatte hingegen andere Pläne: Ziel war, Türken durch gezielte Morde derart zu Tode zu ängstigen, dass sie freiwillig gingen. Welch perfider Plan! Die Wiedervereinigung Deutschlands war für viele Gastarbeiter:innen ein Einschnitt. Plötzlich kamen Ostdeutsche, die den Türken am Fließband offen ins Gesicht riefen: „Jetzt sind wir da, ihr könnt jetzt gehen."

Der türkische Filmemacher Can Candan produzierte einen Dokumentarfilm über die Zeit der Wiedervereinigung und den Mauerfall: „Duvarlar – Mauern – Walls". In einer Szene des Dokumentarfilms sagt ein Türke: „Wir freuten uns, als die Mauer fiel, aber sie fiel auf uns Türken."

Noch heute beobachte ich diesen „Konkurrenzkampf" zwischen „Ostdeutschen" und „Migrant:innen". Tragisch ist vermutlich, dass beide Gruppen immer noch um die Gunst der „Westdeutschen" kämpfen müssen, wobei „Ostdeutsche" es genau wie „Polen" aufgrund der Namen viel einfacher haben.

Es ist mühsam, die Studien aufzuzählen, die belegen, dass Menschen mit türkischen Namen häufiger diskriminiert werden als andere, im Bildungssystem, auf dem Wohnungsmarkt und auf dem Arbeitsmarkt. Verständlich, dass viele sich daher für die Selbständigkeit entscheiden oder entschieden haben.

Auch wenn Thilo Sarrazin türkische Unternehmer als Gemüseverkäufer belächelt, ich bin froh über jeden Gemüse- und Dönerverkäufer, der redlich sein Geld verdient, Steuern zahlt und die Nahrungsmittelversorgung auch zu später Stunde sicherstellt. Im Service sind Türken einfach unschlagbar.

Ich bin große Anhängerin von türkischen Friseuren, Schneidereien und Werkstätten. Das Preis-Leistungs-Verhältnis ist oft unschlagbar – und die Freundlichkeit ist es auch. Zugegeben: Mein störrisches türkisches Haar haben nur türkische Friseure im Griff. By the way: Mein schwuler türkischer Friseur ist großartig. Meine Frauenärztin, mein Zahnarzt und meine Kieferchirurgin sind alle ganz großartig.

Alle kamen als türkische Gastarbeiterkinder nach Deutschland und kämpften sich durch das Bildungssystem gegen große Widerstände in diese Positionen. Niemandem wurde etwas geschenkt, aber vermutlich wurden alle auch durch anständige deutsche Nachbar:innen, Lehrer:innen und Chef:innen unterstützt. Ohne die „guten Deutschen" wäre all das nicht möglich gewesen.

Herausragende Deutschtürken wie Fatih Akin, der mit der Goldenen Palme von Cannes ausgezeichnet wurde, oder Ugur Sahin und Özlem Türeci, das türkische Ärztepaar, das den BioNTech-Impfstoff gegen das Coronavirus entwickelte und im Frühjahr 2021 das Bundesverdienstkreuz erhielt, können das sicher bestätigen: Sie alle hatten vermutlich deutsche Förderer und Freunde.

Die 60-jährige Geschichte zum Anwerbeabkommen mit der Türkei kann daher nicht erzählt werden, ohne die Deutschen zu erwähnen, die zur Erfolgsgeschichte beigetragen haben. Gäbe es diese Förderer nicht, gäbe es keine Fatih Akins, keine Sahins und Türecis, keine Shermin Langhoffs und keine Bilkay Öney.

Nur, dass wir uns nicht missverstehen: Ich zähle mich zu den kleinen Lichtern. Das Besondere an meinem Licht aber ist, dass ich die erste türkischstämmige Ministerin der Sozialdemokratischen Partei Deutschlands war. Für mich – als Kind sozialdemokratischer Eltern – eine besondere Ehre und Auszeichnung. Ich kann nicht behaupten, dass die SPD eine einfache Partei ist, aber sie ist eine alte, traditionsreiche und stolze Partei, in der es ungeschriebene Regeln gibt, die unbedingt zu befolgen sind.

Als ich Ministerin wurde, war das Interesse an meiner Person riesig. Die Legendenbildung leider auch. Doch nie werde ich die lieben Menschen vergessen, die mich in das Amt brachten, mich unterstützten und mir auch in schwierigen Zeiten halfen.

Ausgestattet mit einem privaten alten iPhone und einem Vermerk zum Status quo in Baden-Württemberg, stieg ich im Mai 2011 in den Zug nach Stuttgart und fuhr der neuen Aufgabe entgegen. Die lange Fahrt nutzte ich zum Lesen und zum Sortieren der Gedanken. Mir war nicht klar, was mich erwarten würde. Mir war nur klar, dass ich als „türkische Quotenfrau" liefern musste.

Oft fiel mir ein Satz des Schauspielers Birol Ünel ein, der einmal zu mir gesagt hatte: „Heute wollen sie unsere Gesichter, morgen unsere Ärsche." Er hatte recht: Wir „Migranten" können nie sicher sein, was uns als Nächstes erwartet. Mal werden wir in den Himmel gehoben, dann in den Boden gestampft. Jeden schmälert garantiert eine negative Headline. Das Migrantinnen-Dasein gleicht einer Achterbahnfahrt.

Mein Weg wurde besser, nachdem ich mit dem ehemaligen Landespolizeipräsidenten Baden-Württembergs Prof. Dr. Wolf-Dietrich Hammann einen hervorragenden Juristen und Menschen als Ministerialdirektor gewonnen hatte. Meine Abteilungsleiter im Integrationsministerium rollten am Anfang mit den Augen, als sie mich sahen. Schließlich hatten sie zuvor jahrelang im Innenministerium mit alten, weißen Männern gearbeitet. Eine mit 40 Jahren recht junge „Türkin" aus Berlin mit SPD-Parteibuch war für sie neu. Für viele im zuvor schwarz-gelben Ländle war das nicht nur neu, sondern buchstäblich ein „rotes Tuch". Sie ließen es mich oft spüren.

Ich biss oft die Zähne zusammen, weinte heimlich und erinnerte mich daran, dass Pionierinnen es nie einfach haben. Meine rheinländische persönliche Referentin und mein schwuler Referent in der Berliner Landesvertretung heiterten mich in den trüben Momenten auf. Und meine Abteilungsleiter legten nach und nach ihre Skepsis ab. Wir erlebten viel gemeinsam. Das schweißte uns zusammen. Und die größte Anerkennung, die ich je erhielt, war, dass meine Abteilungsleiter nur gut hinter meinem Rücken sprachen

Mit der Zeit verschwanden die Zuschreibungen, die mir als „Türkin" viel Ärger und Leid beschert hatten. Aber jahrelang hatten die Unterstellungen und Behauptungen mich verletzt. So hatte die CDU im Landtag über 30 parlamentarische Anfragen nur zu meinem türkischen Hintergrund gestellt. Einige lokale Medien nutzten die vermeintlichen Skandalmeldungen.

Eine studentische Studie der Hertie School of Governance kam später zu dem Ergebnis, dass der Umgang mit meiner Person „rassistisch" gewesen sei. Ich selbst durfte das weder sagen noch denken. Als ich es einmal erwähnte, gab es einen Entlassungsantrag – und äußerst eigenartige Allianzen. Ich konzentrierte mich daher auf die Arbeit und die guten Menschen im Land.

Oft fiel mir ein Satz des Schauspielers Birol Ünel ein, der einmal zu mir gesagt hatte: „Heute wollen sie unsere Gesichter, morgen unsere Ärsche." Er hatte recht: Wir „Migranten" können nie sicher sein, was uns als Nächstes erwartet.

Übrigens gibt es nicht nur über „Türken", sondern auch über „Schwaben" unzählige Vorurteile und Legenden. Ich habe in den fünf Jahren, die ich in Baden-Württemberg verbrachte, so viele herzliche Menschen kennengelernt, dass sie mich oft auch zu Tränen gerührt haben. Vermutlich ist es so wie in Tolkiens Reihe „Herr der Ringe". Es gibt immer einen Kampf zwischen „Gut" und „Böse" – beziehungsweise umgekehrt, denn die Guten kämpfen nicht gegen andere, sie kämpfen nur für das Gute. All die Attribute, die man „Türken", „Deutschen", „Schwaben" oder „Ostfriesen" zuschreibt – in meiner Realität gibt es das nicht. Für mich gibt es nur „gute" und „weniger gute Menschen".

Es wäre schön gewesen, wenn wir innerhalb der letzten 60 Jahre Fortschritte in diese Richtung gemacht hätten, wenn es gesellschaftspolitisch gelungen wäre, keine großen Unterschiede mehr zwischen Menschen unterschiedlicher Herkunft zu machen. Aber die Realität sieht weiterhin anders aus.

Die deutsch-deutsche Wiedervereinigung, die viel Energie gekostet hat und Migrant:innen teilweise zu Menschen zweiter oder dritter Klasse gemacht hat, das Erstarken rechtsradikaler Kreise und Parteien, Anschläge auf Flüchtlinge und Migrant:innen – all das hat leider nicht zur Normalität beigetragen. Wir hätten in der Entwicklung viel weiter sein können.

Leider haben auch die negativen politischen Entwicklungen in der Türkei den Graben insgesamt vergrößert. Es braucht also weiterhin Menschen und Initiativen, die das Potenzial und das Verbindende erkennen und fördern.

Viele deutsch-türkische Freundschaftsvereine tragen dazu bei und auch binationale Paare. Die letzten 60 Jahre ist viel passiert, natürlich auch viel Gutes. Es wäre unfair, die positiven Entwicklungen nicht zu sehen.

Apropos sehen: Eine Dauerausstellung in einem Migrationsmuseum könnte einen wichtigen Beitrag zur Dokumentation leisten. Vorausgesetzt, dass es den Willen gäbe, diese Leistung zu erbringen.

Je nach politischer Großwetterlage sind „Deutschtürk:innen" oft Spielball von Interessen. Mal mehr und mal weniger interessant. Knapp drei Millionen Deutschtürk:innen in Deutschland sind aber eine große Minderheit, die nicht unbeachtet bleiben sollte. Sie könnte im Zweifel wahlentscheidend sein.

Ich kann daher nur dringend raten und empfehlen, die Fehler der letzten 60 Jahre nicht zu wiederholen, damit die nächsten 60 Jahre für alle insgesamt einfacher werden.

Bilkay Öney, geboren 1970 in Malatya, Türkei, kam 1973 als Gastarbeiterkind nach Deutschland. Sie wuchs in Berlin-Spandau in der britischen Besatzungszone auf. Im Gymnasium war sie das einzige „Türkenkind" in ihrer Klasse. Maßgeblich sozialisiert wurde sie durch den Bund Deutscher Pfadfinder. Nach ihrem Studium der BWL arbeitete sie zunächst in einer Bank, später bei einem Fernsehsender. Durch die journalistische Arbeit kam sie zur Politik und wurde 2006 Abgeordnete für die Grünen im Berliner Abgeordnetenhaus. 2009 wechselte sie zur SPD. 2011 wurde sie erste türkischstämmige Ministerin der SPD im ersten grün-roten Kabinett von Baden-Württemberg. Seit 2018 ist sie Geschäftsleiterin des Landesbetriebs für Gebäudebewirtschaftung in Berlin, zuständig für Flüchtlingsunterkünfte.

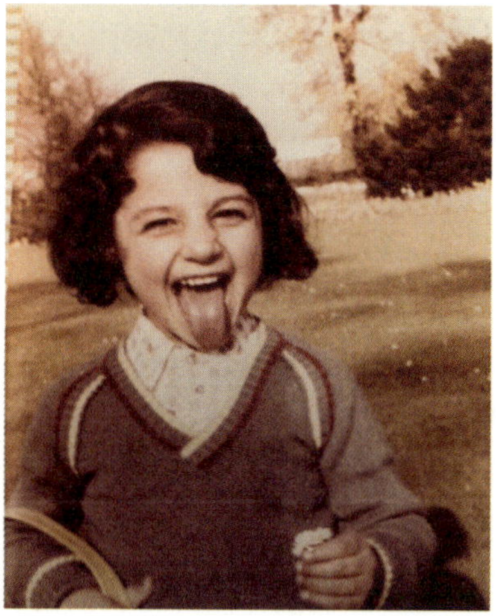

Das Anwerbeabkommen im Wortlaut

Regelung der Vermittlung türkischer Arbeitnehmer nach der Bundesrepublik Deutschland

Deutsch-türkische Vereinbarung vom 30. Oktober 1961
Zwischen der Regierung der Bundesrepublik Deutschland und der Regierung der Republik Türkei ist durch Notenwechsel vom 30. Oktober 1961 eine Vereinbarung zur Regelung der Vermittlung türkischer Arbeitnehmer nach der Bundesrepublik Deutschland getroffen worden, die rückwirkend am 1. September 1961 in Kraft getreten ist und wie folgt lautet.

Verbalnote

Note der Türk. Botschaft vom 30. Oktober 1961
Die Türkische Botschaft beehrt sich, den Empfang der Verbalnote des Auswärtigen Amtes vom 30. Oktober 1961 – 505 – 83 SZV/3I – 92.12 – zu bestätigen, mit der die Regierung der Bundesrepublik Deutschland vorgeschlagen hat, die Vermittlung von arbeitsuchenden türkischen Staatsangehörigen in eine Beschäftigung bei Arbeitgebern in der Bundesrepublik Deutschland durch eine Vereinbarung zu regeln, die folgenden Wortlaut haben soll:

1.
Im Interesse einer geregelten Vermittlung türkischer Arbeitnehmer nach der Bundesrepublik Deutschland werden auf deutscher Seite die Bundesanstalt für Arbeitsvermittlung und Arbeitslosenversicherung (im folgenden Bundesanstalt genannt) und auf türkischer Seite die Türkische Anstalt für Arbeits- und Arbeitervermittlung (im folgenden Türkische Anstalt genannt) zusammenarbeiten und für die praktische Durchführung der Vermittlung ihre regionalen Dienststellen einsetzen. Sie werden sich bemühen den Ablauf des Vermittlungsverfahrens im Rahmen dieser Vereinbarung zu verbessern und zu vereinfachen.

2.
Die Bundesanstalt errichtet zur Erleichterung der Zusammenarbeit eine Verbindungsstelle in der Republik Türkei, deren Sitz, Tätigkeit und Anwesenheitsdauer sie mit der Türkischen Anstalt vereinbart. Die zuständigen türkischen Behörden unterstützen die Verbindungsstelle bei der Durchführung ihrer Aufgaben in geeigneter Weise.
Die Kosten der Tätigkeit der Verbindungsstelle übernimmt die Bundesanstalt. Der Verbindungsstelle werden von der Türkischen Anstalt die erforderlichen, mit den üblichen Büromöbeln eingerichteten und sich für eine ärztliche Untersuchung der Bewerber eignenden Räumlichkeiten kostenlos zur Verfügung gestellt.

3.
Die Verbindungsstelle und die Türkische Anstalt unterrichten sich laufend gegenseitig über die vorliegenden Beschäftigungsangebote von Arbeitgebern in der Bundesrepublik Deutschland für türkische Arbeitnehmer und über die diesen Angeboten entsprechenden Bewerbungen türkischer Arbeitnehmer. Auch ohne vorliegende Beschäftigungsangebote können Bewerbungen von Arbeitnehmern, die durch Ausbildung oder längere Tätigkeit Fachkenntnisse in einem bestimmten Beruf erworben haben, zur Vermittlung vorgeschlagen werden.
Die Beschäftigungsangebote enthalten genaue Angaben über die geforderten beruflichen Fähigkeiten der Bewerber, die Art und die etwaigen Besonderheiten der vorgesehenen Beschäftigung sowie ihre voraussichtliche Dauer. Sie enthalten ferner Angaben über die jeweils maßgebenden Lohn- und sonstigen Arbeitsbedingungen, die Möglichkeiten der Unterkunft und Verpflegung sowie alle anderen Einzelheiten, die für die Entscheidung des interessierten Bewerbers wesentlich sind.

4.
Die Bundesanstalt übermittelt ferner der Türkischen Anstalt zur Unterrichtung der interessierten türkischen Arbeitnehmer eine zusammengefaßte Darstellung über die allgemeinen Arbeits- und Lebensbedingungen in der Bundesrepublik Deutschland sowie Lohnbeispiele für die hauptsächlich in Betracht kommenden Berufe. Die Zusammenstellung enthält auch Angaben über die Höhe der Abzüge vom Arbeitslohn an Steuern und Beiträgen zur Sozialversicherung und Arbeitslosenversicherung sowie über die wichtigsten Vorschriften und Leistungen auf dem Gebiet der sozialen Sicherheit. Diese Angaben werden, soweit erforderlich, nach dem jeweiligen Stand berichtigt.

5.
Die Türkische Anstalt sorgt durch die ihr als geeignet erscheinenden Verfahren für die Sammlung der eingegangenen Bewerbungen, für eine Vorauswahl der Bewerber und übernimmt die Vorstellung der Bewerber bei der Verbindungsstelle. Bewerber, für die im Strafregister eine Freiheitsstrafe eingetragen ist, werden nicht vorgestellt. Das gleiche gilt für Bewerber, denen die zuständigen türkischen Stellen die Ausstellung eines Passes verweigern können. Die Verbindungsstelle stellt ihrerseits fest, ob die von der Türkischen Anstalt vorgestellten Bewerber die beruflichen und gesundheitlichen Voraussetzungen für die jeweils angebotene Beschäftigung und den Aufenthalt in der Bundesrepublik erfüllen.

6.
Für jeden angenommenen Arbeitnehmer wird ein schriftlicher Arbeitsvertrag in deutscher und türkischer Sprache entsprechend der Anlage zu diesem Notenwechsel ausgestellt. Dieser Arbeitsvertrag wird einerseits von dem Arbeitgeber oder dessen bevollmächtigten Vertreter und andererseits von dem Arbeitnehmer unterschrieben sowie von der Türkischen Anstalt und der Verbindungsstelle mit einem Durchgangsvermerk versehen.

7.
Die türkischen Behörden tragen dafür Sorge, daß für den Arbeitnehmer ein Paß ausgestellt wird und dieser im Zeitpunkt der Einreise mindestens noch ein Jahr gültig ist. Die türkischen Konsulate werden dafür Sorge tragen, daß der Paß erforderlichenfalls einen Monat vor Ablauf seiner Gültigkeitsdauer verlängert wird.
Die Verbindungsstelle stellt dem Arbeitnehmer kostenlos eine Legitimationskarte aus. Die Legitimationskarte ersetzt die nach den Vorschriften über die Ausübung einer Beschäftigung durch nichtdeutsche Arbeitnehmer erforderliche Arbeitserlaubnis für längstens ein Jahr, und sie befreit den Inhaber für die Dauer ihrer Gültigkeit vom Einreisesichtvermerkszwang.

Der Arbeitnehmer muß ferner im Besitz einer von der zuständigen türkischen Behörde ausgestellten Bescheinigung über seinen Familienstand sein.

8.

Die Verbindungsstelle organisiert in Zusammenarbeit mit der Türkischen Anstalt die Reise der Arbeitnehmer von dem vereinbarten Abreiseort – in der Regel Istanbul – zu dem jeweiligen Beschäftigungsort in der Bundesrepublik Deutschland. Die Türkische Anstalt sorgt dafür, daß sich die Arbeitnehmer rechtzeitig zum Abreiseort begeben. Von der Verbindungsstelle erhalten die Arbeitnehmer eine nach der Reisedauer bemessene Reiseverpflegung oder einen entsprechenden Barbetrag. Die Reisekosten der Arbeitnehmer vom vereinbarten Abreiseort bis zum Beschäftigungsort, einschließlich der Kosten der Reiseverpflegung, werden von der Bundesanstalt vorgelegt und von dem künftigen Arbeitgeber durch Zahlung eines Pauschalbetrages an die Bundesanstalt getragen. Eine Regelung für die Rückreisekosten ist der Vereinbarung zwischen dem Arbeitgeber und dem Arbeitnehmer im Arbeitsvertrag vorbehalten.

9.

Die Arbeitnehmer sind dazu anzuhalten, daß sie sich unverzüglich nach ihrer Ankunft in dem Ort ihres gewöhnlichen Aufenthaltes in der Bundesrepublik Deutschland bei der örtlichen Meldebehörde anmelden und spätestens innerhalb von drei Tagen, jedoch möglichst vor der Arbeitsaufnahme, bei der Ausländerbehörde die Aufenthaltserlaubnis beantragen. Beabsichtigt der Arbeitnehmer länger als ein Jahr eine Beschäftigung in der Bundesrepublik Deutschland auszuüben, so muß er einen Monat vor Ablauf der Gültigkeitsdauer der Legitimationskarte bei dem für seinen Aufenthaltsort zuständigen Arbeitsamt eine Arbeitserlaubnis beantragen, deren Erteilung sich nach den allgemeinen Vorschriften über die Ausübung einer Beschäftigung durch nichtdeutsche Arbeitnehmer richtet. Ebenso muß er eine Verlängerung der Gültigkeitsdauer der Aufenthaltserlaubnis bei der zuständigen Ausländerbehörde beantragen. Die Aufenthaltserlaubnis wird über eine Gesamtaufenthaltsdauer von zwei Jahren hinaus nicht erteilt. Die Dienststellen der Bundesanstalt werden den türkischen Arbeitnehmern, besonders in der ersten Zeit der Eingewöhnung durch Erteilung von Auskünften allgemeiner Art behilflich sein.

10.

Die Regierung der Republik Türkei wird türkische Arbeitnehmer, die auf Grund dieser Vereinbarung in das Gebiet der Bundesrepublik Deutschland einreisen, jederzeit formlos zurückübernehmen, die für die Rückreise erforderlichen Reiseausweise ausstellen und erforderliche Durchreisesichtvermerke beschaffen.

11.
Diese Vereinbarung gilt auch für das Land Berlin, sofern nicht die Regierung der Bundesrepublik Deutschland der Regierung der Republik Türkei innerhalb von drei Monaten nach Inkrafttreten der Vereinbarung eine gegenteilige Erklärung abgibt.

12.
Die Vereinbarung tritt rückwirkend am 1. September 1961 in Kraft. Sie für ein Jahr abgeschlossen und verlängert sich stillschweigend jeweils um ein weiteres Jahr, falls sie nicht von einer der beiden Regierungen spätestens drei Monate vor Ablauf ihrer Gültigkeit gekündigt wird.
Die Türkische Botschaft beehrt sich, dem Auswärtigen Amt mitzuteilen, daß sich die Regierung der Republik Türkei mit den Vorschlägen der Regierung der Bundesrepublik Deutschland einverstanden erklärt. Demgemäß bilden die Verbalnote des Auswärtigen Amtes vom 30. Oktober 1961 – 505 – 83 SZV/3 – 92.42 – und diese Antwortnote eine Vereinbarung zwischen der Regierung der Republik Türkei und der Regierung der Bundesrepublik Deutschland über die Vermittlung von türkischen Arbeitnehmern nach der Bundesrepublik Deutschland. Die Türkische Botschaft benutzt diesen Anlass, das Auswärtige Amt erneut ihrer ausgezeichneten Hochachtung zu versichern.

Glossar

Anwerbeabkommen sind bilaterale Verträge oder Abkommen, die die Zu- und Abwanderung von Arbeitskräften zwischen Staaten regeln. Sie beinhalten üblicherweise Regelungen zum Aufenthalts- und Arbeitsrecht. Insgesamt neun dieser Abkommen wurden von 1955 bis 1968 zwischen der Bundesrepublik Deutschland und anderen Ländern geschlossen. Sie regelten den anfangs als befristet geplanten Arbeitsaufenthalt ausländischer Arbeitnehmer als sogenannte „Gastarbeiter".

Anwerbestoppabkommen: Im Jahr 1973 wurde unter dem Kabinett Brandt die Anwerbung von Arbeitskräften wegen der Ölkrise vollständig gestoppt. Das Anwerbestoppabkommen mit den jeweiligen Ländern sollte die zuvor beschlossenen Anwerbeabkommen aufheben. Im Jahr 2000 wurde der Anwerbestopp insofern außer Kraft gesetzt, als Deutschland mit seiner Greencard eine Sonderregelung schuf.

Apartheid („Getrenntheit") war eine Phase der staatlich festgelegten und organisierten sogenannten Rassentrennung in der Geschichte Südafrikas und Südwestafrikas. Gekennzeichnet war sie vor allem durch die autoritäre, selbst erklärte Vorherrschaft der „weißen", europäischstämmigen Bevölkerungsgruppe über alle anderen. Heute dient der Begriff auch als Synonym für jedwede Form rassistischer Segregation.

Asylkompromiss heißt die von CDU/CSU und SPD am 6. Dezember 1992 vereinbarte und am 26. Mai 1993 durch den Deutschen Bundestag beschlossene Neuregelung des Asylrechts unter der Regierung des vierten Kabinetts Helmut Kohl durch die Regierungskoalition aus CDU, CSU und FDP mit Zustimmung der (für die verfassungsändernde Zweidrittelmehrheit im Bundestag erforderlichen) SPD-Opposition. Durch die Änderung des Grundgesetzes und des Asylverfahrensgesetzes (mit Wirkung vom 24. Oktober 2015 umbenannt in Asylgesetz) wurden die Möglichkeiten eingeschränkt, sich erfolgreich auf das Grundrecht auf Asyl zu berufen.

Asylmigration: „Politisch Verfolgte genießen Asylrecht", schrieben 1948 die Väter und Mütter des Grundgesetzes in den Artikel 16 der Verfassung. Unter dem Eindruck der nationalsozialistischen Terrorherrschaft sollte Deutschland künftig all denen eine Zuflucht bieten, die irgendwo auf der Welt wegen ihrer politischen Auffassung um ihre Gesundheit oder ihr Leben zu fürchten hatten. Jeder konnte sich auf dieses Grundrecht berufen. Im Rahmen der dafür nötigen Einzelfallprüfung erhielten Asylsuchende und ihre Familienangehörigen mindestens so lange ein sicheres Aufenthaltsrecht, bis über ihren Antrag entschieden war.

Asylrecht ist in Deutschland ein im Grundgesetz verankertes Grundrecht. In einem weitergehenden Sinne werden unter Asylrecht auch die Anerkennung als Flüchtling nach der Genfer Flüchtlingskonvention und die Feststellung von zielstaatsbezogenen Abschiebungsverboten für subsidiär Schutzberechtigte verstanden.

Bahçeşehir-Universität (BAU) ist eine private Universität in Istanbul. Sie wurde 1998 im Stadtteil Bahçeşehir gegründet und zog 2006–2007 in den Stadtteil Beşiktaş. Die Universität besitzt acht Fakultäten und vier Standorte in Istanbul und ist Teil des BAU-Global-Universitätsnetzwerks.

Brandanschlag von Mölln war eine in der schleswig-holsteinischen Kleinstadt Mölln verübte Brandstiftung auf zwei von türkischen Familien bewohnte Häuser. Durch das rechtsextreme Verbrechen starben in der Nacht auf den 23. November 1992 mit Yeliz Arslan, Bahide Arslan und Ayşe Yılmaz drei Familienmitglieder der Familie Arslan.

Brandanschlag von Solingen war ein im nordrhein-westfälischen Solingen verübtes rechtsextremes Verbrechen auf ein von türkischen Familien bewohntes Wohnhaus. Bei dem Anschlag am frühen Morgen des 29. Mai 1993 starben Gürsün İnce, Hatice Genç, Gülüstan Öztürk, Hülya Genç und Saime Genç.

Cevapcici sind gegrillte Röllchen aus Hackfleisch, die in Südosteuropa und Vorderasien sehr verbreitet sind.

Döner Kebap, kurz Döner, ist eines der bekanntesten Gerichte der türkischen Küche. Es besteht aus gewürzten Fleischscheiben, die schichtweise auf einen senkrecht stehenden Drehspieß gesteckt und seitlich gegrillt werden. Ursprünglich wurde für Döner nur Hammel- oder Lammfleisch verwendet, inzwischen sind – zumindest außerhalb der Türkei – auch Kalb- oder Rindfleisch und Geflügel wie Pute oder Hühnchen üblich. Serviert wird Döner als Hauptgericht mit Beilagen wie Reis und Salat oder als Imbiss in einem aufgeschnittenen Fladenbrot (Pide), wie wir es in Deutschland kennen.

„Ganz unten“ ist ein international erfolgreiches Buch des Autors und Journalisten Günter Wallraff, das am 21. Oktober 1985 erstmals erschien. Wallraff schildert darin Menschenrechtsverletzungen und Ausländerfeindlichkeit in der Bundesrepublik Deutschland der frühen 80er-Jahre. Sein Buch war 1985 und 1986 22 Wochen auf Platz eins der „Spiegel“-Bestsellerliste.

Gastarbeiter: Bezeichnung für Mitglieder einer Personengruppe, denen aufgrund von Anwerbeabkommen ein zeitlich befristeter Aufenthalt in der Bundesrepublik Deutschland, der DDR, Österreich oder der Schweiz zur Arbeitsaufnahme gewährt wurde. Der Begriff wird jedoch umgangssprachlich seit den 70er-Jahren in Deutschland auch nach faktischem Wegfall der zeitlichen Befristung ohne weitere Differenzierung als Bezeichnung für Arbeitsmigranten verwendet.

Gastarbeiterabkommen: siehe Anwerbeabkommen.

Kofferkinder ist ein Begriff aus der Soziologie, der das Schicksal einer Vielzahl von Kindern mit Migrationshintergrund beschreibt, deren Eltern jahrelang Pläne zur Rückkehr in die Heimat hatten und deshalb die Bildung ihrer Kinder vernachlässigten.

Kreuzberg ist ein Bezirk in Berlin, der bis zur Wiedervereinigung ein Dasein als Randbezirk an der Berliner Mauer führte. Mit der deutschen Wiedervereinigung ist Kreuzberg ins Zentrum Berlins gerückt. Fast ein Drittel der Einwohner:innen sind Migranten, darunter viele türkischstämmige und deren Nachkommen. Auch für diese demografische Besonderheit ist Kreuzberg weit über die Grenzen Berlins hinaus bekannt. Heute ist es ein Ortsteil im Bezirk Friedrichshain-Kreuzberg von Berlin und weiterhin berühmt für seine Vielfalt.

Leitkultur ist ein Begriff, den der frühere CDU-Fraktionsvorsitzende Friedrich Merz geprägt hat. Er wird im Zusammenhang mit dem Themenkomplex Zuwanderung und Integration von Einwanderern benutzt und dient oft als Gegenbegriff zum Multikulturalismus. Demnach sollen Zuwanderer die „deutsche Leitkultur" respektieren und haben einen eigenen Integrationsbeitrag zu leisten, indem sie sich den in Deutschland gewachsenen kulturellen Grundvorstellungen annähern.

Militärputsch in der Türkei 1980: Der Putsch am 12. September 1980 war der dritte Militärputsch in der türkischen Geschichte. In seiner Folge wurden Tausende von politischen Gefangenen gefoltert und zum Tode verurteilt. Die türkische Tageszeitung „Cumhuriyet" berichtet in ihrer Ausgabe vom 12. September 1990 von 650.000 politischen Festnahmen, 7.000 beantragten, 571 verhängten und 50 vollstreckten Todesstrafen und dem nachgewiesenen Tod durch Folter in 171 Fällen.

NSU-Prozess ist das Strafverfahren gegen fünf Personen, die angeklagt sind, an den Taten der rechtsextremen Terrorgruppe Nationalsozialistischer Untergrund (NSU) beteiligt gewesen zu sein, darunter neun Morde an Migranten, ein Polizistenmord, zwei Sprengstoffanschläge und 15 Raubüberfälle sowie insgesamt 43 Mordversuche. Die Hauptverhandlung fand ab dem 6. Mai 2013 statt und die Beweisaufnahme endete im Juli 2017, die Plädoyers im Juni 2018. Das Gericht verurteilte die Begleiterin der beiden ausführenden Täter, die Rechtsterroristin Beate Zschäpe, am 11. Juli 2018 wegen Mittäterschaft an diesen Taten und Mitgliedschaft in der terroristischen Vereinigung NSU sowie schwerer Brandstiftung zu lebenslanger Freiheitsstrafe.

NSU-Terror oder NSU-Mordserie bezeichnet man neun rassistisch motivierte Morde an Kleinunternehmern mit Migrationshintergrund, davon acht Türkeistämmige und ein Grieche, die die rechtsextreme Terrorgruppe Nationalsozialistischer Untergrund (NSU) zwischen 2000 und 2006 in deutschen Großstädten verübte. Der Polizistenmord von Heilbronn wird ebenfalls dem NSU zugerechnet. Er ereignete sich ein Jahr nach dem letzten Fall dieser Mordserie und wurde mit anderen Tatwaffen durchgeführt. Die behördlichen Ermittlungen fokussierten auf die Opfer selbst und auf deren Angehörige, was zu deren Viktimisierung und Stigmatisierung führte, während in Richtung einer rechtsextremen Motivation kaum ermittelt wurde. Die Taten erhielten in den Leitmedien die irreführende Bezeichnung „Dönermorde", was ab 2011 als verharmlosend, klischeehaft und rassistisch kritisiert wurde. Die Haupttäter, die Neonazis Uwe Mundlos und Uwe Böhnhardt, begingen am 4. November 2011 Suizid. Ihre Komplizin Beate Zschäpe verschickte Bekennervideos; seitdem wird die Mordserie dem NSU zugerechnet. Zschäpe stellte sich am 8. November 2011 der Polizei und musste sich ab Mai 2013 als mutmaßliche Mittäterin im NSU-Prozess verantworten. Vier weitere mutmaßliche Gehilfen waren wegen Beihilfe zum Mord und Unterstützung einer terroristischen Vereinigung angeklagt. Alle fünf wurden im Juli 2018 zu Haftstrafen verurteilt, Zschäpe zu einer lebenslangen.

Ölkrise bezeichnet eine Phase starken Ölpreisanstieges, die gravierende gesamtwirtschaftliche Auswirkungen hat. Im engeren Sinne werden nur die Erhöhungen der Rohölpreise 1973 und 1979/80 als Ölkrisen oder Ölpreisschock bezeichnet, da beide in den Industrieländern schwere Rezessionen auslösten. Die Ölpreiskrise von 1973 demonstrierte die Abhängigkeit der Industriestaaten von fossiler Energie, insbesondere von fossilen Treibstoffen, und führte zu einer globalen Wirtschaftskrise.

Paella ist ein spanisches Reisgericht aus der Pfanne und das Nationalgericht der Region Valencia und der spanischen Ostküste.

Pasta ist in der italienischen Küche die Bezeichnung für Teigwaren aus Hartweizengrieß, Kochsalz und Wasser in vielen Größen und Formen.

Passdeutsche dient vor allem in Kreisen der Neuen Rechten als abwertender Ausdruck für Deutsche mit Migrationshintergrund. Eine „passdeutsche" Identität wird dabei häufig dem Konzept des Volksdeutschen gegenübergestellt.

Rotationsprinzip: Der ursprüngliche Gedanke der Anwerbung konzentrierte sich auf eine zeitlich begrenzte Beschäftigungsdauer der Zugezogenen. In den ersten Anwerbeabkommen war ein sogenanntes Rotationsprinzip vorgesehen, wonach die Arbeiter nach einiger Zeit wieder in ihre Heimatländer zurückkehren und durch neu angeworbene

Arbeitskräfte ersetzt werden sollten. Dieses Rotationsprinzip ließ sich in der Praxis jedoch auf Dauer nicht realisieren und wurde 1964 außer Kraft gesetzt.

Rückkehrförderungsgesetz oder Rückkehrhilfegesetz (RückHG) ist ein deutsches Gesetz, mit dem der Wegzug von arbeitslosen Ausländern aus der Bundesrepublik gefördert werden sollte. Die Förderung erfolgte durch Zahlung einer sogenannten Rückkehrprämie oder Rückkehrhilfe. Das Gesetz sah eine gezielte finanzielle Rückkehrhilfe sowie die vorzeitige Einlösung bestimmter Ansprüche vor. Die Rückkehrhilfe in Höhe von 10.500 DM zuzüglich 1.500 DM je Kind konnten Staatsangehörige aus Jugoslawien, Marokko, Nordkorea, Portugal, Spanien, der Türkei und Tunesien erhalten, wenn sie nach dem 30. Oktober 1983 bis zum 30. Juni 1984 infolge der Stilllegung des ganzen Betriebes oder von wesentlichen Betriebsteilen oder durch Konkurs arbeitslos geworden sind oder werden. Nach Angaben des Bundesarbeitsministeriums sollen im Rahmen des Rückkehrhilfegesetzes rund 150.000 ausländische Arbeitnehmer die Bundesrepublik Deutschland verlassen haben.

Rückkehrprämie: siehe Rückkehrförderungsgesetz.

Sirkeci-Bahnhof ist ein Bahnhof der Türkischen Staatsbahn (TCDD) in Sirkeci, einem Stadtviertel im europäischen Teil Istanbuls. Internationale, inländische und regionale Züge verkehren westwärts ab diesem Bahnhof. Dieser Kopfbahnhof gelangte vor allem als Endstation des Orientexpress zu Berühmtheit. Von hier aus startete für Millionen von Gastarbeitern aus der Türkei die Reise nach Deutschland.

Türken-Streik, auch wilder Streik bei Ford, bezeichnet die Arbeitsniederlegung überwiegend türkischer Arbeitnehmer im Kölner Werk des Autoherstellers Ford im August 1973. Es handelte sich um einen wilden Streik, der mit einer Betriebsbesetzung verbunden war. Zugleich war es der erste größere Arbeitskampf in der Bundesrepublik Deutschland, der vor allem von Arbeitsmigranten getragen wurde. Er endete mit einer Niederlage der Streikenden. Dabei spielte eine erhebliche Rolle, dass Betriebsrat und IG Metall den Streik ablehnten und es den Streikenden auch nicht gelang, größere Teile der deutschen Belegschaft dauerhaft auf ihre Seite zu ziehen.

Quellen:
Bundeszentrale für politische Bildung, Wikipedia

Lebensläufe

Ariel Hauptmeier hat die Autorinnen und Autoren in diesem Buch unterstützt, ihre Lebensgeschichten detailreich und plastisch aufzuschreiben. Überhaupt brennt er für gute Texte. Viele Jahre ist er als freier Reporter um die Welt gezogen, danach war er Redakteur bei „Geo“, Textchef bei CORRECTIV und „Republik“. Heute leitet er die Reportageschule in Reutlingen. Er ist einer der Macher beim Reporter:innen-Forum, einem Netzwerk für Journalisten. Zuletzt hat er für CORRECTIV das Buch „32 Gründe, warum Europa eine verdammt gute Idee ist“ geschrieben. Er gibt regelmäßig Schreibseminare und coacht Zeitungen und Zeitschriften in Erzähljournalismus, zuletzt die „FAZ“ und den „Standard“.

Ivo Mayr wurde in Süddeutschland geboren, kurz unterhalb von Schloss Neuschwanstein machte er sein Abitur. Seit 2014 ist er Bildchef und Fotograf bei CORRECTIV. Er hat Fotografie in Dortmund studiert und danach unter anderem für Adidas und das Schauspielhaus Bochum gearbeitet. Seine Bilder erschienen in „Spiegel“, „Zeit“, „11 Freunde“, „Freitag“ und vielen anderen Publikationen. An der RWTH Aachen University leitet er das Fotostudio an der Fakultät für Architektur. Seine Fotografien werden in Einzel- und Gruppenausstellungen im In- und Ausland gezeigt und wurden mehrfach ausgezeichnet, etwa bei den International Photography Awards in Los Angeles und mit dem Canon ProFashional Award. Aktuell sind seine Porträts in der Ausstellung „Menschen im Fadenkreuz des rechten Terrors“ zu sehen, die er gemeinsam mit CORRECTIV produziert hat.